Martin Korenjak

GESCHICHTE DER NEULATEINISCHEN LITERATUR

Martin Korenjak

GESCHICHTE DER NEULATEINISCHEN LITERATUR

Vom Humanismus bis zur Gegenwart

C.H.Beck

Bildnachweis
Abb. 2, 5: © akg-images, Berlin | Abb. 3: © IAM/akg-images, Berlin | Abb. 6: Photo: Wolfgang Moroder, https://de.wikipedia.org/wiki/Datei:Siegesdenkmal_Bozen_Ostseite.JPG | Abb. 7, S. 131: © Staatliche Bibliothek Regensburg, Sign. 12500328, S. 83

Mit 13 Abbildungen

Satz: Fotosatz Amann, Memmingen
Druck und Bindung: CPI – Ebner & Spiegel, Ulm
Umschlaggestaltung: Rothfos & Gabler, Hamburg
Umschlagabbildung: Turm der Grammatik, Holzschnitt 1548, allegorische Darstellung des Sprachunterrichts, © akg-images, Berlin
Gedruckt auf säurefreiem, alterungsbeständigem Papier
(hergestellt aus chlorfrei gebleichtem Zellstoff)
Printed in Germany
ISBN 978 3 406 69032 7

www.chbeck.de

INHALT

VORWORT

Die neulateinische Literatur, also das lateinische Schrifttum vom Beginn der Renaissance bis zum heutigen Tag, ist um ein Vielfaches umfangreicher als die antike und mittelalterliche Latinität. Sie stellt die europaweit bedeutendste Literatur der frühen Neuzeit dar und hat die rasante Entwicklung des Kontinents während dieser Epoche maßgeblich mitgestaltet. Lange Zeit als rückwärtsgewandt und epigonal missverstanden und wissenschaftlich vernachlässigt, wird sie seit einigen Jahrzehnten immer intensiver erforscht, ist jedoch außerhalb der Fachwissenschaft nach wie vor weitgehend unbekannt. Das vorliegende Buch soll einem weiteren Leserkreis einen ersten Überblick über die neulateinische Literatur verschaffen.

Lateinische Zitate sind hinsichtlich Orthographie und Interpunktion weitgehend an heutige Gepflogenheiten angepasst und werden stets übersetzt. Fachausdrücke werden nach Möglichkeit beim ersten Auftreten kurz erklärt. Epochentypisch ausufernde Buchtitel sind auf ein handliches Maß gekürzt. Frühneuzeitliche Namen erscheinen in der heute gebräuchlichsten Form. Lebensdaten, die man im Text vermisst, findet man im Register. Bei der schematischen Darstellung lateinischer Versmaße (die quantitierend sind, also auf dem Unterschied zwischen kurzen und langen Silben basieren) bezeichnet «–» eine lange, «◡» eine kurze, «x» eine wahlweise lang oder kurz realisierbare Silbe. Aus der unüberschaubaren Sekundärliteratur, die zu fast allen Aspekten der frühen Neuzeit vorliegt, werden nach Möglichkeit informative, zuverlässige und leicht zugängliche Titel neueren Datums ausgewählt. So wichtig die modernen Ausgaben und Übersetzungen sind, die mittlerweile zu vielen neulateinischen Texten existieren – sie in jedem Fall anzuführen, hätte die Bibliographie unverhältnismäßig anschwellen lassen. Ich habe mich diesbezüglich auf diejenigen Werke beschränkt, die zumindest kurz diskutiert werden.

Internetquellen sind nur in Ausnahmefällen zitiert, nicht weil sie nicht ungemein hilfreich wären, sondern weil man sich weiterführende Informationen heute meist ohnehin zunächst im Netz besorgt und viele Adressen rasch obsolet werden.

Das Buch hätte in dieser Form nicht geschrieben werden können ohne die zeitliche Freiheit, die Bücher und die freundschaftliche Hilfe von vielen Seiten, in deren Genuss ich als Mitglied des Innsbrucker Ludwig Boltzmann Instituts für Neulateinische Studien kommen durfte. Mein erster Dank gilt Wolfgang Kofler, Florian Schaffenrath, Lav Šubarić, Stefan Tilg und Karlheinz Töchterle, die dieses Forschungsinstitut gemeinsam mit mir konzipiert und beantragt haben, sowie der Ludwig Boltzmann Gesellschaft, die es in Zusammenarbeit mit der Universität Innsbruck, der Universität Freiburg, der Österreichischen Nationalbibliothek und dem Pontificio Comitato di Scienze Storiche großzügig finanziert. Florian Schaffenrath und Stefan Tilg haben auch mehrere Kapitel kritisch gelesen und wesentlich verbessert, ebenso Gábor Almási, Sheldon Brammall, Farkas Kiss, Valerio Sanzotta und Simon Wirthensohn. Durch das gesamte Manuskript hat sich Simon Zuenelli gearbeitet. Hilfreiche Hinweise zu Einzelfragen kamen von vielen weiteren Mitgliedern und Fellows des Forschungsinstituts sowie des Bereichs Gräzistik/Latinistik der Universität Innsbruck, insbesondere von Clementina Marsico, Valerio Sanzotta und Nienke Tjoelker. Urban Kirchler und Nikolaus Hölzl haben mir die unmöglichsten Bücherwünsche erfüllt. Maurizio Campanelli, David Krebs und Henk Nellen waren so freundlich, mir Sonderdrucke eigener Publikationen zukommen zu lassen. *Last, not least* Stefan von der Lahr: Er hat dieses Buch angeregt und ebenso freundlich wie sachkundig bis zur Veröffentlichung begleitet. Die Zusammenarbeit mit ihm und dem Verlag C.H.Beck war ein Vergnügen.

Der brillante Giovanni Pontano widmete seiner Frau und seinen Kindern mit *De amore coniugali* eine der schönsten Gedichtsammlungen der Weltliteratur. Nachmachen kann ich ihm das leider nicht, aber ich kann ihn gut verstehen. Dieses Buch ist für Yin, Iris und Flora.

Innsbruck, September 2015 *Martin Korenjak*

EINLEITUNG

WAS IST NEULATEINISCHE LITERATUR?[1]

Neulatein, Literatur, neulateinische Literatur

Neulatein ist das Latein, das in der Neuzeit gesprochen, geschrieben und gelesen wurde.[2] Das mag einfach und einleuchtend klingen, ist es aber nur auf den ersten Blick: Der Teufel steckt im Detail. Schwierigkeiten macht zunächst einmal die Abgrenzung vom sogenannten «Mittellatein», dem Latein des Mittelalters.

In chronologischer Hinsicht sind die Übergänge, wie nicht anders zu erwarten, fließend, wobei die Personen und Ereignisse, mit denen man das Neulatein traditionellerweise beginnen lässt, eigentlich noch tief im Mittelalter liegen. Das gilt sowohl für die Aktivitäten der Paduaner Frühhumanisten um Lovato Lovati (1241–1309) als auch für das Œuvre Francesco Petrarcas (1304–74). Weitere wichtige Stationen auf dem Weg zu einem erneuerten Latein waren die Propagierung spezifisch humanistischer, an der klassischen Antike ausgerichteter Sprachstandards und die Entwicklung einer humanistischen Sprachdidaktik um 1400, das Aufkommen des Ciceronianismus, also der sprachlich-stilistischen Orientierung an Cicero, im frühen 15. Jahrhundert und seit 1450 die mediale Revolution des Buchdrucks, von der bald noch etwas ausführlicher die Rede sein wird. Bis die neuen sprachlichen Standards über ihr Mutterland Italien hinaus in ganz Europa bestimmend wurden, vergingen dann nochmals ein bis zwei Jahrhunderte. Die Latinität Skandinaviens beispielsweise zeigt bis gegen 1600 noch ein teilweise mittelalterliches Gepräge.

Einfacher lässt sich die Frage nach dem Ende des Neulateins beantworten: Es ist noch nicht eingetreten. Allerdings verlor Latein in der Zeit um 1800 weitgehend seine Stellung als Sprache der gebildeten Welt und europäische *lingua franca,* die es sich bis dahin noch zum Teil erhalten hatte. Die neulateinischen Jahrhunderte *par excellence* liegen damit zwischen 1400 und 1800.

Schwieriger noch als in chronologischer Hinsicht gestaltet sich die Abgrenzung vom mittelalterlichen Latein unter linguistischem Gesichtspunkt.[3] Freilich setzte im 14. Jahrhundert eine programmatische Rückbesinnung auf das Latein der späten Republik und frühen Kaiserzeit ein – also der beiden Jahrhunderte vor und nach der Zeitenwende –, das man nun in immer höherem Maße als vorbildlich empfand, und parallel dazu begann eine harsche Polemik gegen das ‹barbarische› Latein der Scholastik und des (bei dieser Gelegenheit erfundenen) finsteren Mittelalters generell. Die ganze Neuzeit hindurch hielt die Diskussion darüber an, welches Latein man schreiben und sprechen sollte – etwas, das es im Mittelalter allenfalls in Ansätzen gegeben hatte.

In der Praxis waren die Unterschiede jedoch geringer als in der Theorie. Zwar sieht man es einem durchschnittlichen Stück Dichtung oder Prosa meist schon an, ob es im Mittelalter oder in der Neuzeit verfasst worden ist. Einige syntaktische ‹Leitfossilien› geben in der Regel zuverlässig Auskunft: So verwendete man etwa im Mittelalter nach Verben des Sagens meist einen *quod*-Satz, während man in der Neuzeit zum klassischen Akkusativ mit Infinitiv zurückkehrte. Auch was Vokabular und Idiomatik, also sprachenspezifische Redewendungen, betraf, orientierte man sich fortan wieder stärker an den Vorgaben der antiken Autoren. Die Ausnahmen sind aber zahlreich und gravierend. Manche mittelalterliche Autoren schrieben ein auch nach modernen Maßstäben fast makelloses Latein, während viele neuzeitliche in dieser Hinsicht stümperten oder schlampten. Aus heutiger Sicht falscher Modusgebrauch und fehlerhafte Verwendung der beiden Possessivpronomina *suus* und *eius* waren noch im 18. Jahrhundert keine Seltenheit. Dass es innerhalb des Lateinischen zahlreiche Sondersprachen gibt, die sich nach eigenen Gesetzen entwickelten – die

Sprache der Dichtung, die Fachsprachen der Philosophie, der Theologie, des Rechts, der Naturwissenschaften usw. –, macht die Sache noch komplizierter. Insgesamt war der sprachliche Bruch an der Wende zur Neuzeit jedenfalls nicht so scharf wie manchmal angenommen.

Abgrenzungsschwierigkeiten und innere Vielfalt der neuzeitlichen Latinität machen aber nur einen Teil der Probleme aus, mit denen der Begriff «Neulatein» behaftet ist. Ebenso schwer wiegt der Umstand, dass sowohl «Mittellatein» als auch «Neulatein» durch die Analogie zu Ausdrücken wie «Mittelgriechisch» und «Mittelhochdeutsch» bzw. «Neugriechisch» und «Neuhochdeutsch» suggerieren, es handle sich um verschiedene Stufen einer lebenden Sprache, deren Lautstand, Flexion, Lexikon, Syntax und Idiomatik sich organisch weiterentwickelten. Dem ist aber nicht so: Latein wurde mit dem Übergang zu den romanischen Sprachen am Ende der Antike zu einer toten Sprache, also zu einer Sprache ohne Muttersprachler, die zwar noch schriftlich tradiert und auf dieser Basis erlernt wurde, sich aber nicht mehr wesentlich wandelte. Vergleicht man ihre Veränderungen in Mittelalter und Neuzeit mit denen des Griechischen oder Deutschen, so erscheinen sie minimal und sind vor allem von der Art, dass zu den im antiken Latein erlaubten Möglichkeiten neue hinzutraten. Alte Wörter, Redewendungen und Konstruktionen wurden deswegen keineswegs obsolet: Man sagt für «sprechen» im Mittel- und Neulatein ebenso *loqui* wie im antiken – wer dagegen im Deutschen dafür heute noch «zellen» verwendet, den versteht man nicht mehr.

Aus den genannten und anderen Gründen vermeidet es etwa Peter Stotz in seinem großen *Handbuch zur lateinischen Sprache des Mittelalters* bewusst, von «Mittellatein» zu sprechen.[4] Sollen wir analog dazu auch den Begriff «Neulatein» entsorgen? Manche Forscher haben genau dafür plädiert. Wenn er hier beibehalten wird, dann aus zwei Gründen: Zum einen lässt sich ein gewisser Neuansatz gegenüber dem Latein des Mittelalters nicht wegdiskutieren. Zum anderen ist «Neulatein» bzw. «neulateinisch» seit seinem Aufkommen im Deutschland des späteren 18. Jahrhunderts[5] in allen wichtigeren Sprachen die übliche Bezeichnung für die Sache geworden: *Neolatinum* bzw. *Neolati-*

nus heißt es auf Latein, «Neo-Latin» auf Englisch, «néolatin» auf Französisch, «neolatino» auf Italienisch usw. Eine vergleichbar knappe und griffige Alternativbezeichnung ist nicht in Sicht. Und haben sich nicht schon die Humanisten bei ihrer Reform des mittelalterlichen Lateins mit Vorliebe auf den *usus*, den Sprachgebrauch, berufen, von dem man nicht ohne Not abweichen soll?[6]

Auch mit dem zweiten Teil des Ausdrucks «neulateinische Literatur» ist es nicht ganz einfach. Vor allem muss man sich davor hüten, die moderne Vorstellung von Literatur in die frühe Neuzeit zurückzuspiegeln. Was wir heute so nennen, ist eine bestimmte Klasse von Texten, nämlich im Wesentlichen fiktionale und/oder solche in gebundener Sprache, also Romane, Erzählungen, Dramen, Lyrik. Ein Lehrbuch der Mathematik würden wir dagegen kaum als Literatur bezeichnen.

Mit dem in der frühen Neuzeit wichtigsten Vorläuferbegriff von «Literatur», dem lateinischen *litterae* und seinen Ableitungen, verhielt es sich in mehrerer Hinsicht ganz anders.[7] Zunächst einmal wurde das Wort eher für einen Kreis von Wissensgebieten, die Beschäftigung damit und die entsprechenden geistigen Qualitäten als für ein Corpus schriftlicher Texte verwendet. In diesem Sinne sprach man zum Beispiel von *litteris operam dare*, «sich um die *litterae* bemühen», von einem *vir litteratus*, einem «gebildeten Mann», oder von der *res publica litteraria*, dem «Staat der *litterati*» als der Gesamtheit aller Gebildeten. Die Bücher, in denen die Anstrengungen um Bildung und Gelehrsamkeit ihren Niederschlag fanden und aus denen man sie sich erwerben konnte, waren aber zumindest im Hintergrund dieser Vorstellung präsent. Sie umfassten wesentlich mehr als das, was heute unter Literatur fällt. Den besten Eindruck hiervon vermitteln vielleicht die *historiae litterariae* des 17. und 18. Jahrhunderts, in denen das gelehrte Wissen der Zeit in seiner geschichtlichen Entwicklung überblicksartig dargestellt und bibliographisch erschlossen wurde:[8] Neben schöner Literatur kommen dort auch allerlei Arten von Gebrauchstexten, beispielsweise Briefe, sowie das Schrifttum sämtlicher wissenschaftlicher Disziplinen zur Sprache.

Dazu passt der Umstand, dass fiktionale und wirklichkeitsgebundene, poetische und Sachtexte damals nach Form und Wirkabsicht noch nicht so scharf voneinander geschieden waren, wie das heute meist der Fall ist. Wer heute einen Roman liest, möchte unterhalten oder emotional berührt werden, der Leser eines Sachbuches will sich informieren. Dem entsprechen grundlegende stilistische und darstellungstechnische Unterschiede. Die Vormoderne hingegen besaß zwar ebenfalls einen ausgeprägten Sinn für das passende Verhältnis von Form und Inhalt, sie hatte diesen Aspekt in der Stillehre der antiken Rhetorik sogar recht ausführlich geregelt, eine klare Dichotomie zwischen schöner Literatur und dem Rest ergab sich daraus jedoch nicht. Vielmehr zielte die Dichtung, wie schon Horaz (*Ars Poetica* 333–34) bemerkt hatte, nicht nur auf das Vergnügen, sondern auch auf den praktischen Nutzen des Lesers ab, während andererseits auch wissenschaftliche Texte einen formalen, also im heutigen Sinne literarischen Anspruch erhoben (S. 243–46). In besonderem Maße galt das, wenn diese Texte auf Latein verfasst waren, also in einer Sprache, die der Autor erst mühsam hatte erlernen müssen und in der jede Äußerung ein gewisses Maß an bewusster Gestaltung voraussetzte.

Spricht man also für die frühe Neuzeit von «Literatur» im Sinne von *litterae*, so tut man gut daran, den Begriff möglichst weit zu fassen und darunter zunächst einmal alles Geschriebene zu subsumieren, wie das ja schon die wörtliche Bedeutung von *litterae* nahelegt: «Buchstaben». Im Übrigen ist das auch der Literaturbegriff, der sich in der Neulateinforschung eingebürgert hat und den überhaupt die meisten Philologien zugrunde legen, deren Arbeitsgebiet in der Vormoderne liegt: Die Klassische Philologie behandelt alles Schriftliche, das sich aus der Antike erhalten hat, die germanistische Mediävistik beginnt mit den *Straßburger Eiden* und den *Merseburger Zaubersprüchen*.

Schließlich noch ein Wort zum Verhältnis zwischen neulateinischer Literatur und Neulatein: Beides ist zwar nicht miteinander identisch, steht sich aber wesentlich näher als etwa deutsche Literatur und Deutsch. Zum einen ergibt sich aus dem eben erläuterten weiten Literaturbegriff, dass die neulateinische Literatur grundsätzlich mit der Gesamtheit der Quellen identisch ist, aus denen wir etwas über Neulatein als sprachliche Erscheinungsform des Lateinischen erfahren können. Zum anderen durchlief das nachantike Latein als tote Sprache, wie ebenfalls schon erwähnt, verglichen mit einer lebenden so gut wie keine Entwicklung mehr. Die Unterschiede zwischen einer mittelalterlichen Chronik und einem frühneuzeitlichen Geschichtswerk, einer Inschrift des 17. und einer des 19. Jahrhunderts, sind deshalb nicht primär sprachgeschichtlicher, sondern vielmehr stilistischer und damit literarischer Natur. Dieses Nahverhältnis von Sprache und Literatur schlägt sich auch in der vorliegenden Darstellung nieder: Häufig lässt sich eine scharfe Trennung nicht durchhalten, beide Aspekte erscheinen eng miteinander verzahnt.

Rahmenbedingungen

Auch die Rahmenbedingungen, unter denen lateinische Literatur in der frühen Neuzeit entstand, unterschieden sich wesentlich von dem, was wir heute gewohnt sind. Vorderhand war Latein zwar in vieler Hinsicht ähnlich in die Alltagswelt eingebettet wie jede andere Sprache auch: Man verwendete es mündlich und schriftlich auf Reisen, im Handel, im Briefverkehr und allgemein unter Gebildeten verschiedener, häufig aber auch gleicher Muttersprache.[9] Ähnliches lässt sich übrigens weltweit auch bei anderen toten Sprachen beobachten, die als sekundär erlernte Kultursprachen in Gebrauch blieben, beispielsweise beim Sumerischen im Alten Orient oder beim Sanskrit in Indien.[10]

Ein Problem, das die mündliche Verständigung erschweren konnte und mitunter zu gravierenden Verstimmungen führte, war allerdings die regional unterschiedliche Aussprache. Klagen, das Latein der Franzosen, der Engländer, der Polen usw. sei unverständlich, waren keine Seltenheit, und der fahrende Humanist Jakob Locher verprügelte 1506 an der Universität Freiburg seinen Kollegen Matthias Ringmann, weil dieser sich über sein schwäbelndes Latein lustig gemacht hatte. Solche Fälle blieben aber Ausnahmen: Mit gutem Willen und Taktgefühl konnten auch Angehörige unterschiedlicher Nationen sich zivilisiert auf Latein unterhalten und gegenseitig verstehen.[11]

Gleichzeitig brachte es der Status des Lateinischen als Sprache ohne Muttersprachler jedoch mit sich, dass es, und damit auch die neulateinische Literatur, in hohem Maße auf institutionelle Träger angewiesen war.[12] An erster Stelle ist diesbezüglich der Bereich der Bildung und der Wissenschaft zu nennen: Auf den Lateinschulen und Gymnasien der frühen Neuzeit war Latein häufig die Unterrichtssprache und immer das weitaus wichtigste Unterrichtsfach. Im Lehrbetrieb und in der wissenschaftlichen Forschung an Universitäten und Akademien stellte es die gängige Arbeitssprache dar. Für die katholische Kirche war Latein die Sprache der Heiligen Schrift und der Liturgie, und so verwundert es nicht, dass sich ihre Vertreter auch selbst des Lateinischen bedienten, ob es nun um handfestes kanonisches Recht oder um subtile Theologie ging. Die Protestanten taten es ihnen zumindest in allem nach, was wissenschaftlichen Anspruch erhob oder sich an ein internationales Publikum wandte. Im Übrigen befand sich das gerade erwähnte Bildungswesen ebenfalls großteils in kirchlicher Hand. Schließlich basierte auch die weltliche Verwaltung vielerorts bis weit in die Neuzeit hinein auf dem Lateinischen: Fürsten und Städte benötigten lateinkundige Sekretäre, Juristen und Diplomaten.

Aus diesem institutionellen Hintergrund ergibt sich bis zu einem gewissen Grad, wer Latein beherrschte und schrieb:[13] Der typische neulateinische Autor stammte aus dem Bürgertum, gelegentlich auch aus dem Bauernstand (so etwa viele deutsche Humanisten des 15./16. Jahrhunderts, zum Beispiel Conrad Celtis). Adelige Neulateiner waren vergleichsweise selten, mit Ausnahme osteuropäischer Länder wie Ungarn und Polen, deren Adel sich unter anderem über seine Lateinkenntnisse definierte. In den allermeisten Fällen hatte, wer ansprechend Latein zu schreiben vermochte, die Universität besucht oder zumindest eine höhere Schulbildung genossen. In vielen Fällen war er danach selbst als Privatlehrer, Schullehrer oder Universitätsprofessor tätig, schlug eine kirchliche Laufbahn ein oder bekleidete Verwaltungsposten in der Stadt oder bei Hof. Ärzte und praktizierende Juristen waren unter den neulateinischen Autoren ebenfalls gut vertreten.

Häufig brachten es diese Männer in ihren Berufen, an den Maßstäben der Zeit gemessen, zumindest zu einem bescheidenen Wohlstand, auch dann, wenn sie aus ärmlichen Verhältnissen kamen: Lateinkenntnisse waren nicht nur symbolisches Kapital der Besitzenden, sondern auch Mittel zum sozialen Aufstieg. Garantie dafür stellten sie allerdings keine dar. Die in eloquentem Latein vorgetragenen Klagen über bittere Armut, die wir aus der frühen Neuzeit überliefert haben, sind Legion; Gestalten wie Petrarca oder Erasmus, deren Ruhm es ihnen erlaubte, mit Hilfe diverser Mäzene ganz ihrer schriftstellerischen Tätigkeit zu leben, stellten eine Seltenheit dar.

Eine einschneidende Folge der Tatsache, dass man Latein in der Schule lernte, war der Umstand, dass über 99 Prozent aller neulateinischen Werke von Männern verfasst wurden. Die Frauenbildung steckte in der frühen Neuzeit noch in den Anfängen, und dass Mädchen regulären Lateinunterricht erhielten, kam kaum vor. Die Männer diskutierten allerdings angeregt darüber, ob Bildung für Frauen gut sei, und wenn ja, welche. Dabei wurden auch recht progressive Vorstellungen vertreten, so zum Beispiel von Juan Luis Vives in seinem Traktat *De institutione foeminae Christianae* («Unterricht für die christliche Frau», 1523). Manche Frauen aus gutem Hause, die Privatunterricht erhalten hatten, sprachen und schrieben sogar ausgezeichnet Latein und erlangten als Rednerinnen, Dichterinnen oder Gelehrte europaweite Berühmtheit. Zu ihnen gehörten etwa die aus Ferrara stammende Olympia Fulvia Morata (1526–55), die in London geborene, in Prag verstorbene Adelige Elisabeth Johanna von Weston (1582–1612) und die Niederländerin Anna Maria van Schurman (1607–78). Vor allem im 16. und 17. Jahrhundert bestaunte man solche Wesen ähnlich wie Wunderkinder und dokumentierte ihre verblüffenden Leistungen in Sammelwerken wie der *Centuria foeminarum* («Hundert [gelehrte] Frauen», 1692) des sächsischen Lehrers und Historikers Christian Juncker. Dieser Kuriositätenstatus der gelehrten Frau bedeutete jedoch auch, dass man sich mehr für spektakuläre Auftritte und Virtuositätsbeweise interessierte als für schriftliche Werke. Auch dadurch blieb der weibliche Anteil an der neulateinischen Literatur aufs Ganze gesehen eher bescheiden.[14]

Ihre Karrieren, aber auch politische und religiöse Zwänge, führten die Lateinkundigen häufig durch halb Europa, wenn nicht sogar, wie etwa bei vielen Jesuiten, nach China, Japan und Amerika. Viele lebten und starben fern der Heimat. Vielleicht trug die geteilte Erfahrung von Exil und Weltbürgertum dazu bei, dass diese Leute ein Zusammengehörigkeitsgefühl entwickelten, das seinen schönsten Ausdruck in der Vorstellung von der *res publica litteraria* fand.[15] Dieser «Gelehrtenstaat» umfasste über geographische, politische und konfessionelle Grenzen hinweg die Gesamtheit der Gebildeten und Lateinkundigen, Arme wie Reiche, Kleriker wie Laien, Männer wie Frauen. Geeint wurde der heterogene Personenkreis über die gemeinsame Hochschätzung von Bildung und Wissenschaft hinaus durch einen geistigen Hintergrund, der sowohl die klassische Antike als auch die christliche Tradition umfasste. Der Zusammenhalt und die weitgespannten Netzwerke innerhalb der *res publica litteraria* erklären zu einem guten Teil die europaweite Ausdehnung, Einheitlichkeit (bei allen regionalen Sonderentwicklungen) und Wirkmacht der neulateinischen Literatur.

Entscheidend erleichtert wurde die Entstehung einer europaweiten Gelehrtenkultur durch den Buchdruck.[16] Nach seiner Erfindung in Mainz um 1450 verbreitete sich dieser binnen weniger Jahrzehnte auf dem ganzen Kontinent, wobei er in den großen Druckerzentren wie Venedig, Paris, Lyon, Basel oder Antwerpen ein immer höheres technisches Niveau erreichte, und gestaltete das gesamte Buchwesen, wie es Antike und Mittelalter gekannt hatten, grundlegend um. Er holte die Literaturproduktion und -reproduktion aus den Schreibstuben der Klöster in die Städte und gewann der Literatur damit ein viel breiteres, insbesondere auch weltliches, Publikum. Gleichzeitig entwickelte sich das Buch, indem es billiger wurde und von breiteren Schichten erworben werden konnte, in bisher ungekanntem Ausmaß zum Gegenstand wirtschaftlicher Interessen, zur Ware: Der Buchmarkt entstand. Die neuen Möglichkeiten des Lesens und die Chancen, die sich dadurch auftaten, trieben die Alphabetisierung der Bevölkerung voran. Es bildete sich eine lesende Öffentlichkeit, die es zuvor nicht gegeben hatte und ohne die einschneidende historische Ereignisse wie die Reformation nicht denkbar gewesen wären.

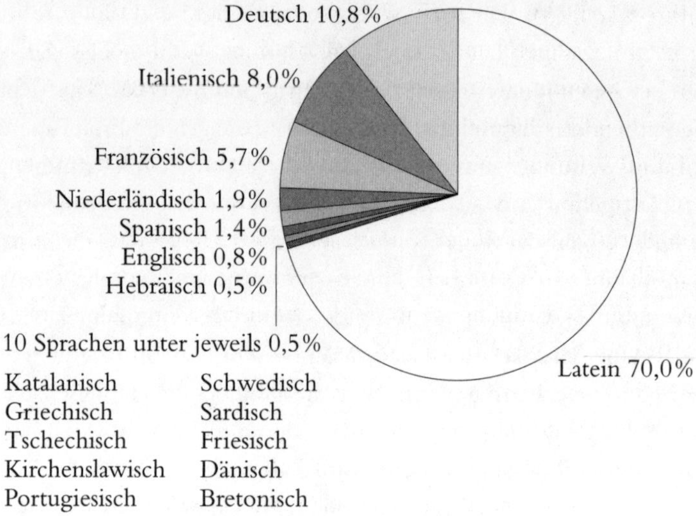

Abb. 1 Verteilung der Wiegendrucke nach Sprachen (Graphik nach Maximilian Dörrbecker nach Daten des Incunabula Short Title Catalogue der British Library, *http://www.bl.uk/catalogues/istc/index.html*, 24.8.2015).

Entsprechend seiner überragenden Stellung als Literatursprache profitierte Latein zunächst besonders stark vom Buchdruck: Lateinische Bücher entstanden rasch in immer größerer Zahl, erlangten weitere Verbreitung und erfreuten sich einer größeren Leserschaft als je zuvor. Da dies nicht zuletzt für Wörterbücher, Grammatiken, Idiomatiken (also Wörterbücher für Redensarten) und andere sprachdidaktische Werke galt, trug der Buchdruck auch entscheidend dazu bei, die sprachlichen Standards, welche die Humanisten propagierten, auf breiter Front durchzusetzen. Über das rein Sprachliche hinaus hatten es aber auch antike und spezifisch neuzeitliche Themen und literarische Gattungen leichter, das Interesse einer größeren Leserschaft auf sich zu ziehen und ihre mittelalterlichen Vorgänger zu verdrängen. Wie dominant die lateinische Literatur in den ersten Jahrzehnten des Buchdrucks war, zeigt die Tatsache, dass europaweit 70 Prozent aller Wiegendrucke (das heißt aller Drucke bis 1500) auf sie entfielen. Im Vergleich dazu waren selbst die großen Volkssprachen weit abgeschlagen: Deutsch, Italienisch und Französisch lagen bei rund 11, 8 und 6 Prozent, Spanisch und Englisch gar nur bei 1,4 bzw. 0,8 Prozent (Abb. 1). Es sollte Jahrhunderte dauern, bis sich dieses Verhältnis ausglich und schließlich umkehrte.

Damit sind wir bei einem letzten wichtigen Gesichtspunkt angelangt, nämlich dem Verhältnis zwischen lateinischer und vernakularer, also ursprünglich in einem Kulturraum verbreiteter Sprache und Literatur. Häufig denkt man sich diese Beziehung geprägt von Konkurrenz und einem Verdrängungswettbewerb, der in der Marginalisierung der neulateinischen Literatur resultierte. Dass dies das Endergebnis war, lässt sich nicht leugnen, doch die Entwicklung, die letztlich dorthin führte, war weder homogen noch linear und erweckt nur im Nachhinein den Eindruck des Zwangsläufigen. Während der frühen Neuzeit selbst verlief sie in jedem Land anders, nahm immer neue Anläufe, stagnierte dann wieder und ging über weite Strecken so langsam vor sich, dass sie kaum wahrgenommen und diskutiert wurde.

Die Zeitgenossen konnten eher den Eindruck gewinnen, in einer statischen zwei- oder mehrsprachigen Kultur zu leben, in der zwischen den verschiedenen Idiomen eine Art Arbeitsteilung, aber auch ein fruchtbarer Austausch herrschte. So wurden beispielsweise die Volkssprachen, die man im Mittelalter für ungrammatisch und irrational gehalten hatte, durch ihre Grammatikalisierung und philologische Erschließung nach dem Vorbild des Lateinischen überhaupt erst zu vollwertigen, einheitlichen, literaturfähigen Sprachen. Lateinischer und volkssprachlicher Humanismus wurden von denselben Protagonisten vorangetrieben. Viele, wenn nicht die meisten Autoren publizierten je nach Thema, Anlass und intendiertem Publikum in dieser oder jener Sprache. Übersetzungen in beiden Richtungen waren weitverbreitet, daneben gab es zweisprachige Ausgaben, zwei- und mehrsprachige Sammelpublikationen und sogar Mischtexte: Luther wechselte in seinen Tischreden mitten im Satz vom Deutschen ins Lateinische und zurück, viele Jesuitendramen enthielten volkssprachliche wie lateinische Szenen und die sogenannte makkaronische Dichtung, die vernakularen Wortschatz mit lateinischer Morphologie und Syntax kombinierte, war ein bei Autoren und Lesern beliebter

Zeitvertreib. Einer der populärsten Vertreter dieses Genres, das parodistische Lehrgedicht *Floia* (1593) eines niederdeutschen Autors, der sich unter dem Pseudonym Gripholdus Knickknackius verbirgt, beginnt etwa folgendermaßen:

Angla floosque canam, qui wassunt pulvere swarto,
Ex watroque simul fleitenti et blaside dicko,
Multipedes deiri, qui possunt huppere longe,
Non aliter quam si floglos natura dedisset.
Illis sunt equidem, sunt, inquam, corpora kleina,
Sed mille erregunt menschis martrasque plagasque,
Cum steckunt snaflum in livum blautumque rubentem
Exsugunt. Homines sic, sic vexeirere possunt!

Stacheln und Flöhe will ich besingen, die aus schwarzem Staub entstehen, zugleich auch aus fließendem Wasser und dicken Faulgasen, vielfüßige Tiere, die weit hüpfen können, nicht anders, als hätte die Natur ihnen Flügel verliehen. Jene haben zwar, sie haben, sagte ich, kleine Körper, doch sie bescheren den Menschen tausend Martern und Plagen, wenn sie ihren Schnabel in den Körper stechen und das rote Blut heraussaugen. So sehr, so sehr können sie die Menschen quälen!

Schließlich bestanden zwischen den Literaturen über die Sprachgrenzen hinweg enge intertextuelle Beziehungen: Neulateinische Gattungen wie Emblem und Utopie wurden ebenso in die Volkssprachen übernommen, wie sich der Einfluss von Petrarcas *Canzoniere* auch auf die neulateinische Liebesdichtung erstreckte.[17]

Die Bedeutung der neulateinischen Literatur

Außerhalb philologischer Fachkreise klingt das Wort «neulateinisch», sofern es überhaupt bekannt ist, nach wie vor exotisch. In ihrer eigenen Epoche dagegen stellte die neulateinische Literatur alles andere als ein kurioses Randphänomen dar. Sie war vielmehr ein zentraler Aspekt des frühneuzeitlichen Europa und aus diesem so wenig wegzudenken wie die Landwirtschaft, die Kirche oder die Ständeordnung.

Ihre Bedeutung erschließt sich schon allein quantitativ – eine Handvoll Zahlen habe ich bereits genannt. Wie viele lateinische Werke seit dem 14. Jahrhundert geschrieben und gedruckt wurden, weiß niemand, und angesichts des teils unkatalogisierten handschriftlichen Materials, der mehr oder weniger überarbeiteten, zum Teil unter neuen Titeln erschienenen Nachdrucke, der Plagiate, der Textverluste und der Unschärfe des Literatur- und des Werkbegriffs wird man es vermutlich auch nie genau wissen. Zumindest der Größenordnung nach lassen sich die Textmengen, mit denen man es zu tun hat, allerdings durchaus abschätzen. Über einzelne Regionen weiß man mittlerweile etwas besser Bescheid, so zum Beispiel über die historische Grafschaft Tirol: Für dieses Gebiet, das etwa der heutigen Europaregion Tirol – Südtirol – Trentino entspricht und flächenmäßig ¼ Prozent Europas umfasst, wurden vom ausgehenden Mittelalter bis heute rund 2400 Autoren und 7300 Werke namhaft gemacht, wobei Inschriften und Urkunden nicht mitgerechnet sind. Weiters ermöglichen es Bibliotheks- und Messkataloge (für Deutschland etwa diejenigen der Frankfurter und der Leipziger Buchmesse), einen Überblick über größere Gebiete zu gewinnen. Aus den betreffenden Daten geht beispielsweise hervor, dass in Frankreich bis in die 1560er-, in Deutschland bis in die 1680er-Jahre, in Italien über das ganze 17. Jahrhundert hin gerechnet mehr Bücher auf Latein erschienen als in der jeweiligen Landessprache. Schließlich hat der K. G. Saur Verlag bereits 2004 eine CD-ROM mit rund 473 000 neulateinischen Buchtiteln auf den Markt gebracht – eine Zahl, die, wie ein Vergleich mit dem Tiroler Material zeigt, nur einen Bruchteil des tatsächlich Gedruckten repräsentiert, von Handschriften ganz zu schweigen.[18] Nimmt man die genannten Daten zusammen, so kann man festhalten, dass die Gesamtzahl der neulateinischen Werke in die Millionen geht, dass die neulateinische Literatur damit um Zehnerpotenzen umfangreicher ist als die mittellateinische und gar die antike und dass sie darüber hinaus die mengenmäßig größte Literatur des vormodernen Europa darstellt.

Diese gewaltigen Textmassen fanden durchaus ihre Leser, die ihre literarischen Qualitäten und ihren Unterhaltungswert zu schätzen wussten. Natürlich waren wie in jeder Literatur so auch in der neulateinischen die meisten Texte Dutzendware und fanden nur regionale Verbreitung,[19] doch zumindest der sprachliche Standard war in der Regel auch in diesen Fällen hoch, und daneben findet sich eine Fülle von Werken, die man ohne weiteres der Weltliteratur zurechnen darf. Petrarcas Briefe und Traktate im 14. Jahrhundert, die autobiographischen *Commentarii* («Aufzeichnungen») Pius' II. im 15., Erasmus' *Laus stultitiae* («Lob der Torheit») im 16., Jacob Baldes *Oden* im 17. und Ludvig Holbergs *Iter subterraneum* («Unterirdische Reise») im 18. wurden auf dem jungen Buchmarkt nicht nur zu Bestsellern für den Augenblick, sondern erlebten über Generationen hinweg immer neue Auflagen und erhoben ihre Autoren in den Rang literarischer Klassiker. Monumentale Gesamtausgaben, die, wie zum Beispiel Erasmus' zehnbändige *Opera omnia* (1703–06), noch Jahrhunderte nach ihrem Tod erschienen, legen davon eindrucksvoll Zeugnis ab. Im Übrigen hingen Publikumserfolg und Wirkmacht nicht zwingend vom Buchdruck und von großen Autorennamen ab: Die meisten Stücke des Jesuitendramas waren etwa anonyme Produktionen, die nie gedruckt wurden. Dennoch war das Theater der Gesellschaft Jesu bis ins 18. Jahrhundert Europas verbreitetstes Theater überhaupt, und die Zuschauer strömten in hellen Scharen zu den Aufführungen.

Über ihre im modernen Sinne literarische Bedeutung hinaus entfaltete die neulateinische Literatur aber auch eine geistes-, mentalitäts- und kulturgeschichtliche Wirkung, die in ihrer Tragweite kaum zu überschätzen ist. Die frühe Neuzeit war bekanntlich die Epoche, in der Europa von der unter den Kulturen der Welt zweitrangigen Größe, die es im Mittelalter gewesen war, zur global führenden Macht aufstieg. Treibende Kraft hinter dieser verblüffenden Entwicklung waren technische und geistige Durchbrüche wie die Erfindung des Buchdrucks und die Entdeckung der Newton'schen Bewegungsgesetze, die in enger Verflechtung mit politischen und gesellschaftlichen Umwälzungen zu einer Dynamik des Fortschritts führten, die sich immer mehr verselbständigte. Die neulateinische Literatur gehörte als länderübergreifendes Medium der intellektuellen Elite zu den unabdingbaren Voraussetzungen dieses Modernisierungsschubs. In ihr vollzog sich von Lissabon bis Moskau, von Island bis Sizilien der geistige Austausch, aus dem neue Begrifflichkeiten, Ideen, Denkformen, Erkenntnisse und Verfahren entsprangen, und in ihr wurden diese Neuheiten selbst einer europäischen Öffentlichkeit zugänglich. Fast alle in diesem Sinne wirklich wichtigen Bücher erschienen entweder von vornherein auf Latein oder wurden für den internationalen Markt ins Lateinische übersetzt. Die Liste der umwälzenden Ideen und neuen Erkenntnisse, die in ihnen zur Sprache kamen, ist so lang und umfassend, dass man kaum weiß, wo man anfangen und aufhören soll.

Auf Latein wurde die Stellung des europäischen Menschen in der Welt neu bestimmt – vom Weltall bis hinunter zum Aufbau des eigenen Körpers, von der Erde, auf der immer neue fremde Länder und exotische Völker auftauchten, bis hin zur geschichtlichen Vergangenheit. Die großen naturwissenschaftlichen Disziplinen wie Mathematik, Physik, Astronomie, Geologie, Zoologie, Botanik und Medizin, aber auch zahlreiche speziellere wie Glaziologie, Pilzkunde oder Sportwissenschaft wurden auf Latein etabliert oder entscheidend vorangetrieben. Auf Latein lernte man auch die Erfindungen und technischen Neuerungen im Umfeld dieser Naturwissenschaften von der Kanone bis zum Teleskop kennen – in manchen Fällen, etwa in dem des Luftschiffs, sogar vor der tatsächlichen Erfindung. Ähnliches gilt für ein breites Spektrum von Fächern, die wir heute am ehesten geistes- oder kulturwissenschaftlich nennen würden: Poetik, Philologie und Textkritik (also Diagnose und Heilung im Laufe der Überlieferungsgeschichte entstandener Textfehler), Antiquarianismus (die umfassende Altertumskunde mit ihrer Vielfalt von Gegenständen und Methoden), Architektur- und Kunsttheorie, Ästhetik. Auf politischem, gesellschaftlichem und wirtschaftlichem Gebiet entwickelte man in lateinischen Werken so grundlegende Vorstellungen wie das Naturrecht und die Idee des Staates, kam den Ursachen der Inflation auf die Spur und forderte öffentliche Armenfürsorge. Vorwiegend auf Latein schrieben Philosophen wie Descartes, Spinoza und Leibniz, während andere wie Hobbes, die sich selbst der Volkssprache bedienten, doch vor allem auf Latein gelesen wurden. In der alten Sprache wagte man es erstmals, häretische Ideen wie die Existenz von Menschen vor Adam, die Sterblichkeit der Seele und den Atheismus klar auszusprechen. Daneben wurden in ihr allgemeinere (und weniger gefährliche) Einstellungen formuliert, die seitdem fester Bestandteil der modernen Mentalität geworden sind, etwa das Gefühl für die Schönheit der Landschaft, die Gleichberechtigung der Geschlechter oder der Toleranzgedanke.[20]

Den neuen Inhalten entsprachen neue Formen des Ausdrucks und der Darstellung, seien es literarische wie Utopie, Emblem und *argutia*-Bewegung (das im 17. Jahrhundert populäre Streben nach dem pointierten, geschliffenen Ausdruck)[21] oder wissenschaftliche wie Diagramme, Illustrationen und die Formelsprache der Mathematik: Auch sie wurden auf Latein oder, sofern sie selber über das Sprachliche hinausgingen, im Rahmen lateinischer Texte entwickelt. Und schließlich entstammten der lateinischen Gelehrtenkultur auch die Ordnungsformen, mit denen man die beängstigende Fülle des neuen Wissens in den Griff zu bekommen versuchte, von Wörterbüchern, Enzyklopädien und *historiae litterariae* bis hinunter zu Indizes, systematisch angelegten Notizheften und Zettelkästen.[22]

Wo immer man hinsieht, überall wurden die entscheidenden Durchbrüche zu einem modernen Weltverständnis auf Latein erzielt oder zumindest popularisiert. Die neulateinische Literatur legte in der Vormoderne die Grundlagen für die Moderne, für die Welt, in der wir leben.

Forschungsgeschichte[23]

Das Fach, das sich mit der neulateinischen Literatur beschäftigt, die Neolatinistik, hat sich in den letzten Jahrzehnten mit einer Rasanz entwickelt, die sogar die meisten daran Beteiligten überrascht haben dürfte. Noch vor gut zwanzig Jahren war Neulatein selbst in der akademischen Welt ein Exotikum. Ich kann mich nicht erinnern, den Ausdruck während meiner eigenen Studienzeit, 1990 bis 1994, je gehört zu haben. Der Unterschied zur heutigen Situation war eklatant.

Das heißt natürlich nicht, dass sich in früheren Zeiten niemand mit der neulateinischen Literatur befasst hätte – ganz im Gegenteil. Tatsächlich reicht die im weitesten Sinne wissenschaftliche Beschäftigung mit ihr bis zu ihren eigenen Anfängen zurück und begleitet sie ihre ganze Geschichte hindurch mit einer gewissen Selbstverständlichkeit. Häufig waren es dieselben Humanisten, die neulateinische Werke schrieben und die sie kommentierten – mitunter sogar ihre eigenen. Francesco Petrarca, der häufig als Gründungsvater der Neolatinität angesehen wird, kann auch in dieser Hinsicht als beispielhaft gelten: Er gab seiner Sammlung von Hirtengedichten, dem *Bucolicum carmen*, selbst einen Kommentar bei, der die verborgenen Bedeutungsschichten dieses allegorischen Werkes aufhellte. Bis ins 18. Jahrhundert wurden zahlreiche neulateinische Autoren und Gattungen sorgfältig ediert, kommentiert und literaturgeschichtlich aufgearbeitet.

Im ausgehenden 18. und frühen 19. Jahrhundert wurde jedoch nicht nur die neulateinische Literatur selbst in eine Randexistenz abgedrängt, sondern auch ihre Pflege und Erforschung. (Dass im gleichen Zeitraum die ersten Belege für ihre Bezeichnung als «neulateinisch» auftauchten, ist ein interessantes Paradoxon der Wissenschaftsgeschichte.) Als im Zuge der Humboldt'schen Universitätsreform aus der alten Artistenfakultät, die nur der Vorbereitung auf die höheren Fakultäten gedient hatte, der Fächerkanon der Geistes- und Naturwissenschaften hervorging, kam es niemandem mehr in den Sinn, der neulateinischen Literatur in diesem Kanon einen Platz einzuräumen. Den Altphilologen war sie nicht alt und klassisch genug; die jungen Neuphilologien sahen in ihr ein Produkt weltfremder, rückwärtsgewandter Gelehrter, eine Sünde gegen den Volksgeist, der sich nur in der Volkssprache manifestieren konnte, und einen Hemmschuh für die Entwicklung der jeweiligen Nationalliteratur. Damit blieben ihr die Würde eines akademischen Faches und der institutionelle Rückhalt der Universität verwehrt.

Das Ende der Beschäftigung mit neulateinischen Texten bedeutete freilich auch das nicht. Da die ganze gelehrte Welt einstweilen noch flüssig Latein las, zog man diese Texte in allen historischen Disziplinen, von der allgemeinen über die Kirchen-, Philosophie- und Wissenschaftsgeschichte bis zur Renaissanceforschung, weiterhin als Quellen heran. Und während sich die Germanistik der neulateinischen Literatur des deutschen Sprachraums von Anfang an recht konsequent verweigerte, waren andere Nationalphilologien weniger puristisch: In Italien etwa, wo seit Dante, Petrarca und Boccaccio viele Klassiker sowohl in Volgare, der Volkssprache, als auch auf Latein geschrieben hatten, oder in Kroatien und Ungarn, wo einer reichen lateinischen Tradition eine verspätet einsetzende volkssprachliche gegenüberstand, deckten sie ohne viel Umstände beide Literaturen ab (und tun das bis heute). In der ersten Hälfte des 20. Jahrhunderts entstanden mit Georg Ellingers *Geschichte der neulateinischen Literatur Deutschlands im sechzehnten Jahrhundert* (1929–33) und Paul van Tieghems *La littérature latine de la Renaissance* (1944) sogar die ersten Darstellungen, die Neulatein als ein eigenes Forschungsgebiet verstanden. Es ist allerdings bezeichnend, dass diese großartigen Bücher nicht etwa von Universitätsprofessoren, sondern von Gymnasiallehrern geschrieben wurden.

In den Sechziger- und Siebzigerjahren war ein zweiter Wendepunkt erreicht, und auch er stand unter paradoxen Vorzeichen: Einerseits gingen im Gefolge der damaligen Bildungsreformen die Lateinkenntnisse auch in der akademischen Welt so stark zurück, dass neulateinische Quellen zunehmend falsch verstanden oder einfach ignoriert wurden und werden. Andererseits etablierte sich Neulatein binnen kurzer Zeit als wissenschaftliches Fach und begann sich dynamisch zu entwickeln – ein Aufschwung, der untrennbar mit der wissenschaftlichen und organisatorischen Leistung des belgischen Philologen Jozef IJsewijn (1932–98) verbunden ist. Innerhalb eines Jahrzehnts gelangen IJsewijn vier große Würfe, mit denen er die Neulateinforschung auf ein ganz neues Niveau hob: 1966 gründete er an der Universität Löwen das *Seminarium Philologiae Humanisticae*; 1968 begann er mit den *Humanistica Lovaniensia* die erste Zeitschrift für Neulatein herauszugeben; 1973 hob er die *International Association for Neo-Latin Studies* (IANLS) aus der Taufe; 1977 veröffentlichte er schließlich seinen *Companion to Neo-Latin Studies*, den ersten umfassenden Überblick über das Gebiet, der in seiner zweiten, erweiterten Auflage trotz einer

Reihe neuerer Handbücher immer noch ein unverzichtbares Referenzwerk darstellt.

IJsewijns Initiative fiel in einem von der europäischen Einigung geprägten Umfeld, in dem man sich generell wieder stärker für die gemeinsamen, übernationalen Wurzeln Europas zu interessieren begann, auf fruchtbaren Boden, und nachdem die Neulateinforschung einige Zeit eher verhalten gewachsen war, erlebte sie in den letzten Jahrzehnten einen regelrechten Boom. Mittlerweile existieren an einer ganzen Reihe von Universitäten Institute (meist solche für Klassische Philologie), die sich auch der neulateinischen Literatur widmen, und mancherorts gibt es dafür sogar eigene Lehrstühle. Zur IANLS sind zahlreiche nationale Gesellschaften hinzugekommen, in Deutschland etwa die *Deutsche Neulateinische Gesellschaft*. Mit dem in Bonn erscheinenden *Neulateinischen Jahrbuch* wurde ein zweites Organ gegründet, das ganz der Neulateinforschung gewidmet ist, während sich viele andere Zeitschriften zur frühen Neuzeit für Beiträge aus diesem Bereich geöffnet haben. Die Zahl der neulateinischen Texte, die herausgegeben werden, der wissenschaftlichen Aufsätze und Monographien wächst von Jahr zu Jahr. In den letzten Jahren hat die Disziplin zusätzlich von der Gunst der Geschichte in Gestalt der elektronischen Revolution profitiert, die ein großes praktisches Problem, nämlich den schwierigen Zugang zu den Quellentexten, zu einem guten Teil gelöst hat: Dank *Google Books* und anderen Digitalisierungsprojekten kann man heute praktisch alle großen und tausende andere Autoren online lesen. So lassen sich Projekte realisieren, die noch vor wenigen Jahren an Reisekosten und Bibliotheksöffnungszeiten gescheitert wären.

Zu diesem Buch

Das sich immer höher anhäufende Wissen hat in letzter Zeit innerhalb der Neulateinforschung zu einem Bedürfnis nach Sichtung, Ordnung und Orientierung geführt. Mittlerweile liegt eine Reihe von Überblicksdarstellungen aus der Feder berufener Autoren vor (einige wurden zu Beginn dieses Kapitels zitiert), die diesen Wunsch erfüllen. Allerdings richten sich die betreffenden Handbücher und Aufsätze in erster Linie an ein Fachpublikum. Auf der anderen Seite zeigen ein halbes Dutzend allgemeinverständlicher Werke jüngeren Datums zur Geschichte des Lateins insgesamt, dass auf diesem Gebiet durchaus ein breiteres Interesse an fundierter Information besteht. In diesen Büchern steht jedoch die Sprache selbst, nicht die Literatur im Zentrum, und der neuzeitlichen Entwicklung widmet sich naturgemäß nur ein Abschnitt, der zudem oft recht knapp gehalten ist.[24] Was es bisher meines Wissens nicht gibt, ist ein Überblick über die neulateinische Literatur für eine breitere Leserschaft.

Das vorliegende Buch versucht, einen solchen Überblick zu geben. Es nimmt zu diesem Zweck sozusagen zwei Anläufe: Der erste Teil der Darstellung ist chronologisch strukturiert. Er bietet einen Abriss der Geschichte der neulateinischen Literatur von den Anfängen bis zur Gegenwart und versucht dabei, auf dem raschen Weg durch die Jahrhunderte die wichtigsten Rahmenbedingungen, Autoren, Gattungen und Entwicklungen zu benennen und kurz zu charakterisieren. Der zweite Teil ist dagegen thematisch gegliedert und geht bewusst exemplarisch vor. Er geht von der Frage aus, welchen Beitrag die neulateinische Literatur zur Entwicklung Europas geleistet hat, und zeigt diesen Beitrag anhand einer Reihe zentraler Aspekte des frühneuzeitlichen Geisteslebens auf: Den Anfang machen Bildung und Unterricht, die im Zentrum des Humanismus standen und sich ihrerseits auf die lateinische Sprache konzentrierten. Es folgen mit Übersetzung und Brief bzw. Dichtung und Kunstprosa Gattungen der neulateinischen Literatur, die sich direkt aus diesem sprachzentrierten Unterricht herleiten. Während Übersetzungen und Briefe den intellektuellen Austausch im frühneuzeitlichen Europa sicherten, führt von der neulateinischen Belletristik eine Linie zur Literatur im heutigen Sinne. Gute Bildung für breitere Schichten und europaweite Kommunikation brachten eindrucksvolle geistige Fortschritte auf vielen Gebieten mit sich. Die Rolle der neulateinischen Literatur in einigen der betreffenden Diskurse – Geschichte, Politik, Religion, Naturwissenschaft – ist Gegenstand der letzten vier Kapitel.

Dieses Vorgehen bringt da und dort zwangsläufig eine gewisse Redundanz mit sich, während andererseits vieles, was ebenfalls interessant gewesen wäre, unter den Tisch fällt oder nur punktuell zur Sprache kommt: Der eine Leser hätte vielleicht gerne mehr über die Latinität in den Kolonien erfahren, der andere über ihre Rolle in der Entwicklung des ökonomischen Denkens oder über neulateinische Autorinnen. Aber derartige Lücken sind ohnehin unvermeidlich, wenn man ein einziges Buch über ein paar Millionen Bücher schreibt. Dafür ergibt ein doppelter Zugriff, wie er hier versucht wird, hoffentlich ein plastischeres Bild der neulateinischen Literatur als eine reine Nacherzählung ihrer Geschichte und macht etwas möglich, das mir besonders wichtig scheint: nicht nur zu beschreiben, was die neulateinische Literatur war, sondern auch zu erklären, weshalb es heute noch eine Freude und eine Bereicherung sein kann, sich mit ihr zu beschäftigen.

TEIL I

GESCHICHTE

I

HUMANISMUS UND RENAISSANCE (1300–1520)

Bis ins 14. Jahrhundert schrieb und sprach man in ganz Europa eine breite Palette von Varietäten des Lateinischen, die sich im Laufe der Zeit relativ unkontrolliert aus dem antiken Latein entwickelt hatten und die man, wie bereits erwähnt, unter der etwas irreführenden Bezeichnung Mittellatein zusammenfasst. Gegen Ende des Mittelalters begann sich dieser Zustand in Italien zu ändern.

Der größere kulturgeschichtliche Rahmen, in dem sich die Erneuerung der Latinität vollzog, lässt sich mit dem Begriffspaar «Renaissance» und «Humanismus» umreißen. Beide Termini sind nicht zeitgenössisch, sondern modern, und es ist nicht immer klar, wie man sich ihre Beziehung zueinander vorstellen soll, aber mit Augenmaß verwendet sind sie trotzdem sinnvoll. Die italienische Renaissance lässt sich grob als programmatischer, umfassender Rückgriff auf die Antike – zunächst vor allem auf die römische – verstehen, der von der Politik über die Literatur bis zur Kunst reichte, ein neues Menschenbild implizierte und eine Verbesserung der Verhältnisse der Gegenwart anstrebte. «Humanismus» bezeichnet traditionell die sprachbezogenen, philologischen und literarischen Aspekte dieser Bewegung. Damit kommen wir der Frage nach dem richtigen Latein schon ganz nahe.[1]

Die Wiederentdeckung der antiken Latinität

Weshalb aber wurde diese Frage, die man sich im Mittelalter selten gestellt hatte, auf einmal so wichtig? Dass menschliche Sprache und menschliches Denken, *oratio* und *ratio*, eng miteinander verbunden sind, war schon in der Antike Allgemeingut. Cicero hatte diese Idee im Begriff der *humanitas* verdichtet, dessen Wesen gerade in seinem Changieren zwischen sprachlich-literarischer Bildung und wahrer Menschlichkeit liegt. Die Vorstellung wird ebenso wie manches andere, was in diesem Abschnitt zur Sprache kommt, später im Zusammenhang mit der neulateinischen pädagogischen Literatur noch etwas genauer zu diskutieren sein. Für den Augenblick ist entscheidend, dass sie seit Petrarca stark ins Bewusstsein der Intellektuellen trat und dabei in einem ganz bestimmten Sinne konkretisiert und verengt wurde: je besser das Latein, desto besser der Mensch.

Hinzu kam noch etwas Weiteres: Es setzte sich die Erkenntnis durch, dass Latein nicht, wie noch Dante und Petrarca in mittelalterlicher Tradition geglaubt hatten, seit jeher eine Kunstsprache gewesen war, die man in der Antike ebenso mühsam hatte erlernen müssen wie in der Gegenwart. Solange man an dieser Ansicht festgehalten hatte, waren alle, die sich des Lateins bedienten, als prinzipiell gleichberechtigt erschienen; keiner war in der privilegierten Situation eines Muttersprachlers gewesen, und jedem war es grundsätzlich freigestanden, die Sprache nach seinen eigenen Bedürfnissen weiterzuentwickeln. Sobald man jedoch erkannte, dass die alten Römer lateinische *native speakers* gewesen waren, änderte sich die Situation grundlegend: Nun erschien ihr Latein als das Latein *par excellence*, als das große Vorbild, dem die Nachgeborenen nachzustreben hatten.[2]

Bestärkt und gleichzeitig präzisiert wurde diese Vorstellung durch die Wiederentdeckung der antiken Rhetorik, der Lehre von der kunstgerechten, wirkungsvollen Rede. Zwar hatte auch das Mittelalter Teile der einschlägigen römischen Fachliteratur gekannt und verwendet, an erster Stelle die pseudociceronische *Rhetorik an Herennius*. Zudem wurden, zumindest in Italien, neue, auf bestimmte Textsorten zugeschnittene Handbücher geschrieben: *artes dictaminis* lehrten das Verfassen von – oft laut zu verlesenden – Briefen, *artes arengandi* die Rede vor dem Volk, *artes predicandi* die Predigt. Diese Lehren wurden auch praktisch umgesetzt: Anders als oft angenommen, hatte die öffentliche Rede im Mittelalter durchaus ihren Platz. Vom System der antiken Rhetorik als Ganzem besaß man jedoch keine klare Vorstellung.

Das änderte sich, als 1416 und 1421 mit Quintilians vollständiger *Institutio oratoria* («Die Ausbildung zum Redner») bzw. Ciceros *De oratore* («Der Redner») die beiden bedeutendsten römischen Lehrschriften und einige Jahrzehnte später auch griechische Texte wie die *Rhetorik* des Aristoteles und das sogenannte *Corpus Hermogenianum* (2. Jahrhundert n. Chr.) zum Vorschein kamen. Das mittelalterliche Schrifttum wurde nun zurückgedrängt, erste humanistische Lehrbücher erschienen und die Rhetorik avancierte zu einem zentralen Gegenstand humanistischer Bildung. In der Folge entstand eine neue Beredsamkeit, deren Formen von politischen Reden über Gelegenheitsreden zu Amtsantritten, Geburten, Hochzeiten, Todesfällen usw., akademische Ansprachen, geistliche Reden und Predigten bis hin zu Deklamationen, paradoxen Lobreden (auf Gegenstände wie Fliegen oder Staub) und Ansprachen in Geschichtswerken reichten und die bis ins 18. und 19. Jahrhundert in Wort und Schrift präsent blieb. Aber nicht nur das: Bis zu einem gewissen Grad wurden alle Gattungen der neulateinischen Literatur in Aufbau, Argumentation und Stil von den Prinzipien durchtränkt, die den Autoren durch den Rhetorikunterricht bereits in jungen Jahren in Fleisch und Blut übergegangen waren.[3]

Die Neuentdeckung der römischen Rhetorik hatte aber noch eine weitere bedeutsame Folge: Cicero, der ‹Erfinder› der *humanitas*, Autor von *De oratore* und Held von Quintilians *Institutio*, eroberte unter den nachahmungswürdigen antiken Autoren rasch den ersten Rang und wurde zu dem sprachlich-stilistischen Vorbild der frühen Neuzeit schlechthin. In zweiter Linie kamen nach Cicero solche Schriftsteller zum Zuge, die ihm sprachlich und zeitlich nahestanden: Das ist der Keim unserer heutigen, auf die Jahrzehnte vor und nach der Zeitwende zentrierten Vorstellung von der römischen Klassik.[4] Um diese Autoren begann man sich nun intensiv zu bemühen: Man suchte gezielt und erfolgreich nach Handschriften bislang verschollener Werke, versuchte altbekannte und neuentdeckte Texte von den vielen Abschreibefehlern zu reinigen, die sich im Laufe der Jahrhunderte eingeschlichen hatten, und verfasste Kommentare, um den Sinn schwieriger Passagen aufzuhellen.[5] Vor allem jedoch strengte man sich an, den antiken Sprachgebrauch besser zu verstehen, und legte die Beobachtungen, die man machte, in neuen Lexika und – was früheren Jahrhunderten besonders seltsam erschienen wäre – idiomatischen Wörterbüchern nieder.[6] Aufbauend auf den Ergebnissen dieser Forschungen versuchte man dann, Sprache und Stil der altrömischen Autoritäten im eigenen Reden und Schreiben nachzuahmen. Die Idee der literarischen *imitatio*, die man damit aufgriff, entstammte ihrerseits den antiken Klassikern.[7] Die Geschichte der neulateinischen Literatur war so von Anfang an eng mit derjenigen der Philologie verbunden.

Wenn zuvor davon die Rede war, Cicero und die Autoren in seinem Umfeld seien zu sprachlichen Vorbildern geworden, so versteckt sich in diesem scheinbar harmlosen Satz ein Problem, das bald virulent werden sollte: Wen genau sollte man in den illustren Kreis derjenigen Klassiker aufnehmen, die in Sprach- und Stilfragen als Richtschnur dienen konnten? In der Dichtung empfand man diese Frage nicht als besonders drängend: Vergil und Ovid nahmen dort schon seit dem Mittelalter eine überragende Position ein, doch abgesehen davon besaß jede Gattung ihre eigene stilistische Tradition, und aus den meisten waren so wenige Autoren erhalten, dass die Auswahl nicht groß war. Lyrik im engeren Sinne des Wortes war etwa *per definitionem* horazische Lyrik.

In der Prosa dagegen, wo weitaus mehr Möglichkeiten zur Wahl standen, waren die modellhaften Autoren und die richtige *imitatio* bald heiß umstritten – eine Debatte, die sich schließlich zum sogenannten Ciceronianismusstreit zuspitzte. Petrarca hatte die Sache noch recht entspannt gesehen, ähnlich wie etwa Seneca oder Quintilian in der Antike: *Nec huius stilum aut illius, sed unum nostrum conflatum ex pluribus,* nicht den Stil dieses oder jenes Autors, sondern einen eigenen, den er selbst aus mehreren gemischt habe, wolle er verwenden, teilte er einmal einem Briefpartner mit (*Epistolae familiares* 1,8,5). Cicero bewunderte er zwar, zum alleinigen Vorbild erheben wollte er ihn aber nicht. Seit dem frühen 15. Jahrhundert wurden jedoch Stimmen laut, die genau dafür plädierten. Der berühmteste Ciceronianer war Pietro Bembo (1470–1547), der als päpstlicher Sekretär dem Stil der Kurie für Jahrhunderte seinen Stempel aufdrückte. Den meisten war die ausschließliche Ausrichtung an Cicero aber zu radikal. Sie monierten, es sei unmöglich, die Welt der christlichen Gegenwart nur in ciceronianischen Wörtern und Wendungen zu erfassen, und behindere darüber hinaus den freien Ausdruck der eigenen Persönlichkeit. Den letztgenannten Aspekt, der schon bei Petrarca angeklungen war, brachte Angelo Poliziano (1454–94) in einem Brief an den Ciceronianer Paolo Cortese (1465–1510) in großartiger Kürze und Präzision auf den Punkt:

> *Non exprimis, inquit aliquis, Ciceronem. Quid tum? Non enim sum Cicero. Me tamen, ut opinor, exprimo.*

> Jemand hält mir vor: «Du drückst dich nicht aus wie Cicero!» Na und? Ich bin ja nicht Cicero. Aber wie ich selber drücke ich mich aus, möchte ich meinen!

Poliziano sollte später Schützenhilfe von Erasmus von Rotterdam erhalten, der sich in seinem Dialog *Ciceronianus* (1528) des Themas annahm, für eine *imitatio* mit Augenmaß plädierte und die strengen Ciceronianer als «Affen Ciceros» (*simiae Ciceronis*) verspottete.

Wie viele Debatten dieser Art kannte auch der Streit um die Ciceronachahmung keine klaren Sieger und Verlierer. Die Debatte schlief schließlich ein, wenn auch nicht, ohne gelegentlich wieder aufzuflammen. In der Praxis setzte sich ein gemäßigter Ciceronianismus durch: Cicero blieb das wichtigste, aber nicht das einzige stilistische Vorbild, und es galt als zulässig, seinen Wortschatz und seine Idiomatik bei Bedarf aus anderen Quellen zu ergänzen. Moden, die andere Autoren in den Vordergrund rückten (S. 169), blieben von untergeordneter Bedeutung.[8]

Die Wiederentdeckung der römischen Literatur

In sprachlich-stilistischer Hinsicht stand am Beginn der neulateinischen Literatur also die Hinwendung zum Sprachgebrauch einiger römischer Autoren, die man als vorbildlich ansah. In literarischer Beziehung entsprach dem der bewusste Anschluss an eine Reihe von antiken Gattungen, in denen diese großen Autoren geschrieben hatten. Die humanistische *imitatio* griff von Anfang an über Wort und Satz hinaus und versuchte, ganze Werke *all'antica* hervorzubringen.[9] Wie man sich diese literarische Wiederentdeckung der Antike in der italienischen Renaissance vorzustellen hat, sei exemplarisch an einigen großen Humanisten verdeutlicht, die dazu Wesentliches beigetragen haben.

Das erste Zentrum des Frühhumanismus, das literarisch fruchtbar wurde, war Padua. Aus einem Kreis Gleichgesinnter um den Notar und Richter Lovato Lovati (1241–1309) ragte Albertino Mussato heraus. Sein wichtigstes Werk, die 1314 verfasste Tragödie *Ecerinis* über Aufstieg und Fall des ghibellinischen Tyrannen Ezzelino da Romano (1194–1259), war direkt durch die Wiederentdeckung des sogenannten Codex Etruscus mit sämtlichen Tragödien Senecas inspiriert, die Lovati um 1300 in Pomposa gelang. Mussato applizierte Senecas hochrhetorische, blutrünstige Dramatik gekonnt auf seinen zeitgeschichtlichen Stoff, auch wenn ihm das Wesen des Dramas an sich noch entging. Bis man begriff, dass die Tragödie und ihre Schwestergattung, die im antiken Rom durch Plautus und Terenz vertretene Komödie, eigentlich zur Aufführung gedacht waren, sollte noch viel Zeit vergehen – und das, obwohl sich zahlreiche berühmte Humanisten von Petrarca bis Enea Silvio Piccolomini an ihrer Wiederbelebung beteiligten. Mussatos konkretes Ziel war es, die Paduaner mit der *Ecerinis* zur Verteidigung ihrer Freiheit gegen einen anderen Alleinherrscher, nämlich Cangrande I. della Scala, den Signore von Verona, aufzurütteln. In dieser Hinsicht hatte er keinen Erfolg, dafür krönten ihn seine Landsleute in Anschluss an einen antiken Brauch mit Lorbeer zum Dichter. Damit belebten sie eine Tradition neu, die bis zum

Beginn des 19. Jahrhunderts weit über tausend *poetae laureati* hervorbringen sollte.[10]

Endgültig etabliert wurde diese Tradition aber erst wieder durch die Krönung Francesco Petrarcas (1304–74)[11] auf dem römischen Kapitol am Ostersonntag des Jahres 1341. Das ist symptomatisch für den ungeheuren Einfluss, den dieser Autor auf die weitere Entwicklung des Humanismus und der neulateinischen Literatur generell ausüben sollte. Petrarca ist heute neben Erasmus von Rotterdam der wohl berühmteste neulateinische Schriftsteller überhaupt – wobei er jedoch im Gegensatz zu diesem in erster Linie für seine volkssprachlichen Werke, insbesondere für den *Canzoniere*, bekannt ist. Er selbst nannte diese Gedichtsammlung allerdings abschätzig *Rerum vulgarium fragmenta*, «Bruchstücke in der Volkssprache», und würdigte sie in seinem autobiographischen Brief «An die Nachwelt» (*Epistolae seniles* 18,1) im Gegensatz zu einer Reihe lateinischer Werke keiner Erwähnung. Auch seine Zeitgenossen und Nachfolger sahen ihn trotz des rasch einsetzenden Ruhms seiner Liebesdichtung in Volgare immer auch, und häufig in erster Linie, als Erneuerer der antiken Bildung und Literatur.

Als solcher griff er eine breite Palette an Themen und Gattungen auf und erweckte sie zu neuem Leben: Mit dem Epos *Africa* über den Zweiten Punischen Krieg versuchte er, das antike Epos zu erneuern; das Werk blieb wie so manches andere unvollendet, scheint aber dennoch der Hauptgrund für Petrarcas Dichterkrönung gewesen zu sein. Das *Bucolicum carmen*, eine Sammlung von zwölf Hirtengedichten, schloss an die Tradition der vergilischen Bukolik an. Petrarca verstand die Gattung wie die antiken Vergilkommentatoren als allegorisch verschlüsselte Rätselpoesie – eine Vorstellung, die ihre weitere Entwicklung nachhaltig prägen sollte. (Zu ihrem neulateinischen Klassiker wurde eineinhalb Jahrhunderte später der Karmelitermönch und Ordensgeneral Baptista Mantuanus mit seiner *Adulescentia*, «Jugend», 1498.) Umfangreiche Briefcorpora, unter denen die *Epistolae familiares* («Briefe an Freunde und Bekannte») und die *Epistolae seniles* («Altersbriefe») die wichtigsten sind, inspirierten sich an den teilweise von Petrarca selbst wiederentdeckten Briefen Ciceros, aber auch an denen

Senecas und des jüngeren Plinius. Vom Autor laufend korrigiert und revidiert – ein für seine Arbeitsweise charakteristischer Zug – und zu durchkomponierten Sammlungen zusammengestellt, begründeten sie den humanistischen Kunstbrief. Mit *De viris illustribus* («Berühmte Männer», ein Titel, der auf die antiken Sammlungen des Cornelius Nepos und des Hieronymus verweist) nahm nach der überwiegend hagiographischen Tradition des Mittelalters die weltliche Biographik der Neuzeit ihren Anfang. In einer Reihe von religiös-philosophischen Dialogen und Traktaten wird im Rückgriff auf Augustin tiefgehende Selbsterforschung betrieben (*Secretum*, «Geheimes Werk») und für die Intellektuellenexistenz als eigene Lebensform plädiert (*De vita solitaria*, «Vom einsamen Leben»).

Petrarcas gesamtes lateinisches Œuvre stellte einen eindrucksvollen Beleg für den Erfolg des oben angesprochenen Konzepts der *imitatio* dar. Es demonstrierte schlagend, dass die Nachahmung antiker Vorbilder und das Aufgreifen antiker Gattungen tatsächlich zu eigener literarischer Größe führen konnten. Damit war den Humanisten der Folgezeit ein Muster vorgegeben, das sie je nach Talent und Neigung auch auf andere Gegenstände und Genera anwandten.

Giovanni Boccaccio (1313–75) belebte mit seiner *Genealogia deorum gentilium* («Lehre von der Abstammung der heidnischen Götter») die antike Mythographie wieder und schuf ein wichtiges Hilfsmittel zum Verständnis der antiken Poesie sowie zum Verfassen eigener Gedichte.[12] Dass er dabei manchmal in die Irre ging und zum Beispiel gleich zu Beginn aus dem platonischen Schöpfergott, dem Demiurgen, eine neue Urgottheit namens Demogorgon machte, schmälert seine Leistung nicht. Dutzende vergleichbarer Handbücher sollten im Laufe der Jahrhunderte folgen.

Der Florentiner Staatssekretär Leonardo Bruni schuf mit seiner großen, im Stil des Livius verfassten *Historia populi Florentini* («Geschichte des Volkes von Florenz», vollendet 1442) ein selten erreichtes Vorbild der neulateinischen Historiographie.[13] Ein Musterbeispiel für die knappe historische Monographie lieferte der schon erwähnte Angelo Poliziano mit *De coniuratione Pactiana*: Nach dem Modell von Sallusts *De coniuratione Catilinae* erzählte er die Verschwörung der

Familien Pazzi und Salviati gegen die Herrschaft der Medici im Florenz des Jahres 1478 nach, die er selbst miterlebt hatte.

Poggio Bracciolini (1380–1459), gebürtig aus der Nähe von Arezzo, war nicht nur der erfolgreichste Handschriftenjäger unter allen Humanisten, sondern glänzte auch als vielseitiger Schriftsteller. Neben philosophischen Dialogen, Invektiven, Reden und Briefen hinterließ er mit den *Facetiae* eine Sammlung freizügiger Anekdoten und Schwänke, die noch heute vergnüglich zu lesen sind und nebenbei erhellende Einblicke in die Lebenswelt des 15. Jahrhunderts gewähren. Besonders häufig werden darin Geistliche zum Ziel des Spottes:

> *Praedicabat Tibure frater parum consideratus ad populum aggravans multis verbis et detestans adulterium dixitque inter caetera adeo esse grave peccatum, ut mallet decem virgines cognoscere quam unicam mulierem nuptam. Hoc et multi, qui aderant, elegissent.*
>
> In Tivoli predigte ein unbedachter Ordensbruder zum Volk. Dabei betonte er ausführlich, wie schlimm und abscheulich der Ehebruch sei, und sagte unter anderem, es handle sich um eine so schwere Sünde, dass er selbst lieber zehn Jungfrauen als eine einzige verheiratete Frau erkennen würde. Das hätten sich auch viele der Anwesenden ausgesucht.

Freilich schrieb Poggio zwar höchst lebendig, aber ohne viel Rücksicht auf klassische Normen, und erregte dadurch den Ärger des großen Philologen Lorenzo Valla, der spottete, er habe sein Latein wohl in der Küche, also von den niedersten Bediensteten gelernt – die Geburtsstunde des Ausdrucks «Küchenlatein».[14]

Der Genuese Leon Battista Alberti (1404–72), einer der vielseitigsten Intellektuellen seiner Zeit, griff unter anderem die Fachschriftstellerei auf und schuf mit *De re aedificatoria* («Das Bauwesen»)[15] ein modernes Gegenstück zum einzigen antiken Traktat über Architektur, dem unter Augustus entstandenen *De architectura* des Vitruv. Das Werk nahm entscheidenden Einfluss auf die Baukunst seiner Zeit und prägte den Stil mit, den wir heute als Renaissance kennen. Daneben schrieb Alberti mit *De pictura* («Die Malerei») und *De statua* («Die Statue») auch Traktate zu weiteren bildenden Künsten, zu denen keine antiken Vorbildtexte überliefert sind.

Ein facettenreiches Œuvre hinterließ auch der Kirchen- und Lebemann Enea Silvio Piccolomini (1405–64), der 1458 als Pius II. den Stuhl Petri bestieg (worauf er seinen Geburtsort, das toskanische Corsignano, zu einer Renaissance-Musterstadt ausbauen und in Pienza umtaufen ließ). Unter dem Gesichtspunkt der literarischen Klassikerimitation ist unter seinen Schriften zunächst das Jugendwerk *Cinthia* hervorzuheben, einer der ersten Versuche, ein in sich geschlossenes Buch von Liebeselegien[16] nach antikem Vorbild zu schaffen. Dass die Titelheldin den gleichen Namen trägt wie die Geliebte des Properz, eines der drei großen römischen Elegiker, ist natürlich kein Zufall. Aus Piccolominis späteren Jahren sind neben der *Germania*, einer Deutschlandbeschreibung in der Nachfolge des Tacitus, die unter den deutschen Humanisten viel Widerspruch hervorrief und sie anregte, sich näher mit dem eigenen Land zu beschäftigen, vor allem seine *Commentarii* bemerkenswert, die er bereits als Papst niederschrieb. Als in der dritten Person verfasste Autobiographie und Selbstrechtfertigung eines bedeutenden Mannes erinnern sie an Caesars *Commentarii de bello Gallico*, bieten darüber hinaus aber auch wertvolle Einblicke in die Politik der Zeit und stellen ein prachtvolles Sittengemälde dar.

Ganz der Wiedergewinnung Platons, der im späteren Mittelalter im Schatten des Aristoteles stand, verschrieb sich der Florentiner Marsilio Ficino (1433–99). Seine wichtigste Leistung war die vollständige Übersetzung der Werke Platons, der diejenige der *Enneaden* Plotins, des größten antiken Neuplatonikers, zur Seite trat (1484 bzw. 1492). Seitdem konnte man im Westen die bedeutendsten Texte des antiken Platonismus wieder lesen, wenn auch noch nicht im Original. Seinen größten Beitrag als Interpret und Fortführer der platonischen Tradition leistete Ficino mit der *Theologia Platonica* («Platonische Götterlehre», 1482). Sein Œuvre wurde zum Ausgangspunkt des frühneuzeitlichen Platonismus.[17]

Giovanni Pontano (1429–1503) zählt zu den größten Repräsentanten der humanistischen Kultur, die sich in Neapel am Hof der dortigen Herrscher aus dem Haus Aragón entwickelte, und zu den brillantesten neulateinischen Dichtern überhaupt. Seinen Elegien werden wir später noch begegnen (S. 177–79). Während ihm in dieser Gattung andere Dichter zuvorkamen, wurde er in zwei weiteren Genera selbst zum Trendsetter: Zum einen verfasste er mit seinen von Arat, Manilius und Vergil inspirierten Werken *Urania*, *Meteora* («Himmelsphänomene») und *De hortis Hesperidum* («Die Gärten der Hesperiden» – über die Zitrusfrüchte!) die ersten erfolgreichen Lehrgedichte in antiker Tradition – viele hunderte sollten bis ins 20. Jahrhundert folgen. Zum anderen führten sein *Liber Parthenopaeus* («Buch aus Neapel») und seine *Hendecasyllabi* dazu, dass der Hendekasyllabus oder Elfsilbler (also ein Vers der Form xx–◡◡–◡–◡–x) im Stil Catulls zu einem der beliebtesten Maße der neulateinischen Dichtung wurde.[18]

Auf dem Gebiet der religiösen Epik, die in der Spätantike in Werken wie dem *Carmen Paschale* («Ostergedicht») des Sedulius (5. Jahrhundert) eine Blüte erlebt hatte und in der neulateinischen Literatur wieder ausgesprochen populär wurde, taten sich Pontanos jüngerer Freund und Kollege Jacopo Sannazaro (1458–1530) und der Cremoneser Humanist und nachmalige Bischof Marco Girolamo Vida (1485–1566) hervor. Sie waren zwar nicht die ersten, die sich an derartigen Stoffen versuchten, in ihren Bibelepen *De partu virginis* («Die Jungfrauengeburt», 1526) bzw. *Christias* (1535) gossen sie den christlichen Stoff aber in so berückend schöne vergilische Hexameter, dass sie damit der ganzen weiteren Entwicklung der Gattung ihren Stempel aufdrückten.[19] Im folgenden Textbeispiel aus Sannazaros Gedicht ist der Moment der Geburt in einem kühnen Gleichnis eingefangen (2,366–76):

Mira fides! Puer aethereas iam lucis in auras
Prodierat foenoque latus male fultus agresti
Impulerat primis resonum vagitibus antrum.
Alma parens nullos intra praecordia motus
Aut incursantes devexi ponderis ictus
Senserat; haerebant immotis viscera claustris:
Haud aliter quam cum purum specularia solem
Admittunt; lux ipsa quidem pertransit et omnes
Irrumpens laxat tenebras et discutit umbras;
Illa manent illaesa, haud ulli pervia vento,
non hyemi, radiis sed tantum obnoxia Phoebi.

> Kaum zu glauben! Der Knabe war schon an die Luft des Himmels und ans Licht hinausgelangt, lag schlecht und recht auf rauem Heu und erfüllte die widerhallende Höhle mit seinem ersten Weinen. Die gütige Mutter aber hatte in ihrem Herzen keine Bewegung, keine drängenden Stöße des sich senkenden Gewichts gefühlt, ihr Leib war ruhig, seine Riegel unverrückt – nicht anders, als wenn Fensterscheiben das reine Sonnenlicht durchlassen: Das Licht selbst dringt zwar hindurch, bricht ins Zimmer, hellt die Finsternis auf und zerstreut die Schatten, doch jene bleiben unversehrt, undurchdringlich jedem Wind, nicht der Winterkälte, nur den Strahlen des Phoebus offen.

Dass Sannazaros heidnische Einfärbung heilsgeschichtlicher Inhalte – im vierten Vers nennt er Maria etwa *alma parens* wie Vergil seine Venus – manche Leser vor den Kopf stieß, vermochte an der unwiderstehlichen Wirkung solcher Verse nichts zu ändern.

Bemerkenswert ist schließlich, dass sich an der Wiederbelebung der römischen Literatur neben männlichen Autoren schon bald auch zahlreiche gelehrte, lateinkundige Frauen beteiligten, die, wie es scheint, häufiger als in späteren Epochen mit eigenen Werken an die Öffentlichkeit traten. Stellvertretend für viele sei Isotta Nogarola (1418–66) aus Verona genannt, die sich der Ehe ebenso verweigerte wie dem Kloster, im Hause ihres Bruders ihren Studien lebte und mit zahlreichen zeitgenössischen Humanisten in Kontakt stand. Unter ihren erhaltenen Schriften, in erster Linie Briefen und Reden, nimmt *De pari aut impari Evae atque Adae peccato* eine Sonderstellung ein: Diese von einer Bemerkung Augustins, wonach Adam und Eva *impari sexu, pari fastu* («verschiedenen Geschlechts, gleichen Hochmuts») gewesen seien, ausgehende Diskussion der Frage, wen von beiden die größere Schuld am Sündenfall treffe, behandelt inhaltlich ein Thema, das direkt mit dem Verhältnis der Geschlechter zu tun hat und für die Autorin deshalb von besonderem Interesse gewesen sein dürfte; formal stellt sie durch ihre Stilisierung als Briefwechsel zwischen Isotta und Lodovico Foscarini, dem venezianischen Gouverneur von Verona, ein Werk ganz eigener Art dar. Vom Ansehen, das Isotta selbst in allerhöchsten Kreisen genoss, zeugt eine Rede über die Türkengefahr, die zum Vortrag am von Pius II. einberufenen Kongress von Mantua (1459–60) bestimmt war.[20]

Die neulateinische Literatur wird europäisch

Seit dem frühen 15. Jahrhundert keimte auch im übrigen Europa ein Interesse für die kulturellen Entwicklungen in Italien und für das ‹neue› Latein auf, das man dort sprach und schrieb.[21] Italienische Humanisten wie Pier Paolo Vergerio (1370–1444), Poggio Bracciolini und Enea Silvio Piccolomini, die an den Konzilen von Konstanz (1414–18) und Basel (1431–49) teilnahmen, brachten ebenso Kunde davon über die Alpen wie Franzosen, Deutsche und Ungarn, die an den großen norditalienischen Universitäten Pavia, Padua und Bologna studierten. Seit der zweiten Jahrhunderthälfte machte es der Buchdruck möglich, die neuartigen Produkte des italienischen Geisteslebens auch außerhalb Italiens zu erwerben. Bald begannen einheimische Intellektuelle programmatisch für das humanistische Latein zu werben, eigene Werke im neuen Idiom vorzulegen und Unterrichtsreformen einzufordern.

Auseinandersetzungen mit der älteren Lateintradition waren vorprogrammiert.[22] Viele mochten nicht begreifen, weshalb das Latein, das man sich seit Generationen mit Hilfe mittelalterlicher Versgrammatiken wie der des Alexander de Villa Dei (um 1200) erworben hatte, auf einmal nichts mehr wert sein sollte. Theologen und andere Universitätslehrer pochten, nicht zu Unrecht, auf den praktischen Nutzen ihrer lateinischen Fachsprachen. Dass es ausgerechnet heidnische Autoren sein mussten, von denen nun das sprachliche Heil kommen sollte, war so manchem nicht recht nachvollziehbar und gab zu religiösen Bedenken Anlass. Die Verfechter des klassischen Latein waren ihrerseits im Umgang mit ihren Widersachern nicht gerade zimperlich. Die anonymen *Epistolae obscurorum virorum* («Dunkelmännerbriefe», 1515–17),[23] in denen deutsche Humanisten Sprache, Weltbild und Moral ihrer scholastischen Gegner persiflieren, sind ein unterhaltsames, wenn auch natürlich einseitiges Zeugnis dafür, wie hoch damals die Emotionen gingen.

Letzten Endes waren es wohl nicht primär Argumente, die den Sieg des klassischen Latein herbeiführten, sondern andere Faktoren:

Zum einen machten die Humanisten dank ihrer Sprachgewandtheit und ihrer rhetorischen Ausbildung das Beste aus dem neuen Medium des Buchdrucks, um ihre Vorstellungen zu verbreiten und sich selbst ins rechte Licht zu setzen. Viele ihrer bedeutendsten Vertreter waren auch große Publizisten, so beispielsweise Conrad Celtis, Erasmus oder Guillaume Budé. Die Konservativen hatten dem kaum etwas entgegenzusetzen. Zum anderen gewann der Humanismus als durch und durch pädagogische Bewegung die Jugend für sich, sodass die Vertreter älterer Anschauungen in den ersten Jahrzehnten des 16. Jahrhunderts einfach ausstarben.

Früher als in West- und Mitteleuropa begann die neulateinische Literatur in Osteuropa Fuß zu fassen. In Ungarn gingen nach ersten humanistischen Ansätzen Ende des 14. Jahrhunderts starke Impulse von Pier Paolo Vergerio aus, der Kaiser Sigismund 1418 vom Konstanzer Konzil nach Buda begleitete. Seit den 1440er-Jahren entwickelte sich der bischöfliche Hof des János Vitéz (1408–72) in Wardein (Várad) zu einem bedeutenden kulturellen Zentrum. Einen weiteren Aufschwung nahm die humanistische Latinität unter König Matthias Corvinus (reg. 1458–90), der sich in jeder Hinsicht für die Kultur der Renaissance begeisterte. Er residierte in Buda und Wien im Stil eines italienischen Renaissancefürsten und trug in Buda mit der nach ihm benannten Bibliotheca Corviniana die erste große Büchersammlung humanistischen Zuschnitts außerhalb Italiens zusammen. An seinem Hof tummelten sich italienische und in Italien ausgebildete Historiker und Redner. Der bedeutendste neulateinische Autor war jedoch ein Dichter, Vitéz' Neffe, der Elegiker und Epigrammatiker Janus Pannonius (1434–72), der seine Ausbildung in Ferrara bei dem berühmten Lehrer Guarino Veronese sowie in Padua erhalten hatte. Seine Epigramme, panegyrischen Gedichte und Elegien stellten, auch wenn sie zum Teil in Italien entstanden, einen ersten Höhepunkt einer *Latinitas Hungarica* dar, die sich als ungemein reich und langlebig erweisen sollte. Gegen Ende des Jahrhunderts verfasste der Italiener Antonio Bonfini (1427–1503) in Corvinus' Auftrag die *Rerum Hungaricarum decades* («Ungarische Geschichte in Gruppen zu je zehn Büchern»), eine der ersten der zahlreichen humanistischen Landesgeschichten, die in der Folgezeit europäische Territorien und Herrscher verherrlichten.[24]

Kroatien stand geographisch wie politisch zwischen Italien und Ungarn: Der Großteil Dalmatiens befand sich unter venezianischer Herrschaft, der Rest des Landes wurde in Personalunion mit Ungarn regiert. Humanistische Tendenzen lassen sich vor allem in Dalmatien schon seit Mitte des 15. Jahrhunderts beobachten. Der wichtigste Autor dieser Zeit war der aus Split stammende, auch als Vater der kroatischsprachigen Literatur gefeierte Marko Marulić (1450–1524). Während seine religiösen und moralphilosophischen Werke europaweite Verbreitung erlangten, wurde sein großes Bibelepos *Davidias* erst im 20. Jahrhundert gedruckt.[25] In kleinerem Maßstab brachte seit etwa 1450 auch die an Kroatien angrenzende Krain, der Zentralraum des heutigen Slowenien um Ljubljana, literarisch tätige Humanisten hervor.[26]

Auch in Böhmen und Mähren, wo sich mit der 1348 gegründeten Universität Prag die älteste Universität des Reiches befand und bereits Karl IV. (reg. 1347–78) Interesse an der Kultur der italienischen Renaissance zeigte, hielten der Humanismus und die neulateinische Literatur schon früh Einzug. Karls Kanzler Johannes von Neumarkt (ca. 1310–80) war ein Freund und Korrespondenzpartner Petrarcas. Zum bedeutendsten Vertreter des böhmischen Humanismus im 15. Jahrhundert wurde dann Bohuslaus Lobkowicz von Hassenstein (1462–1510), der nach Studienjahren in Norditalien und einer ausgedehnten Orientreise auf seiner Burg nicht nur eine große Bibliothek anlegte, sondern auch als lateinischer Dichter hervortrat.

In Polen existierte mit der Universität Krakau seit 1364 ebenfalls bereits ein starkes geistiges Zentrum, und es bestanden Kontakte zu italienischen Humanisten wie Enea Silvio Piccolomini. Um die Mitte des 15. Jahrhunderts bemühten sich Autoren wie der Historiker Jan Długosz in ihren Werken um ein reineres Latein. Einen Schub bekam die Entwicklung durch die Ankunft des Humanisten Filippo Buonaccorsi, der wegen eines geplanten Attentats auf Papst Paul II. aus Italien hatte fliehen müssen, im Jahr 1470. Als Conrad Celtis sich von 1489 bis 1491 in Krakau aufhielt, fand er dort bereits genügend Gleichgesinnte, um die erste seiner Sodalitäten ins Leben zu rufen. Im Jahr 1515 wurde mit Johannes Dantiscus der erste Pole zum *poeta laureatus* gekrönt. Auch sein Zeitgenosse Andrzej Krzycki (1482–1537) war ein Dichter sowie ein politischer und religiöser Schriftsteller von europäischem Format.[27]

Gegen Ende des 15. Jahrhunderts gewannen humanistisches Gedankengut und neue sprachliche Standards auch im deutschen Sprachraum (einschließlich der Schweiz und der Niederlande) an Einfluss. Bereits 1456 hatte der aus dem Kraichgau stammende Wandergelehrte Peter Luder in Heidelberg eine humanistische Vorlesung angekündigt, doch hinkten in seinem Fall die sprachlichen Fähigkeiten dem guten Willen noch weit hinterher. Einige Jahrzehnte später sah es diesbezüglich schon besser aus. Neben Jakob Wimpfeling (1450–1528), Sebastian Brant (1457–1521), Johannes Trithemius (1462–1518), Konrad Peutinger (1465–1547) und Heinrich Bebel (1472–1518) waren die wohl wichtigsten Vertreter der ersten Humanistengeneration der aus Groningen gebürtige Rudolf Agricola (1444–85) und sein Schüler Conrad Celtis (1459–1508). Celtis, der als Sohn eines Winzers in Wipfeld am Main zur Welt kam, hinterließ mit den elegischen *Amores* («Liebesgeschichten», 1502) und den von Horaz inspirierten *Odae* (1513) zwei Gedichtsammlungen, in denen antike Gelehrsamkeit, frühneuzeitliche Lebenswelt und fiktionalisierte Autobiographie eine attraktive Verbindung eingingen und mit denen er die lateinische Poesie in Deutschland auf ein neues Niveau hob. Unter Rückgriff auf Tacitus' *Germania* entwarf er eine Art nationale deutsche Identität und regte das Großprojekt der *Germania illustrata* an, einer vollständigen Beschreibung Deutschlands, an der sich noch Generationen von Humanisten abarbeiten sollten. Schließlich gab er, der sich nicht nur publizistisch in Szene zu setzen wusste, sondern auch sonst eine charismatische Persönlichkeit gewesen sein muss, seine Ideen an zahlreiche Freunde und Schüler weiter und gründete eine Reihe gelehrter Gesellschaften, sogenannter *sodalitates*, in Krakau, Heidelberg, Pressburg und Wien. Zumindest kurz muss schließlich auch Johannes Reuchlin (1455–1522) genannt werden, der erste gute Kenner des Hebräischen unter den Humanisten und mit dem *Henno* (1497), einer Komödie

Abb. 2
«Bildnis des Erasmus von Rotterdam, von Albrecht Dürer nach dem Leben skizziert. Ein besseres Bild von ihm werden dir seine Schriften zeigen. 1526.» Der repräsentative Kupferstich mit lateinisch-griechischer Beischrift zeigt Erasmus auf dem Höhepunkt seines Ruhms als unermüdlichen Gelehrten bei der Arbeit.

um einen diebischen Bauern und seinen schlauen Diener, zugleich der Autor des ersten humanistischen Theaterstücks, das in Deutschland aufgeführt wurde.[28]

Die überragende Gestalt der ersten Hälfte des 16. Jahrhunderts – sie wird uns noch öfters begegnen – war dann der aus den Niederlanden gebürtige, aber in ganz Europa beheimatete und berühmte Erasmus von Rotterdam (wohl 1467–1536; Abb. 2). Er schrieb nicht nur das vielleicht natürlichste und anmutigste Latein seit dem Ende der Antike, sondern übte auch als Galeonsfigur des Humanismus, Philologe, Erziehungstheoretiker, Kirchenkritiker und Pazifist eine Wirkung aus, die kaum zu überschätzen ist. Seine *Adagia*, die erstmals 1508 bei Aldus Manutius, dem berühmtesten Gelehrten-Buchdrucker der Epoche, in Venedig erschienen, wurden zu der Sprichwörtersammlung der frühen Neuzeit schlechthin. Zusammen mit der von Lukians satirischen Dialogen und paradoxen Enkomien inspirierten *Laus Stultitae* («Lob der Torheit», 1511), in der die personifizierte Protagonistin eine Lobrede auf sich selbst hält, die einer satirischen Abrechnung mit den politischen und religiösen Zuständen der Zeit gleichkommt, machten sie ihren Autor zu einer europäischen Berühmtheit. Die *Colloquia familiaria* («Vertraute Gespräche», 1518) hoben die didaktische Gattung der Schülergespräche auf ein hohes literarisches Niveau. Die Ausgabe des griechischen Urtexts des Neuen Testaments samt lateinischer Neuübersetzung stellt eine philologische Großleistung von bleibendem Wert dar. Mit *De libero arbitrio* («Der freie Wille», 1524) bezog Erasmus öffentlichkeitswirksam Stellung gegen Luthers Ansinnen, Seligkeit oder Verdammnis des Menschen ausschließlich von der unerforschlichen Gnade und Vorherbestimmung Gottes abhängig zu machen, und zog sich dessen bleibenden Hass zu. Nachdem er im *Ciceronianus* schon seine Vorstellung vom lateinischen Stil im Allgemeinen erklärt hatte, stellte er kurz vor seinem Tod mit dem *Ecclesiastes* («Prediger», 1535) die Predigtlehre auf das Fundament der antiken Rhetorik. Seine über 2000 erhaltenen Briefe, von denen er viele in sorgfältig redigierten Sammlungen veröffentlichte, sind eine unschätzbare biographische Quelle und zeigen ihn als Mittelpunkt eines europaweiten Gelehrtennetzwerks.[29]

Etwas zögerlicher als in Deutschland gestalteten sich die Anfänge der neulateinischen Literatur auf den Britischen Inseln, zunächst vor allem in England mit seinem Hof in London und den alten Universitäten Oxford und Cambridge; Schottland kam etwas später, Wales und Irland brauchten noch länger. Zu den ersten, die – nach einem kurzen Gastspiel von Poggio um 1420 – humanistisches Gedankengut auf die Inseln brachten, zählte in den 1480er-Jahren der Arzt und Galenübersetzer Thomas Linacre, der allerdings als Persönlichkeit wirkmächtiger war denn als Autor. 1502 kam mit Polydor Vergil ein weiterer Italiener nach England und begann auf Verlangen Heinrichs VII. bald, die Geschichte des Landes zu schreiben, ganz ähnlich wie Bonfini es für Ungarn getan hatte. Seine *Anglica historia*, vollendet 1512/13, gedruckt erst 1534 in Basel, wurde zum ersten größeren Werk der britischen Latinität, das die neuen sprachlichen Standards verwirklichte, und drückte der späteren Historiographie des Landes ihren Stempel auf. Einen großen Beitrag zur endgültigen Etablierung der neulateinischen Literatur leistete dann der Humanist, Jurist, Verwaltungsbeamte und Diplomat Thomas Morus, einerseits durch Werke wie die *Historia Richardi tertii* (ca. 1513–1518, publiziert 1565) und die berühmte *Utopia*, andererseits durch den Kreis englischer und ausländischer Gelehrter und Literaten, den er um sich scharte.[30]

Auch in Frankreich, wo die Sorbonne, die Hochburg der Scholastik schlechthin, das stärkste geistige Zentrum war, hatte der Humanismus zunächst einen schweren Stand. Zwar hatte sich bereits im 14. Jahrhundert eine Art Frühhumanismus manifestiert – Petrarca verbrachte einen guten Teil seines Lebens in der Nähe des damaligen Papstsitzes Avignon –, diese Ansätze hatten sich aber zurückgebildet, ohne wesentliche Spuren zu hinterlassen. Erst gegen Ende der Vorreformationszeit lässt sich ein nachhaltiger Neubeginn feststellen. Zentrale Gestalten waren Jacques Lefèvre d'Étaples (ca. 1455–1537), der in erster Linie durch seine französische Bibelübersetzung bekannt wurde, aber auch in zahlreichen lateinischen Schriften, insbesondere zu Aristoteles, die Sache des Humanismus verfocht, und vor allem Guillaume Budé.[31] Der hochgelehrte Jurist, Gräzist und Altertumskundler begründete den *mos Gallicus* («französische Sitte»), den historisch-kritischen Umgang mit dem römischen und kanonischen Recht, und trat in Programmschriften wie *De philologia* (1532) für eine umfassende Erforschung des Altertums ein. Auf sein Drängen hin hob Franz I. 1530 als Gegengewicht zur Sorbonne das Collège Royal aus der Taufe, an dem nach dem Vorbild des 1517 in Löwen gegründeten *Collegium trilingue* in humanistischem Geist die drei klassischen Sprachen Latein, Griechisch und Hebräisch gelehrt wurden und aus dem das heutige Collège de France hervorging.

Aufgrund der spanischen Herrschaft in Unteritalien intensivierten sich seit Mitte des 15. Jahrhunderts die kulturellen Beziehungen zwischen der Iberischen Halbinsel und Italien. Gegen Ende des Jahrhunderts gingen junge Spanier und Portugiesen zum Studium dorthin, während andererseits italienische Humanisten ins Land kamen. Den Beginn eines genuin iberischen Humanismus markieren die *Introductiones Latinae* («Einführung ins Latein», 1481) des Spaniers Antonio de Nebrija, eine der erfolgreichsten Grammatiken der frühen Neuzeit. Dennoch entwickelte sich die neulateinische Literatur in der Region mit ihrer starken, weit ins Mittelalter zurückreichenden volkssprachlichen Tradition noch für mehrere Jahrzehnte nur langsam. Die meisten interessanten Texte aus der Zeit um 1500 stammen entweder von Spaniern und Portugiesen im Ausland oder von italienischen Humanisten in Spanien und Portugal. Jenes gilt etwa für das poetische Œuvre des Portugiesen Henricus Caiadus (ca. 1465–1509), das in Italien entstand, dieses für das berühmte Werk *De orbe novo* («Die Neue Welt», ab 1511), den zu diesem Zeitpunkt detailliertesten Bericht über Amerika und seine Entdeckungsgeschichte, des aus Anghiera am Lago Maggiore gebürtigen Petrus Martyr.

2

DAS ZEITALTER DER KONFESSIONALISIERUNG (1520–1618)

Humanismus und Reformation

Das 16. Jahrhundert brachte in Mittel- und Westeuropa religiöse Umwälzungen ungekannten Ausmaßes mit sich: Die Reformation, die Gegenreformation, die Entstehung des Calvinismus, der anglikanischen Kirche und zahlreicher weiterer Gruppierungen sowie eine Reihe von Religionskriegen bedeuteten das Ende dessen, was man bis dahin einfach das christliche Abendland hatte nennen können. Mit dem Humanismus und damit auch mit der neulateinischen Literatur standen diese Entwicklungen in vielfältiger Wechselwirkung.[1]

Zunächst schienen die Interessen sprachbewusster Humanisten und frommer Reformatoren in mancher Hinsicht zu konvergieren: Beide Gruppen teilten die Idee und das Pathos einer Erneuerung durch den Rückgriff auf eine ältere Epoche – die klassische Antike im einen Fall, das Urchristentum im anderen. Nicht zufällig sind «Renaissance» und «Reformation» einander ähnliche Wortbildungen. Dabei erwartete man sich das Heil jeweils von alten, autoritativen Texten, die es gegenüber einer degenerierten Tradition wieder in ihr Recht einzusetzen galt: Luthers Berufung auf «die Schrift allein» (*sola scriptura*) ist offensichtlich vom humanistischen Bestreben inspiriert, wieder *ad fontes* («zu den [antiken Text-] Quellen») vorzustoßen. Durch die Heilswichtigkeit eines korrekten Bibelverständnisses gewannen aus reformatorischer Sicht die sprachlichen und philologischen Kompetenzen des Humanismus enorm an Bedeutung. Mochte ein solches

Verständnis auch grundsätzlich nicht gute Latein-, sondern gute Hebräisch- und Griechischkenntnisse verlangen, weitergeben konnte man es der Mitwelt nur durch Übersetzungen, und das hieß zunächst einmal: durch lateinische Übersetzungen. Wir werden noch sehen, wie heftig über die *Vulgata* des Hieronymus und die Möglichkeit einer lateinischen Neuübersetzung der Heiligen Schrift diskutiert wurde. Jedenfalls ist es gewiss kein Zufall, dass die wichtigsten Reformatoren von Martin Luther (1483–1546) über den Zürcher Ulrich Zwingli (1484–1531) und den Genfer Jean Calvin (1509–64) bis zu ihren jeweiligen Nachfolgern Heinrich Bullinger (1504–75) und Theodore de Bèze (1519–1605) sämtlich auch bedeutende lateinische Autoren und Publizisten waren.

Auch *ex negativo* scheint sich der Zusammenhang zwischen Reformation und Humanismus bzw. klassischer Latinität zu bestätigen: Hochburgen der von den Humanisten attackierten Scholastik wie Paris und Köln erwiesen sich auch als solche des Katholizismus. (Als hätten ihre Autoren das geahnt, hatten schon die *Dunkelmännerbriefe*, die 1515 bis 1517 als Reaktion auf den Streit zwischen dem Humanisten Johannes Reuchlin und den Kölner Dominikanern um die Verbrennung oder Duldung des Talmud entstanden waren, Spott über scholastisches Latein mit bissiger Kirchenkritik vereint.) Als sich die scholastische Tradition seit Mitte des 16. Jahrhunderts in sprachlich etwas geglätteter Form in der sogenannten Spät- oder Barockscholastik fortsetzte, geschah auch dies vorderhand nur in katholischen Landen, etwa in Italien und besonders prominent in Spanien; erst im 17. Jahrhundert wurde solches Denken auch auf protestantischer Seite rezipiert.[2]

Trotz alldem waren die Anliegen des lateinischen Humanismus und der Reformation keineswegs deckungsgleich. So führten die Reformatoren volkssprachliche Bibelübersetzungen ein und feierten den Gottesdienst in den Volkssprachen, wogegen die katholische Kirche am Konzil von Trient (1545–63) ausdrücklich beschloss, am Latein festzuhalten. Auch der moralische Rigorismus vieler Reformatoren und ihr Misstrauen gegen alles Pagane konnten Verehrern der klassischen Antike nicht gefallen. Und schließlich ging mit der Reformation durch die *res publica litteraria*, die über gemeinsame Bildungsstandards und den Buchdruck gerade erst zu sich selbst gefunden hatte, ein Riss, den vor allem friedfertige Charaktere als schmerzlich empfanden. So ist es symptomatisch, dass der Erzhumanist Erasmus trotz seiner pointierten Kritik an Missständen in der katholischen Kirche letztlich katholisch blieb – und ebenso symptomatisch, dass er dafür von beiden Seiten unter Beschuss kam: «Wer Erasmum zudrückt, der würget eine Wanzke», meinte Luther,[3] und die Katholiken setzten seine Schriften kollektiv auf ihren 1559 ins Leben gerufenen *Index*.

Letzten Endes waren die Auswirkungen der Konfessionalisierung auf die neulateinische Literatur vielfältig und kaum auf einen gemeinsamen Nenner zu bringen. Zumindest zwei besonders wichtige Aspekte müssen aber kurz hervorgehoben werden: Erstens brauchte man auf beiden Seiten sprachmächtige Anwälte der eigenen Sache und ging deshalb eifrig daran, ein entsprechendes Schulsystem aufzubauen. Das hob die Lateinkenntnisse europaweit auf ein neues Niveau und förderte die Ausbreitung der neulateinischen Literatur, von der gleich ausführlicher die Rede sein wird. Für Luther schufen der als *praeceptor Germaniae* («Lehrer Deutschlands») verehrte Humanist, Theologe und Pädagoge Philipp Melanchthon (1497–1560), sein etwas jüngerer Zeitgenosse Johannes Sturm (1507–89), der seine Wirkungsstätte in Straßburg fand, und andere die protestantische Lateinschule. Die Katholiken setzten dem das Gymnasium der 1540 gegründeten Gesellschaft Jesu entgegen, eine der weltweit erfolgreichsten Bildungseinrichtungen überhaupt.[4] Der dort ausgebildete Ordensnachwuchs sollte die lateinische Literatur der Neuzeit als Ganzes maßgeblich mitgestalten.[5]

Zweitens nahm in einer Situation, in der jede Seite sich um dogmatische und sittliche Reinheit bemühte, um der Gegenpartei keinen Anlass zur Kritik zu bieten, der religiöse und moralische Druck auf die Literatur zu. In katholischen – man denke nur an den eben erwähnten *Index* – wie protestantischen Territorien wurden verschiedene Formen der Bücherzensur eingeführt, die oftmals empfindlich auf Anleihen bei heidnischen Autoren oder inhaltlich anstößige Passagen reagierten. Die Darbietung christlicher Stoffe in antikisierendem Gewand, wie etwa Sannazaro sie noch unbefangen praktiziert hatte, pornographische Dichtung wie der Cosimo de' Medici gewidmete *Hermaphroditus* (um 1425) des Antonio Beccadelli aus Palermo, an dem die humanistische und kirchliche Elite Italiens ihr Vergnügen gefunden hatte, und vor allem jede Art von religiösem Dissens wurden problematisch und manchmal lebensgefährlich.

Die neulateinische Literatur: Wachstum und Ausbreitung

Währenddessen verdichtete sich die neulateinische Literatur, unterstützt vom stetig anwachsenden Buchdruck, in den Ländern, wo sie bereits um 1520 präsent war, und breitete sich zugleich auf weitere Teile Europas aus.[6] Um 1600 hatte sich die neue Latinität abgesehen von Russland, dem Osmanischen Reich und einigen wenigen Randgebieten auf dem gesamten Kontinent durchgesetzt. Im Laufe dieses Vorgangs löste sich der am klassischen Latein orientierte sprachliche Standard von einer pointiert humanistischen Einstellung und wurde ideologisch neutral. Jeder Gebildete verwendete ihn und musste ihn verwenden, wenn er denn als gebildet gelten wollte. Über eine bestimmte politische oder religiöse Position hatte das humanistische Latein ohnehin nie etwas ausgesagt, doch nun wies es auch nicht mehr auf ein besonderes Nahverhältnis zur heidnischen Antike hin, so wenig wie heutzutage flüssiges Englisch auf Anglophilie.

Sieht man sich allerdings die Situation in den verschiedenen Ländern an, so stellte sie sich bei aller grundsätzlichen Einheitlichkeit recht unterschiedlich dar: Italien bildete gegenüber dem Rest Europas insofern eine Ausnahme, als dort der Höhepunkt der neulateinischen Literatur im 16. Jahrhundert eigentlich bereits überschritten war, wenn auch nicht in quantitativer Hinsicht, so doch, was Reputation und Außenwirkung betraf. Zwar entstanden weiterhin großartige lateinische Werke: Das Schaffen von Epikern und Lehrdichtern wie den schon genannten Sannazaro und Vida sowie Girolamo Fracastoro (1476/78–1553) reichte weit ins Cinquecento hinein. Auch Historiker wie Paolo Giovio (1483–1552) und Carlo Sigonio (1524–84), Theologen wie Robert Bellarmin (1542–1621) und Philosophen wie Giordano Bruno (1548–1600) waren Autoren von internationalem Format. Doch seit Pietro Bembo mit seinen *Prose della volgar lingua* 1525 ein solides Fundament für die italienische Literatursprache gelegt hatte – sie sollte sich analog zur strikten Ciceronachahmung, die Bembo im Lateinischen empfahl, an Dante, Petrarca und Boccaccio orientieren –, blühte die volkssprachliche Literatur auf und stellte die lateinische in den Schatten. Hatten die bedeutendsten Autoren des Quattrocento nur oder in erster Linie lateinisch geschrieben, so wurden die Klassiker des 16. Jahrhunderts – Dichter und Denker wie Ariost, Tasso, Galilei – durch ihre italienischen Texte berühmt.

In Spanien und Portugal, auf den Britischen Inseln, in Frankreich, den Niederlanden und Polen stiegen die volkssprachliche und die neulateinische Literatur dagegen sozusagen Hand in Hand auf, auch wenn heute aus dieser Zeit nur mehr die volkssprachlichen Klassiker bekannt sind.[7] Die lateinische Literatur auf der Iberischen Halbinsel profitierte seit den 1520er-Jahren unter anderem von einer Welle der Erasmusbegeisterung.[8] Obwohl die Latinität Spaniens traditionell im Schatten einer früh und reich entwickelten Literatur in kastilischer Sprache stand, erlangte zumindest die spanische Spätscholastik mit Autoren wie den Dominikanern Francisco de Vitoria (1483–1546) und Domingo de Soto (1494–1560) sowie den Jesuiten Luis de Molina (1535–1600), Juan de Mariana (1536–1624) und Francisco Suárez (1548–1617) internationale Bedeutung. Im Rückgriff auf die mittelalterliche Scholastik, insbesondere auf Thomas von Aquin, entwickelte diese sogenannte Schule von Salamanca einen Denkstil, der die ganze frühe Neuzeit hindurch einflussreich bleiben sollte. Die Geschichtsschreibung florierte ebenfalls, besonders die Zeitgeschichte: Im Zeitalter der Entdeckungen gab es viel über nationale Großtaten zu berichten. Das galt auch für Portugal, wo die neulateinische Literatur sogar noch vielfältiger aufblühte als in Spanien.[9] Zahlreiche poetische Genera wurden ebenso gepflegt wie (an der Universität Coimbra bzw. Lissabon) akademisches Schrifttum und Philosophie. Die 1572 erschienene Lateingrammatik des Manuel Álvares wurde an allen Jesuitengymnasien weltweit benutzt.

Auch in England, Wales und Schottland entwickelte sich nun aus den eher zögerlichen Anfängen der Zeit um 1500 eine umfangreiche, vielfältige und qualitativ hochstehende Tradition neulateinischer Literatur.[10] (Irland fällt verglichen mit dieser Blüte stark ab, weil die katholische Intelligenz unterdrückt und ins Exil getrieben wurde; der weitaus größte Teil aller neulateinischen Texte von irischen Autoren wurde im Ausland verfasst und publiziert.)[11] So entstand etwa, sozusagen im Schatten Shakespeares, eine Fülle an Schul- und Universitätsdramen sowie an Poesie in allen möglichen Gattungen. George Buchanan (1506–82), einer der bedeutendsten schottischen Intellektuellen des 16. Jahrhunderts, trat als lateinischer Dichter, Tragiker, Historiker und Staatstheoretiker hervor. Der Waliser Jurist und Schuldirektor John Owen (ca. 1564–1622) machte sich mit seinen Epigrammen einen Namen als größter Nachfolger Martials.[12] Viele seiner kurzen, prägnanten Texte zeichnen sich durch einen trockenen Humor aus, der sie auch heute noch lesenswert macht. So kommentiert Owen etwa die Praxis des Ämterkaufes, der Simonie, in der katholischen Kirche (Epigramm 5,8):

An Petrus fuerit Romae, sub iudice lis est.
Simonem Romae nemo fuisse negat.

Ob Petrus wirklich in Rom war, dran scheiden sich heut noch die Geister.
Was aber keiner verneint: Simon war sicherlich dort.

Stücke wie dieses trugen ihrem Autor einen sicheren Platz auf dem römischen *Index* ein. Seiner Popularität konnte das natürlich nichts anhaben, im Gegenteil. Auf dem Gebiet der Sachprosa sei schließlich noch der englische Philosoph Francis Bacon (1561–1626) genannt, der die wissenschaftstheoretischen Werke, durch die er dem Empirismus den Weg bereitete, großteils auf Latein publizierte.

Die Franzosen stiegen in der ersten Hälfte des 16. Jahrhunderts zur europaweit führenden Nation auf dem Gebiet der Klassischen Philologie und der Altertumswissenschaft auf. Seit den 1570er-Jahren, also seit der Unabhängigkeit von Spanien, begannen ihnen die Niederländer Konkurrenz zu machen. Beide Länder standen in regem geistigem Austausch, und in beiden bestanden zwischen Philologie und neulateinischer Literatur enge Beziehungen, ähnlich wie das im 14. und 15. Jahrhundert in Italien der Fall gewesen war: Die Philologen inspirierten die Literaten und traten selbst als Autoren hervor. So dichtete der große Gräzist Jean Dorat (1508–88) lateinisch, griechisch und französisch und führte den Titel eines «Königlichen Dichters» (*poeta regius*); zugleich pries ein Freund die Wirkung seiner Vorlesungen über griechische Poesie mit den Versen: *Scribunt carmina ceteri poetae, / Summos ac facit unus hic poetas* («Andere Dichter schreiben Gedichte, aber nur dieser hier *macht* auch großartige Dichter»). Auf niederländischer Seite erwarb sich Justus Lipsius (1547–1606) zunächst einen Ruf als Herausgeber des Tacitus und anderer römischer Klassiker sowie als Altertumskundler, bevor er auch als Philosoph und Staatstheoretiker berühmt wurde.[13]

Auch sonst häuften sich in Frankreich und den Niederlanden nun die großen Namen: Zu Dorats Schülern zählte etwa Joachim du Bellay (ca. 1522–60), der wie sein Lehrer und die meisten anderen Mitglieder der Pléiade – eines exklusiven Zirkels von sieben Dichtern, der die Avantgarde der französischen Literatur repräsentierte – neben französischen auch lateinische Verse schrieb.[14] Eingeleitet hatte die Blüte der neulateinischen Poesie in Frankreich schon einige Jahrzehnte zuvor Jean Salmon Macrin (1490–1557) mit einem lyrischen Œuvre von erstaunlicher Fülle und Vielfalt. Etwa zur gleichen Zeit hob der aus Den Haag stammende, früh verstorbene Janus Secundus (1511–36) die Liebesdichtung nördlich der Alpen auf ein neues Niveau. Georgius Macropedius aus Nordbrabant, der dem Laienorden der Brüder vom gemeinsamen Leben angehörte, verfasste neben zahlreichen Schulbüchern eine Reihe von Theaterstücken, welche die Entwicklung des neulateinischen Schuldramas mitprägten. Am erfolgreichsten wurde sein *Hecastus* (griechisch für «Jeder», 1539), dessen reicher, sündiger Held unerwartet mit dem Tod konfrontiert und erst in letzter Sekunde durch seinen Glauben vor dem Teufel gerettet wird. Das Stück ist eine wichtige Station in der Geschichte des Jedermann-Stoffes, der in der Fassung Hugo von Hofmannsthals noch heute Jahr für Jahr einen Höhepunkt der Salzburger Festspiele darstellt.

An großen Prosaautoren seien beispielshalber Juan Luis Vives (1492–1540), Petrus Ramus (1515–72) und Jean Bodin (1529/30–96) genannt. Vives, ein Sohn zwangsgetaufter spanischer Juden, stammte aus Valencia, lebte und wirkte aber seit 1509 in Frankreich, den Niederlanden und England. Er war mit Erasmus befreundet, dessen humanistische Grundüberzeugungen er übernahm und in einer Vielzahl pädagogischer und didaktischer Traktate verbreitete; sein Einfluss auf diesem Gebiet wurde nur von dem seines älteren Freundes überboten. Ramus, der zum Calvinismus konvertierte und in der Bartholomäusnacht ermordet wurde, war wie Vives ein Feind des Aristotelismus und versuchte insbesondere, die Logik des Aristoteles durch eine in seinen Augen natürlichere und vernünftigere zu ersetzen, in der Gegensatzpaare eine große Rolle spielten. Sein System, der Ramismus, wurde im protestantischen Europa ausgesprochen populär und verdrängte bis ins 17. Jahrhundert an vielen Universitäten das aristotelische. Bodin war eine Schlüsselfigur in der Geschichte der politischen Theorie und der Geschichtswissenschaft.[15]

In Polen, das sich 1569 mit Litauen zu einem der größten Staatengebilde des damaligen Europa verband, zählte Jan Kochanowski (1530–84), einer der Väter der volkssprachlichen polnischen Literatur, zugleich zu den wichtigsten lateinischen Dichtern, gemeinsam mit seinem etwas älteren Kollegen Klemens Janicki (1516–43), der nur auf Latein publizierte. Die Wissenschaft war natürlich weiterhin rein lateinisch; man braucht diesbezüglich nur an Nikolaus Kopernikus' *De revolutionibus orbium coelestium* («Die Kreisbahnen der Himmelskugeln», 1543) zu denken.

In einer Reihe anderer Länder beherrschte die neulateinische Literatur einstweilen noch ohne ernsthafte volkssprachliche Konkurrenz das Feld. Das trifft etwa auf Kroatien zu, dessen bedeutendster Autor, der aus Istrien gebürtige Matthias Flacius Illyricus (1520–75), allerdings in Deutschland Karriere machte, wo er zu einem großen publizistischen Vorkämpfer der Reformation avancierte. Es gilt auch für Ungarn, wo der eifrige Gegenreformator Miklós Oláh (1493–1568) in *Hungaria et Attila* die legendenhafte Vor- und Frühgeschichte der Ungarn erzählte, während Johannes Sambucus als Emblematiker, Kartograph, Landeskundler, Rechtshistoriker (*Corpus iuris Hungarici*, 1581) und Herausgeber antiker Texte hervortrat und nebenbei die größte Privatbibliothek seiner Zeit zusammenbrachte.[16]

Das beste Beispiel aber ist Deutschland (einschließlich der Schweiz, die damals zumindest offiziell noch zum Reich gehörte):[17] Während seine politische Zersplitterung einstweilen trotz Luthers Bibelübersetzung die Herausbildung einer einheitlichen Literatursprache hemmte, entwickelte sich die lateinische Literatur fast explosionsartig. Von der Fülle der neulateinischen Dichter[18] zeugen noch die sechs dicken Bände *Delitiae poetarum Germanorum* («Glanzstücke aus deutschen Dichtern»), die im Anschluss an eine Reihe ähnlicher Sammelwerke des Antwerpener Polyhistors Jan Gruter zu Italien, Frankreich und den Niederlanden im Jahr 1612 in Frankfurt erschienen. Eobanus Hessus (1488–1540), Georg Sabinus (1508–60), Simon Lemnius (1511–50), Petrus Lotichius Secundus (1528–60) und Paul Schede Melissus (1539–1602) sind nur einige der berühmteren Namen. Für das lateinische Schultheater können auf protestantischer Seite Thomas Naogeorgus (1508–63) und Nicodemus Frischlin (1547–90) stehen, während auf katholischer Autoren wie Jakob Gretser (1562–1625) die große Tradition des Jesuitendramas mitbegründeten. Generell war die pädagogisch-didaktische Produktion ebenso umfangreich wie wirkmächtig, wobei sich wiederum Reformatoren wie Melanchthon und Jesuiten wie Jakob Pontanus (1542–1626) gegenüberstanden. Eine ähnliche Frontstellung prägte naturgemäß auch das religiöse Schrifttum. Das lebhafte Interesse für Geschichte und Landeskunde, das Celtis mit seiner Idee einer *Germania illustrata* geweckt hatte, schlug sich nun in einer Fülle historischer und geographischer Arbeiten nieder; nur beispielshalber sei der Elsässer Humanist, Philologe und Historiker Beatus Rhenanus genannt, der in drei Büchern die Vor- und Frühgeschichte Deutschlands darstellte (*Rerum Germanicarum libri tres*, 1531).[19] Was die Naturwissenschaft betrifft, so zeichnete sich etwa der Sachse Georg Agricola (1494–1555) in der Mineralogie, der Zürcher Universalgelehrte Conrad Gessner (1516–65) in Zoologie und Botanik aus.

Schließlich gelangte die neulateinische Literatur nun erstmals auch in den Norden und Nordosten Europas, also nach Skandinavien und ins Baltikum,[20] und zwar im Zuge der Reformation und ausgehend von Norddeutschland, wo zahlreiche Intellektuelle studierten (und mangels Druckereien in der Heimat auch publizierten). Allerdings fasste das klassische Latein in den riesigen, dünn besiedelten Gebieten mit ihren wenigen Bildungseinrichtungen oft nur langsam Fuß. Zudem bestanden zwischen den einzelnen Ländern große Unterschiede: Dänemark und Schweden, die seit dem späten 15. Jahrhundert mit Kopenhagen bzw. Uppsala zumindest eine Universität besaßen, waren für die neue Lateinkultur recht empfänglich; Dänemark konnte sich mit Tycho Brahe (1546–1601) des bedeutendsten Astronomen der Epoche rühmen, der gleichzeitig auch ein brillanter lateinischer Stilist in Vers und Prosa war. Auch in Lettland und Estland, die zusätzlich Impulse aus Polen-Litauen erhielten und wo später die Jesuiten aktiv wurden, entstanden schon seit der Mitte des 16. Jahrhunderts neulateinische Reden, Gedichte und Traktate. In Norwegen und Finnland dagegen, die politisch von Dänemark bzw. Schweden abhingen und deren Lateinkultur schon an sich bescheiden war, war von einem Neubeginn noch nicht allzu viel zu spüren. Umso bemerkenswerter, dass der Isländer Arngrímur Jónsson in einem *Brevis commentarius de Islandia* («Kurzgefasste Auskunft über Island») Europa bereits 1593 in gutem Latein über seine Heimat aufklären konnte! Er folgte damit allerdings nur in kleinerem Maßstab dem ehemaligen Bischof von Uppsala Olaus Magnus, der als überzeugter Katholik nach Italien emigriert war: Seine prachtvolle Skandinavienkarte (Abb. 3) und ihr schriftliches Gegenstück, die große *Historia de gentibus septentrionalibus* («Bericht über die Nordvölker», 1555),[21] stellten den wilden Norden als eine Welt voller Wunder dar und erregten großes Aufsehen.

Konfessionelle Literatur

Schon zu Beginn dieses Kapitels war davon die Rede, dass die Konfessionalisierung der Entwicklung und Verbreitung der neulateinischen Literatur wichtige Impulse gab. Es erstaunt nicht, dass diese

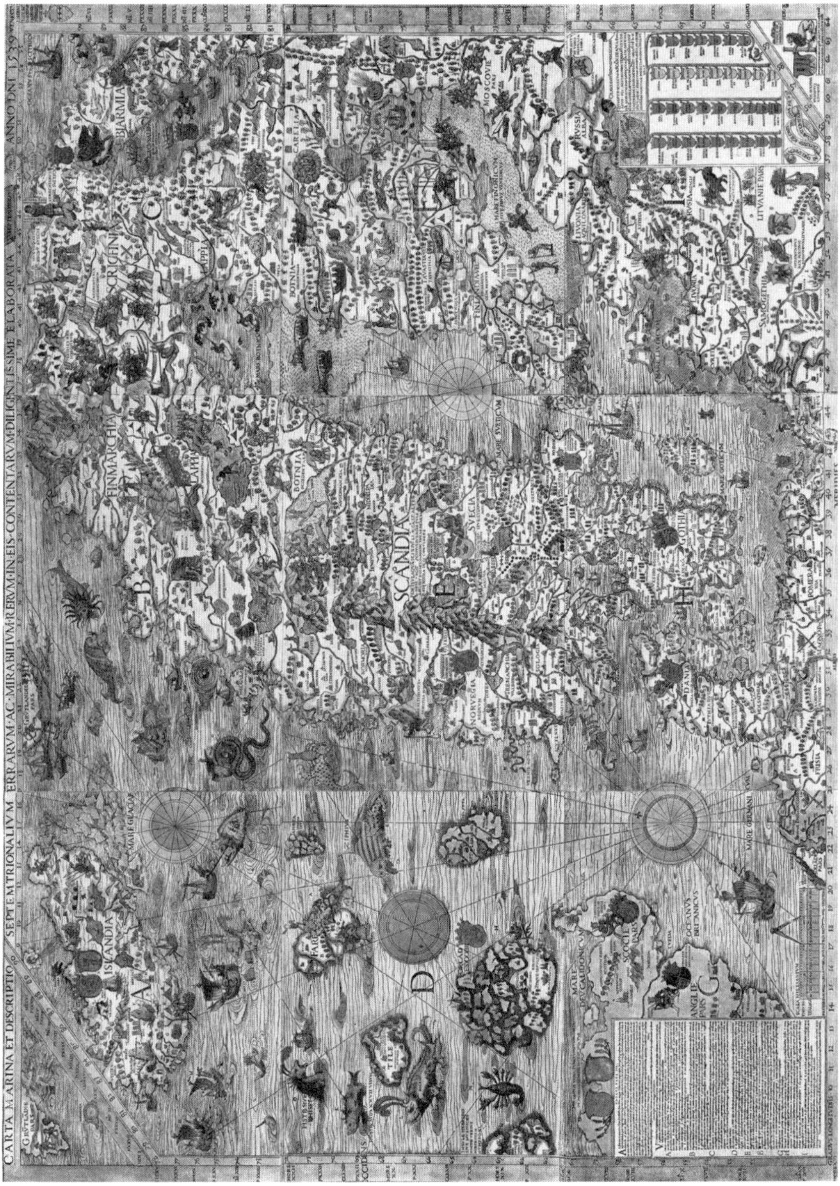

Abb. 3 Die Skandinavienkarte des Olaus Magnus (Venedig 1539)

auch in größtem Umfang dazu verwendet wurde, den Streit zwischen den Konfessionen auszutragen und die sich neu herausbildenden Positionen festzuhalten. Zwar erkannte Luther klar die Chancen, die ihm die volkssprachliche Publizistik bot, und seine Sympathisanten, zum Beispiel Ulrich von Hutten, folgten ihm in dieser Beziehung ebenso wie spätere Reformatoren. Das ändert jedoch nichts daran, dass der gewichtigste Teil des reformatorischen Schrifttums, sei es nun exegetischer, dogmatischer, polemischer oder sonstiger Natur, auf Latein verfasst wurde.

Die Reihe der wichtigen lateinischen Werke setzt bei Luther schon mit den berühmten 95 Thesen gegen den Ablasshandel ein, der *Disputatio pro declaratione virtutis indulgentiarum* («Disputation zur Verkündung der Wirksamkeit des Ablasses», 1517), mit der man traditionell die Reformation beginnen lässt, und geht über Schriften wie *De captivitate Babylonica ecclesiae* («Die Babylonische Gefangenschaft der Kirche», 1520) bis hin zum gegen Erasmus gerichteten Traktat über die fehlende Willensfreiheit, *De servo arbitrio* («Der unfreie Wille», 1526). Luthers wichtigster Helfer Melanchthon publizierte ganz überwiegend auf Latein. Neben seinen pädagogisch-didaktischen Werken seien nur die *Loci communes rerum theologicarum* («Allgemeine Begriffe der Theologie», 1521), das erste Handbuch der lutherischen Lehre, und die *Confessio Augustana* («Augsburger Bekenntnis», 1530) genannt, die erstmals die Position der lutherischen Reichsstände festschrieb. Ausgezeichnete Latinisten waren, wie bereits erwähnt, auch die anderen großen Reformatoren neben Luther. Zwingli fixierte in seinem *Commentarius de vera et falsa religione* («Denkschrift über die wahre und falsche Religion», 1525) ebenso die Eckpunkte seiner Lehre wie Calvin in der ausführlicheren *Institutio Christianae religionis* («Unterricht in der christlichen Religion», 1536) die der seinen. Bullinger verfasste neben vielem anderem gemeinsam mit einer Reihe von Kollegen das Erste und im Alleingang das Zweite Schweizer Bekenntnis (*Confessio Helvetica prior* und *posterior*, 1536 bzw. 1566). Seine *Sermonum decades quinque de potissimis Christianae religionis capitibus* («Fünf mal zehn Predigten über die wichtigsten Hauptstücke des christlichen Glaubens», 1552) entfalteten nicht nur als Musterbeispiele der Kanzelberedsamkeit, sondern auch als eine Art Kompendium des Protestantismus breiteste Wirkung.[22]

Die katholische Kirche lehnte das reformatorische Unterfangen, den Laien über die Volkssprachen einen direkteren Zugang zum Christentum zu ermöglichen, grundsätzlich ab. Dass sie ihre eigene Position den Häretikern gegenüber auf Latein vertrat, versteht sich unter diesen Umständen fast von selbst. An die Spitze der Verteidiger des Katholizismus traten bald die Jesuiten, die ja mit ihren Schulen auch im Kampf um die religiöse Erziehung der Jugend die Führungsrolle übernahmen. Als wichtiger publizistischer Streiter gegen die Abtrünnigen sei beispielshalber Robert Bellarmin genannt; seine dreibändigen *Disputationes de controversiis Christianae fidei adversus huius temporis haereticos* («Diskussionen über die strittigen Punkte im christlichen Glauben gegen die Häretiker dieser Zeit», 1586–93) blieben lange die umfassendste Verteidigung des katholischen Standpunktes und insbesondere der Oberhoheit des Papstes.

Nicht alle blieben freilich in ihrem Eintreten für den Katholizismus so verhältnismäßig sachlich wie Bellarmin: In Werken wie dem *Classicum sacri belli* («Signal zum heiligen Krieg», 1617) des Propagandisten und Polemikers Caspar Schoppe konnte sich der Hass gegen alles Protestantische bis zur hysterischen Kriegshetze steigern – eine unheilvolle Saat, die bald im Dreißigjährigen Krieg aufgehen sollte. Dabei war dergleichen keineswegs nur von katholischer Seite zu hören: Bereits Luther hatte nicht mit Bezeichnungen wie *monstrum* und *Antichristus* für den Papst gespart, und schon bald war zwischen den Konfessionen ein ungeheuer rüder Ton an der Tagesordnung. Wer in diesem Klima des Hasses und der gegenseitigen Verleumdungen zur Mäßigung riet, stand auf verlorenem Posten. Selbst Erasmus, der berühmteste und einflussreichste Intellektuelle seiner Zeit, hatte mit seinen Aufrufen zum Gespräch und zur Versöhnung, wie wir gesehen haben, keinen Erfolg, sondern zog sich nur den Zorn beider Seiten zu.

Jenseits des Glaubensstreits: Dichtung

Eine Möglichkeit gab es allerdings, den Aggressionen auszuweichen, die der Glaubensstreit hervorrief: Man konnte es einfach vermeiden, über Religion zu sprechen. Tatsächlich scheinen die meisten Intellektuellen diesen Weg gewählt zu haben, und zwar nicht nur im Alltag und im Umgang mit Kollegen, sondern auch in ihrer literarischen Produktion: Über das konfessionelle Schrifttum hinaus nahmen nämlich auch diejenigen Bereiche der neulateinischen Literatur einen steilen Aufschwung, die mit Religion nichts oder nur am Rande zu tun hatten. Praktisch jede Gattung und jede Thematik, die in Antike und Mittelalter behandelt worden war, kam nun auch in der frühen Neuzeit zu ihrem Recht, und darüber hinaus entstand vieles, was es zuvor nicht gegeben hatte. Ein kurzer Streifzug durch diese vielfältige literarische Landschaft mag das veranschaulichen.

Beginnen wir mit einigen poetischen Gattungen, die wir bereits in der Renaissance kennengelernt haben: Das Epos, dessen wichtigste Inspirationsquelle Vergils *Aeneis* war, florierte in all seinen geistlichen und weltlichen Spielarten: Im Anschluss an Sannazaro und Vida entstanden zahlreiche Christusepen, aber auch solche über alttestamentarische Helden wie zum Beispiel David, über Heilige und Märtyrer. An weltlichen Themen wurde Mythologisches ebenso behandelt wie antike und mittelalterliche Geschichte (öfters etwa die Kreuzzüge). Am beliebtesten aber waren zeitgeschichtliche Epen, in der Regel mit stark panegyrischem Einschlag. Dabei konnten nicht nur Fürsten und Fürstenhäuser, sondern auch ganze Völker gefeiert werden, wie das der Bündner Simon Lemnius (1511–50) in der *Raeteis* über den Krieg seiner Landsleute gegen Maximilian I. von 1499 tat. Ein beliebtes Thema waren auch die Entdeckungen; Kolumbus wurde in einer ganzen Reihe von Werken gepriesen.[23]

Im Lehrgedicht fand Pontano zahlreiche Nachfolger, die von der Landwirtschaft über die Philosophie bis hin zur Medizin und zu neuen kulturellen und technischen Errungenschaften alle nur denkbaren Themen besangen, meist im Hexameter, mitunter auch nach dem Vorbild von Ovids *Liebeskunst* im elegischen Distichon. Häufig bestand die Herausforderung für den Dichter und der Reiz für den Leser darin, dass ein auf den ersten Blick völlig unpoetischer Stoff zu einem ästhetisch ansprechenden Gedicht verarbeitet wurde. So schrieb, um nur einige große Namen zu nennen, der Arzt und Naturwissenschaftler Girolamo Fracastoro eine *Syphilis* (1530), der die aus der Neuen Welt eingeschleppte Geschlechtskrankheit ihren Namen verdankt. Vida verfasste neben der *Christias* auch zwei didaktische Kabinettstücke, *De bombyce* über die damals wirtschaftlich wichtige Seidenraupenzucht und *Scacchia ludus* über das immer populärer werdende Schachspiel (beide 1527). *Scacchia ludus*, das die Regeln des Spiels anhand einer Partie erläutert, die Apollon und Hermes auf einer Götterversammlung in mythischer Vorzeit ausgetragen haben sollen, ist vielleicht das unterhaltsamste und zugleich eines der vielschichtigsten Lehrgedichte, die je geschrieben wurden. Der Deutsche Friedrich Dedekind lehrte in seinem scherzhaften *Grobianus* (1549) abstoßendes Benehmen, natürlich in der Absicht, seinen Lesern im Gegenteil feine Manieren beizubringen.

Auch Bukolik wurde in der Nachfolge von Vergil und Baptista Mantuanus in großen Mengen, wenn auch nicht immer in berauschender Qualität produziert. Da die *Bucolica* Vergils Erstlingswerk gewesen waren und als allegorische Dichtung verstanden wurden, begannen zahlreiche junge Poeten ihre Karriere in diesem Genre und priesen geistliche und weltliche Fürsten als gute Hirten ihrer Untertanen. Zu den Hirten der antiken Bukolik traten andere Berufsgruppen wie Winzer, Fischer (zuerst bei Sannazaro: *Eclogae piscatoriae*, 1526) und Seeleute. Und angesichts der Weihnachtsgeschichte und der christlichen Hirtenmetaphorik wäre es geradezu erstaunlich gewesen, hätte sich nicht auch eine religiöse Bukolik etabliert.[24]

Liebeselegien schrieben viele Dichter nicht nur auf ihre Freundinnen, sondern – was es in der Antike nur ansatzweise gegeben hatte – auch auf ihre Ehefrauen. Niemand verkörperte die Gattung großartiger als der schon erwähnte Janus Secundus. Mit seinen teilweise in Distichen, teilweise in anderen Maßen gehaltenen *Basia* («Küsse») schuf er zudem die erste Sammlung von Kussgedichten, eines der schönsten Gedichtbücher der Weltliteratur und eines der ganz wenigen neulateinischen Werke, die bis heute ohne Unterbrechung nachgedruckt werden.[25] Doch auch abgesehen von der Erotik war das elegische Distichon das beliebteste Versmaß der neulateinischen Literatur. Im Anschluss vor allem an Ovid, der es bereits für die verschiedensten Inhalte verwendet hatte, entwickelte sich eine Vielzahl elegischer Gattungen, so zum Beispiel Lehrgedichte, fiktive Briefe (nach den *Heroides*),[26] Exilgedichte (nach den *Tristia* und den *Briefen vom Schwarzen Meer*) und Autobiographien (nach *Tristia* 4,10). Zumindest thematisch ganz unovidisch waren dagegen religiöse Elegien, etwa solche an Maria, die irdische durch himmlische Liebe ersetzten. Darüber hinaus war das Distichon auch das Metrum der Wahl, wenn ein besonderer Anlass nach einem Kommentar in Versform verlangte: In Elegien bejubelte man Hochzeiten und Geburten, beklagte Todesfälle, lobte neu erschienene Bücher, rühmte Herrscher und beschimpfte Feinde.[27] Das ist übrigens ein Zug, der nicht nur für die Elegie, sondern für die neulateinische Poesie generell charakteristisch war: Anders als die Lyrik der Moderne, aber ganz wie die volkssprachliche Dichtung ihrer Zeit (mit der sie häufig in enger Wechselbeziehung stand) war sie zu einem großen Teil Gelegenheitsdichtung.[28]

Das meist aus einem oder wenigen Distichen bestehende Epigramm war sozusagen der kleine Bruder der Elegie und ähnlich vielfältig einsetzbar wie diese.[29] Mit dem «britischen Martial» John Owen haben wir schon einen herausragenden Vertreter der Gattung kennengelernt. Ähnlich brillant wie seine Gedichte ist Pietro Bembos Epitaph für Raffael (1483–1520), das noch heute auf dessen Grab im Pantheon zu lesen ist:

Ille hic est Raphael, timuit quo sospite vinci
rerum magna parens et moriente mori.

Dies hier ist der berühmte Raffael. Solange er lebte, fürchtete sich die große Mutter aller Dinge [das heißt die Natur], von ihm besiegt zu werden – als er starb, meinte auch sie zu sterben.

Horaz war als Lyriker gegen Ende des Mittelalters weitgehend in Vergessenheit geraten. Die ersten Versuche, im Anschluss an seine vier Odenbücher neue Sammlungen in den vielfältigen und schwierigen horazischen Versmaßen zu verfassen, reichen ins ausgehende 15. Jahrhundert zurück. Doch erst im Verlauf des 16. entstanden Werke, die sich ihrem Vorbild sprachlich und verstechnisch an die Seite stellen lassen. Unter ihren Autoren finden sich große Namen, die wir bereits kennengelernt haben: Dorat in Frankreich, Kochanowski in Polen, Melissus in Deutschland. Für manchen Dichter bedeutete ein solcher Band *Lyrica* oder *Odae* wie für Horaz selbst die Krönung seiner poetischen Karriere. Horazische (und aus horazischen Versen neu gebildete) Strophen wurden auch verwendet, um die Psalmen des Alten Testaments zu paraphrasieren, eine Übung, die sich großer Beliebtheit erfreute. Die Paraphrasen George Buchanans (1565/66) blieben bis ins 19. Jahrhundert ein Klassiker und Schultext. Als im Laufe des Jahrhunderts der archaische griechische Chorlyriker Pindar wieder bekannt wurde, traten zu den horazischen pindarische Oden, Langgedichte aus im Detail frei kombinierten Versmaßen, die aber einer strengen Gesamtstruktur unterlagen: Auf zwei metrisch identische Gebilde, die Strophe und die Antistrophe, folgte ein drittes, anders gebautes, die sogenannte Epode; das Ganze wurde mehrere Male wiederholt.[30]

Das ist bei weitem keine vollständige Liste auch nur der wichtigsten poetischen und fiktionalen Gattungen der Zeit: Zu ergänzen wären neben vielem anderen etwa der Hymnus, das Drama in seinen unterschiedlichen Ausprägungen, das Emblem und die Utopie. Diese Genera werden später noch etwas ausführlicher zur Sprache kommen.

Sach- und Fachliteratur

Den quantitativ überwiegenden Teil der lateinischen Produktion machte aber in dieser wie auch in allen anderen Epochen nicht die schöne Literatur im heutigen Sinne, sondern Sach- und Fachtexte aus. Auf diesem Gebiet fällt die Orientierung besonders schwer, weil es nur partiell von der antiken und frühneuzeitlichen Literaturtheorie erfasst und reglementiert wurde. (Die maßgeblichen Werke zum Thema, von Aristoteles' *Poetik* über Horaz' *Ars Poetica* bis zu den 1561 erschienenen *Poetices libri septem* des italienischen Humanisten Julius Caesar Scaliger, bezogen sich nur auf die Dichtkunst.) Zum Großteil entwickelte sich das betreffende Schrifttum sozusagen wildwüchsig, indem es einfach auf die Anforderungen der Sache und des Anlasses reagierte.

Das gilt allerdings nicht für die beiden Teilbereiche der Historiographie und der Philosophie, die mit Klassikern wie Herodot, Thukydides und Livius bzw. Platon und Cicero seit der Antike als ‹echte› Literatur galten und seit der Renaissance zum Fächerkanon der sogenannten *studia humanitatis* zählten. Der Geschichte, die im 16. Jahrhundert nicht nur in großem Umfang und in den verschiedensten Spielarten verfasst, sondern auch theoretisch überdacht und neu konzipiert wurde, ist im zweiten Teil dieses Buches noch ein eigenes Kapitel gewidmet.

Was die Philosophie[31] betrifft, so setzte sich die vom Denken des Aristoteles geprägte Tradition der Scholastik, wie bereits erwähnt, ohne scharfen Bruch vom Spätmittelalter in die frühe Neuzeit fort. Sie gelangte vor allem in Spanien zu hoher Blüte und leistete Beiträge zu so unerwarteten Gebieten wie Wirtschaftswissenschaft, Politologie und Völkerrecht. Doch auch ein italienischer Denker wie der angebliche Freigeist und Atheist Pietro Pomponazzi, ein Humanist und Arzt aus Mantua, der in seinem *De immortalitate animae* («Die Unsterblichkeit der Seele», 1516) betitelten Traktat gerade für die Sterblichkeit der individuellen Seele argumentierte, tat dies im Bewusstsein, damit in gut aristotelischer Tradition zu stehen.

Daneben gewannen nun jedoch Strömungen an Bedeutung, die sich außerhalb der Universitäten entwickelten und sich von der universitär-scholastischen Überlieferung absetzten. Das konnte auch den weitgehenden Abschied vom Lateinischen bedeuten; so vollzog sich etwa die Rezeption und Popularisierung von Ficinos Platonismus hauptsächlich in der volkssprachlichen Kultur. In anderen Fällen entstanden die entscheidenden Texte jedoch weiterhin auf Latein. Während man gegen Epikur (den man seit Beginn des 15. Jahrhunderts durch Diogenes Laertios und Lukrez viel besser kannte als zuvor) einstweilen vor allem polemisierte, fand die Stoa in Justus Lipsius einen prominenten und erfolgreichen Fürsprecher. Mit Werken wie dem eindringlich gestalteten Dialog *De constantia* («Die Standhaftigkeit», 1584) verschaffte er einer christianisierten stoischen Ethik großen Einfluss auf das Denken der frühen Neuzeit. Neben der Rezeption der antiken Philosophenschulen traten Einzelgestalten wie Giordano Bruno (1548–1600) auf, dessen teils volkssprachliches, teils lateinisches Œuvre Anregungen zahlreicher antiker und mittelalterlicher Denker zu einer skandalösen Synthese verarbeitete, die ihm den Tod auf dem Scheiterhaufen eintrug. Wie durchlässig die Grenze zwischen Philosophie im heutigen Sinne und esoterischen Disziplinen wie Astrologie, Magie, christlicher Kabbala und Hermetik (einer spätantiken, angeblich auf den Gott Hermes Trismegistos zurückgehenden Geheimlehre) in der frühen Neuzeit war, zeigt schließlich Agrippa von Nettesheims Kompendium derartiger Lehren und Künste, *De occulta philosophia* («Die geheime Philosophie», 1533).

Einen gewaltigen Aufschwung nahm die gelehrte Literatur, in der dem Lateinischen damals noch die unumstrittene Führungsrolle zukam. Nicht zufällig erschien seit 1545 mit Conrad Gessners vielbändiger *Bibliotheca universalis* die erste groß angelegte Bibliographie der Geschichte, die das unaufhaltsam anschwellende Wissen wieder überschaubar machen sollte, und nicht zufällig nahmen in diesem Werk (das im Übrigen nur lateinische, griechische und hebräische Titel verzeichnete) die verschiedenen wissenschaftlichen Disziplinen den größten Raum ein.

Die Mutter derjenigen Fächer, die sich später zu den Geisteswissenschaften entwickeln sollten, war die Philologie, die ja schon für die Entstehung der neulateinischen Literatur selbst von maßgeblicher Bedeutung gewesen war. Im Laufe des 16. Jahrhunderts verfeinerten französische und niederländische Gelehrte ihr sprachwissenschaftliches, text- und echtheitskritisches, interpretatorisches und kulturkundliches Instrumentarium im Umgang mit antiken Texten immer weiter und legten die Ergebnisse ihrer Forschungen in einer Fülle von Ausgaben, Kommentaren, Monographien, Grammatiken und Wörterbüchern nieder.[32] Vor allem aber erkannte man, dass dieselben oder ähnliche Methoden sich auch auf zahlreiche andere Zeugnisse menschlichen Lebens und Denkens anwenden ließen: Nicht nur Latein, auch andere Sprachen hatten eine regelhafte Struktur, die man beschreiben konnte; so entstanden Dutzende Grammatiken der europäischen Volkssprachen wie zum Beispiel die *Grammatica Germanicae linguae* (1578) des Johannes Clajus.[33] Die Heilige Schrift war methodischer Interpretation ebenso zugänglich wie die antiken Klassiker – eine Erkenntnis, die Matthias Flacius Illyricus dazu veranlasste, im Anschluss an Melanchthons *Loci communes* mit der *Clavis aurea sacrae scripturae* («Goldener Schlüssel zur Heiligen Schrift», 1567) die erste systematische Bibelhermeneutik zu verfassen.[34] Die philologische Durchleuchtung der großen Rechtscorpora durch humanistisch geschulte Juristen wie Andrea Alciato (1492–1550) brachte neue gelehrte Gattungen wie zum Beispiel Sammlungen textkritischer *Observationes* («Beobachtungen») hervor; die von Budé initiierte Historisierung der juristischen Tradition schritt voran, was auch Konsequenzen für ihre praktische Anwendung hatte.[35] Schließlich begann man außerliterarische Dokumente von Kalendern über Urkunden bis hin zu Münzen ebenso zu untersuchen wie literarische Texte: Das Zeitalter des Antiquarianismus brach an.

Etwa zur gleichen Zeit setzte auch der Aufstieg der Naturwissenschaften ein. Da die Rolle der neulateinischen Literatur in der wissenschaftlichen Revolution noch Gegenstand eines eigenen Kapitels sein wird, sei hier nur kurz auf zwei Disziplinen hingewiesen, die dort eher am Rande zur Sprache kommen, sich aber bereits im 16. Jahrhundert eindrucksvoll entwickelten.

Die Botanik gelangte, zunächst noch als Hilfswissenschaft der Medizin, zu immer größerer Bedeutung; ihre Vertreter beschäftigten sich intensiv mit den antiken Klassikern auf diesem Gebiet, dem Philosophen und Naturforscher Theophrast, dem Pharmakologen Dioskurides und dem älteren Plinius, und begannen darüber hinaus mit eigener Feldforschung. Das neue Wissen wurde in umfangreichen, prachtvoll illustrierten Kompendien niedergelegt. Häufig erschienen diese parallel als volkssprachliche Kräuterbücher für Bader und Apotheker und in einer lateinischen Fassung für ein akademisch gebildetes Publikum; das gilt etwa für den vielfach neu aufgelegten und überarbeiteten Dioskurideskommentar des Pietro Andrea Mattioli (zuerst 1544). Manche Botaniker interessierten sich gleichzeitig auch für das Tierreich, dessen Beschreibung und Klassifikation man damals mit derjenigen von Pflanzen und unbelebten Dingen unter dem Stichwort *naturalis historia* («Naturkunde») zusammenfasste. Zu ihnen gehörte Conrad Gessner, dessen *Historia animalium* (zuerst 1551–58) zum bekanntesten und wirkmächtigsten Werk der frühneuzeitlichen Zoologie wurde.[36]

Einen noch spektakuläreren Aufstieg als die *naturalis historia* erlebten mathematische Geographie, Chorographie (die beschreibende Darstellung einzelner Länder) und Kartographie, die von zahlreichen neuen Entdeckungen beflügelt wurden. Reiseberichte sowie Beschreibungen und Karten einzelner Regionen erschienen in immer größerer Zahl. Zu den ersten Meilensteinen auf dem Weg zu einem neuen Bild der Erde als Ganzes zählt der von Giuliano del Giocondo auf der Basis von Dokumenten des Florentiner Kaufmanns und Entdeckers Amerigo Vespucci verfasste *Mundus Novus* («Neue Welt», 1503), die früheste ausführlichere Beschreibung der seither so genannten Neuen Welt. Kurz darauf führten der deutsche Geograph Martin Waldseemüller und sein humanistischer Mitarbeiter Matthias Ringmann in ihrer *Cosmographia* (1507) den Lesern den neuen Wissensstand in Text und Kartenbild vor Augen und verwendeten dabei erstmals den Namen «America». Einige Jahrzehnte später schuf der flämische Geo- und Kartograph Abraham Ortelius mit dem *Theatrum orbis terrarum* («Schauspiel des Erdkreises», 1570) den ersten Atlas der Neuzeit.[37]

3

DAS 17. JAHRHUNDERT

Lateinische und volkssprachliche Literatur[1]

Unter den zahlreichen Umwälzungen in nahezu allen Bereichen des Lebens, die das 17. Jahrhundert mit sich brachte, zählt der Aufstieg der Volkssprachen auf breiter Front zu den langfristig bedeutendsten. Angebahnt hatte er sich schon seit dem ausgehenden Mittelalter, doch nun vollzog er sich immer schneller und dynamischer. Die Gründe waren vielfältig: Politisch bestand in den zentralistisch organisierten Flächenstaaten wie Frankreich, England oder Spanien Bedarf nach einheitlichen, allgemein verständlichen Verwaltungssprachen, daneben wuchs auch ein protonationalistischer Stolz auf die eigene Sprache. In religiöser Hinsicht wirkte sich die Reformation aus, die die volkssprachliche Liturgie gebracht hatte und die Gläubigen zur Lektüre der Bibel in der Landessprache anhielt. Veränderungen in Bildungswesen, Sozialstruktur und Wirtschaft, wie sie nicht zuletzt im Gefolge des Buchdrucks eintraten, brachten ein stetig wachsendes Lesepublikum hervor, das in vielen Fällen des Lateinischen nicht mehr mächtig war; symptomatisch dafür war die Entstehung neuartiger Publikationsformen wie zum Beispiel der Zeitung. Schließlich war auch das neue Sprachbewusstsein, das der Humanismus gebracht hatte, ein wichtiger Faktor: Wir haben bereits gesehen, wie Humanisten die Volkssprachen nach dem Muster des Lateinischen grammatikalisierten und ihnen so eine höhere Würde verliehen.

Gleichzeitig gewannen die Volkssprachen nun ein Terrain zurück, das ihnen mit dem Absterben von Gattungen wie Heldenepos, höfischem Roman und Minnesang gegen Ende des Mittelalters vielerorts abhandengekommen war: Sie wurden wieder vollständig literaturfähig. Diese Entwicklung erreichte im 17. Jahrhundert ihren Höhepunkt, auch wenn sie in einigen Ländern schon wesentlich früher einsetzte und in anderen mehr Zeit benötigte: In Italien vollzog sie sich, wie schon erwähnt, bereits im 16. Jahrhundert auf der Basis der Werke Dantes, Petrarcas und Boccaccios, die alle im 14. Jahrhundert geschrieben hatten. Die spanische Literatur, die insofern eine Ausnahme darstellte, als sie sich seit dem Mittelalter ungewöhnlich kontinuierlich entwickelt hatte, kulminierte zwischen 1550 und 1680 im sogenannten Siglo de Oro («Goldenen Zeitalter»). In England schrieben im selben Zeitraum Shakespeare und Milton, während sich im Frankreich Ludwigs XIV. die französische Klassik in der *Querelle des anciens et des modernes* selbstbewusst der augusteischen zur Seite stellte. (Parallel dazu begann der Aufstieg des Französischen als europäische *lingua franca* des Hoflebens und der Diplomatie.) Die volkssprachliche Literatur der Niederlande erhielt wesentliche Impulse durch die Loslösung von Spanien im Achtzigjährigen Krieg (1568–1648). In Deutschland war das 17. Jahrhundert das Zeitalter der Sprachgesellschaften, von Opitz und Grimmelshausen. Auch im Osten Europas, etwa in Polen, Ungarn, Böhmen und Mähren, gewannen die Literaturen in den jeweiligen Landessprachen zwischen dem 16. und 18. Jahrhundert an Bedeutung. Etwas verspätet folgte schließlich auch der Norden: Eine schwedische Literatur entstand im 17. Jahrhundert, eine dänische mit Ludvig Holberg (1684–1754) im 18., eine norwegische und finnische erst im 19. Jahrhundert.

Setzte mit diesem Aufstieg der volkssprachlichen Literaturen nun auch schon der Niedergang der neulateinischen ein? *À la longue* lief es natürlich darauf hinaus, aber für das 17. Jahrhundert wäre eine solche Behauptung noch viel zu pauschal. Die Sachlage war wesentlich komplexer, und in vieler Hinsicht war von einer Krise des Lateinischen noch nichts zu bemerken. Einige wichtige Aspekte der Situation seien kurz umrissen:

Zunächst einmal standen lateinische und volkssprachliche Literatur an verschiedenen Orten zueinander in unterschiedlichem Verhältnis. Welcher die Führungsrolle zukam, hing neben der Entwicklungsgeschwindigkeit der jeweiligen Nationalliteratur noch von einer Reihe anderer Faktoren ab. So tendierten katholische Territorien stärker als protestantische dazu, am Lateinischen festzuhalten. Andererseits favorisierten starke Zentralstaaten mit nationalistischen Tendenzen wie Frankreich und England die Volkssprachen. Schließlich spielten auch Größe und Einheitlichkeit der jeweiligen Sprache eine wichtige Rolle: Autoren aus kleinen bzw. dialektal stark zerklüfteten Sprachgemeinschaften, zum Beispiel die Niederländer oder Deutschen, die in ihrem eigenen Idiom nur ein kleines Publikum erreichen konnten, schrieben und publizierten länger auf Latein als solche aus großen und einheitlichen wie die Engländer. Übrigens zeigen für Deutschland die Kataloge der Frankfurter und Leipziger Buchmessen, dass die Entwicklung auch regional in unterschiedlichem Tempo verlaufen konnte: Während an der Frankfurter Buchmesse seit den 1680er-Jahren mehr deutsche als lateinische Bücher angeboten wurden, verzeichnete man in Leipzig 1701 immer noch 55 Prozent lateinische Titel.[2]

Lässt man den Blick an die Ränder Europas und darüber hinaus schweifen, so sieht man, dass die neulateinische Literatur nun in Gebiete vordrang, wo sie bisher nicht oder nur schwach präsent gewesen war. Das gilt etwa für Norwegen, Finnland, die spanischen und portugiesischen Kolonien in Mittel- und Südamerika, die britischen und französischen in Nordamerika, punktuell auch für Russland, Indien und China. (Weiße Flecken blieben dagegen Afrika – mit Ausnahme Südafrikas –, die islamische Welt und Australien/Ozeanien; in Japan kam die Latinität durch die Abschließung des Landes in den 1630er-Jahren zum Erliegen.)[3] In den außereuropäischen Gebieten kam dabei der Mission eine Schlüsselrolle zu. Vor allem die Jesuitenmissionare trugen ihr Schulsystem in alle Welt, schufen so die Voraussetzungen für eine indigene Latinität und betätigten sich an ihren neuen Wirkungsstätten auch selbst fleißig als Autoren, nicht zuletzt um die Europäer über diese exotischen Gebiete und die dortige Arbeit des Ordens zu informieren.

Weiters profitierte die neulateinische Literatur von der Tatsache, dass generell immer mehr geschrieben und publiziert wurde. In England nahm die Zahl der jährlich erscheinenden Titel zwischen 1600 und 1700 um etwa das Siebenfache zu, in Deutschland, das von einem höheren Anfangsniveau ausging und den Dreißigjährigen Krieg zu verkraften hatte, verdoppelte sie sich immerhin.[4] Obwohl der prozentuelle Anteil des Lateinischen am Buchmarkt zurückging, wurden deshalb gegen Ende des Jahrhunderts in den meisten Ländern absolut mehr lateinische Bücher gedruckt als an seinem Beginn.

Wesentlichen Anteil daran hatte auch der Umstand, dass die wichtigsten lateinaffinen Gesellschaftsbereiche und Institutionen stabil blieben bzw. sogar einen Aufschwung nahmen. Jenes betraf das Christentum, besonders die katholische Kirche, dieses Bildung und Wissenschaft von der Lateinschule über die Universität bis zur *res publica litteraria* als Ganzes. Obwohl sich die Volkssprachen auch auf diesen Gebieten allmählich einen Platz erkämpften (ihrer bedienten sich etwa viele der Akademien, die nun neu gegründet wurden), galt Latein den meisten noch als unersetzlich. So gab es etwa an deutschen Universitäten bis Ende des 17. Jahrhunderts nur ganz vereinzelt volkssprachliche Vorlesungen. Christian Thomasius scheint 1687 in Leipzig durch die Ankündigung einer solchen sogar einen handfesten Skandal erregt zu haben.[5] Universitäre Lehrbücher, Dissertationen und Festreden erschienen noch ausschließlich auf Latein. Dieses Festhalten an der alten Sprache war kein gedankenloser Traditionalismus, sondern hatte gute sachliche Gründe: Latein verbürgte die internationale Reichweite und – im Gegensatz zu den lebenden Sprachen, die sich auf unvorhersehbare Weise weiterentwickelten – die Dauerhaftigkeit dessen, was man zu sagen hatte. Nicht umsonst nannte Leibniz es in seinem *Kurzen wohlgemeinten Bedenken vom Abgang der Studien und wie denenselben zu helfen* (1711) die *lingua Europaea universalis et durabilis ad posteritatem,* die «europäische Universalsprache, die bis auf die Nachwelt überdauern wird».[6]

Schließlich standen sich Latein und die Volkssprachen nach wie vor nicht nur als Konkurrenten gegenüber. In vieler Hinsicht arbeiteten sie Hand in Hand und ergänzten sich gegenseitig, da sie sich an unterschiedliche Adressatenkreise wandten. Wer die internationale Gelehrtenwelt erreichen wollte, gebrauchte das eine, wer die etwas weniger gebildeten unter seinen Landsleuten ansprach, das andere. Dabei schrieben und publizierten aber zahlreiche Autoren sowohl in der alten *lingua franca* als auch in einer oder mehreren modernen Sprachen, und viele Bücher waren für lateinkundige wie -unkundige Leser gleichermaßen interessant. Der Buchmarkt hatte das ökonomische Potential dieser Situation längst erkannt; die Flut an Übersetzungen, die er hervorbrachte, erreichte im 17. Jahrhundert ihren Höchststand. Auch sonst wirkte der Austausch zwischen der lateinischen und der volkssprachlichen Literatur auf beide befruchtend. Er bot nicht nur letzterer eine Fülle von Anregungen, sondern trug auch wesentlich dazu bei, dass auf Latein weiterhin Werke von hohem sprachlichem Reiz und inhaltlichem Interesse entstanden, alte Formen weiterentwickelt und neue kreiert wurden.

Dichtung und fiktionale Prosa

Das galt nicht zuletzt für die Dichtung, obwohl die genannten Wechselbeziehungen dort durch unterschiedliche metrische und allgemein formale Konventionen stärker kaschiert wurden als in der Prosa. Tatsächlich griffen die neulateinischen Dichter, wie schon in den vorhergehenden Epochen, nicht nur auf die antiken (und mittlerweile auch auf die neulateinischen) Klassiker ihrer jeweiligen Gattung zurück, sondern auch auf zeitgenössische Poesie in den Volkssprachen. Um sich vor Augen zu führen, wie nahe beide Bereiche einander standen, kann man etwa daran denken, dass Barocklyriker wie Martin Opitz (1597–1639; Abb. 4) und Paul Fleming (1609–40), die heute fast ausschließlich ihrer deutschen Gedichte wegen bekannt sind, zu Lebzeiten ebenso sehr mit ihren lateinischen reüssierten.

Generell wurden in der lateinischen Literatur des 17. Jahrhunderts alle poetischen Gattungen weitergeführt, die wir in den beiden letzten Kapiteln kennengelernt haben, und fanden bedeutende und erfolgreiche Vertreter. Gelegenheitsdichtung und Panegyrik waren nach wie vor ubiquitär. Elegie und Epigramm florierten, wobei das Epigramm dem zeittypischen Streben nach *argutia* besonders entgegenkam. Eine ausgezeichnete Epigrammdichterin war etwa Martha Marchina (1600–42), die als Tochter eines in Rom ansässigen Seifensieders Latein lernte, indem sie ihren Brüdern bei den Hausaufgaben half.[7] Der folgende Zweizeiler aus ihrer *Musa posthuma* («Nachgelassene Gedichte», 1662, 74), der einen Schwätzer verspottet, spielt gekonnt mit dem Doppelsinn von «etwas sagen» – (leere) Worte machen bzw. eine sinnvolle Aussage treffen:

«Nil», inquis, «dico»: at non cessas fundere verba.
Ut vel sic taceas, obsecro, dic aliquid.

«Nichts sag ich», sagst du – und sprudelst doch ständig über von Worten.
Dass du mir so vielleicht schweigst, bitt' ich dich: Sag irgendwas!

Embleme wurden zu so eindrucksvollen Sammlungen wie der *Imago primi saeculi* («Bild des ersten Jahrhunderts») vereinigt, die 1640 zur Hundertjahrfeier der Gesellschaft Jesu erschien – des Ordens, der durch seine einheitliche und hochstehende Sprachausbildung zu der poetischen Großmacht schlechthin innerhalb der neulateinischen Literatur aufgestiegen war.[8] Epen weltlichen Inhalts entstanden ebenso in großer Zahl wie religiöse. Ein herausragendes Beispiel christlicher Epik ist etwa der *Jesus puer* («Der kleine Jesus», 1690) des Mailänder Mathematikers und Dichters Tommaso Ceva: Unter Rückgriff auf die verschiedensten lateinischen und volkssprachlichen Modelle erzählt der Autor von der Kindheit Jesu in einem dem ländlichen Milieu Norditaliens nachempfundenen Nazareth; dabei schaltet er zahlreiche in seinen Quellen nicht belegte Szenen ein, die er ebenso phantasievoll wie realistisch ausgestaltet. Aus der ebenfalls weiterhin blühenden Lehrdichtung seien die höchst erfolgreichen *Hortorum libri IV* («Vier Bücher über Gärten», 1665) des aus Tours gebürtigen Jesuiten René Rapin hervorgehoben, der sich mit diesem Gedicht nicht nur als würdiger Nachfolger Vergils und Pontanos, sondern auch als bedeutender Theoretiker des französischen Gartens profilierte. Darüber hinaus trat er auch als (religiöser) Bukoliker hervor (*Eclogae sacrae*, 1659) und bediente damit ein weiteres beliebtes Genre, das manche Zeitgenossen wie er in Anlehnung an Vergil mit Lehrdichtung, gelegentlich auch mit Epik kombinierten.

Abb. 4
Martin Opitz als lateinischer Dichterfürst (zwischen 1636 und 1639). Die Inschrift um das Medaillon lautet: «Der höchst vornehme und herausragende Herr Martin Opitz, Rat und Sekretär der königlichen Majestät von Polen, mit Leichtigkeit der Erste unter allen Dichtern Europas», das Begleitepigramm: «Hier ist das Antlitz des edlen Dichters Opitz gemalt, seine Geistesgaben jedoch vermag niemand zu malen.»

Ihren Zenit erreichte im 17. Jahrhundert die horazische Lyrik: Die aus vier Büchern Oden und einem Buch Epoden bestehenden Sammlungen, die der polnische Jesuit Mathias Casimir Sarbiewski (1595–1640) und sein aus dem Elsass stammender Ordensbruder Jacob Balde (1604–68) in der Nachfolge des Horaz 1631 bzw. 1643 publizierten, übertrafen alles, was ihnen in diesem Genre vorausging und folgte. Vor allem Balde war darüber hinaus in fast jeder poetischen Gattung aktiv und schuf ein Œuvre von solcher Fülle, Vielfalt und Sprachgewalt, dass viele ihn für den größten neulateinischen Dichter überhaupt halten.[9]

Eine besonders interessante Entwicklung nahm die lateinische Hymnendichtung, eine Gattung, die gemeinhin als typisch mittelalterlich gilt. Tatsächlich wurden diese Preisgedichte auf Gott, die Heiligen und andere religiöse Gegenstände, die in der Messe, im Stundengebet, an Feiertagen und bei Prozessionen gelesen, vorgetragen oder gesungen wurden, im protestantischen Raum bald in die

Landessprachen überführt. Die katholische Kirche hielt dagegen auch auf diesem Gebiet am Lateinischen fest, gestaltete das Genre aber formal grundlegend um: Waren Hymnen bisher vorwiegend in akzentuierenden Versmaßen und in Strophen mit Endreim verfasst worden, wie man sie aus den Volkssprachen kennt, so empfand man diese mittelalterlichen Formen nun als barbarisch und der Erhabenheit des Gegenstandes unangemessen. Statt ihrer bediente man sich horazischer und ambrosianischer Strophen in quantitierenden Maßen, wie sie dem humanistischen Geschmack entsprachen. Ein Leitbild war dabei die Umsetzung der Hymnen des Breviers aus mittelalterlichen in klassische Metren, die 1629 auf Geheiß Urbans VIII. erschien. Die Kombination von klassischer Formensprache und religiöser Begeisterung brachte Gedichte hervor, die zum Grandiosesten gehören, was die neulateinische Poesie zu bieten hat, so zum Beispiel die *Hymni sacri et novi* (1689, [2]1698) des Pariser Regularkanonikers Jean-Baptiste de Santeul. Eine dieser «neuen heiligen Hymnen», auf Franz von Sales, beginnt folgendermaßen ([2]1698, 52):

Quis sacros vultu iaculatus ignes
Fertur aurato super astra curru?
Mille virtutes comitantur addunt
Seque triumpho.

Wer, dessen Augen heiliges Feuer sprühen,
fährt da in goldenem Wagen über die Sterne auf?
Tausend Tugenden begleiten ihn und nehmen
Teil am Triumph.

Wie die Architektur der Barockkirchen, in denen sie erklangen, sollten solche Verse ihre Sänger und Zuhörer überwältigen, in religiöse Ekstase versetzen – und haben ihr Ziel gewiss bei vielen erreicht.[10]

Auf dem Gebiet des Dramas hatten die Jesuiten schon seit der zweiten Hälfte des 16. Jahrhunderts die Führung übernommen. Stücke wie Jakob Bidermanns *Cenodoxus* («Der Hochmütige», 1602) oder die prunkvollen Dramen, die Nicolaus von Avancini (1611–86) am Wiener Hof auf die Bühne brachte, wurden nicht nur zu gewaltigen Publikumserfolgen, sondern schrieben mitunter auch Literaturgeschichte. Der *Cenodoxus*, die Geschichte eines erfolgreichen, aber überheblichen und selbstverliebten Pariser Doktors, den zuletzt der Teufel holt, stellt eine wirkmächtige Frühform des Faust-Stoffes dar.

Vielleicht noch innovativer als in der Dichtung und zugleich den Volkssprachen noch enger verbunden zeigte sich die neulateinische Literatur auf dem Gebiet der fiktionalen Prosa, die ja im Laufe der frühen Neuzeit generell an Bedeutung gewann und schließlich, vor allem in der Langform des Romans, zur beliebtesten Art von Literatur überhaupt aufstieg. Die neulateinische Erzählprosa wurde von der zeitgenössischen Literaturtheorie kaum beachtet und reglementiert, sodass sie sich in aller Freiheit entwickeln konnte und die verschiedensten Untergattungen und Sonderformen hervorbrachte – ein weites, unübersichtliches Feld, das noch kaum kartiert ist.[11]

Die Anfänge reichen bis an den Beginn der neulateinischen Literatur selbst zurück: Schon die lateinische Version der letzten Novelle von Boccaccios *Decamerone*, der Geschichte der treuen Griseldis, die Petrarca in einem seiner Altersbriefe (*Epistolae seniles* 17,3) gab, wurde zu einem europaweiten Erfolg.[12] Enea Silvio Piccolominis *Historia de duobus amantibus*, eine tragisch endende Liebesgeschichte zwischen einem fränkischen Hofmann und einer schönen Sieneserin, zählt zu den ansprechendsten Texten der Renaissancelatinität. Thomas Morus begründete die Untergattung der utopischen Erzählung. Texte, die hinsichtlich Umfang und Komplexität der Handlung dem entsprechen, was wir heute mit dem Roman verbinden, entstanden aber erst seit dem frühen 17. Jahrhundert. Maßgebliche Impulse erfuhren sie durch die *Aithiopika* des Heliodor von Emesa (3./4. Jahrhundert n. Chr.), einen griechischen Liebesroman mit kunstvoll verschlungener Handlung, der nach seiner Erstpublikation 1534 bald ins Französische, Lateinische und in viele weitere Sprachen übersetzt wurde.

Das Maß aller Dinge für den neulateinischen Roman wurde die *Argenis* (1621) des Schotten John Barclay, die in allegorischer Verkleidung die Geschichte Frankreichs unter Heinrich III. und Heinrich IV. thematisierte. Kunstvoll komponiert, in hochrhetorischem, mit Verspartien durchsetztem Latein verfasst und aufgrund seines royalistischen Standpunkts politisch brisant, wurde das Werk im Original und in zahlreichen volkssprachlichen Übersetzungen zu einem Bestseller und begründete eine Tradition des Liebesromans *à clef*, die bis ans Ende des folgenden Jahrhunderts reichte.[13] Eindrucksvolle Texte entstanden jedoch auch außerhalb dieser Tradition, wie etwa die *Argonautica Americana* (etwa «Argonautenfahrt nach Amerika», 1647) des schwäbischen Jesuiten Johannes Bissel belegen. Dieses Werk, das sich durch großartige Naturschilderungen und hohes Pathos auszeichnet, stellt eine freie Bearbeitung und Erweiterung eines volkssprachlichen Berichts des spanischen Abenteurers Pedro de Vitoria über seine Erlebnisse in der Neuen Welt dar. Am Ende gelangt der Held und Icherzähler zur Einsicht in die Nichtigkeit seines irdischen Strebens und tritt in den Jesuitenorden ein. Was auf diesem Gebiet sonst noch alles möglich war, zeigt etwa die kurze Traumerzählung *Somnium* (1634) des großen Mathematikers, Optikers, Astronomen (und Astrologen) Johannes Kepler, in der ein auf dem Mond beheimateter Dämon einem jungen Isländer teils phantasievoll, teils wissenschaftlich exakt die dortigen Verhältnisse beschreibt – ein faszinierender Vorläufer moderner Science Fiction.[14]

Gelehrte Literatur

Keplers Crossover zwischen Roman und Astronomie erinnert zugleich daran, dass die Grenzen zwischen ‹schöner› und gelehrter Literatur damals noch nicht so scharf gezogen waren wie heute: Auch von der Belletristik erwartete man Gelehrsamkeit, auch wissenschaftliche Texte sollten gefallen. Mussten sich allerdings neulateinische Poesie und fiktionale Prosa in einem zunehmend volkssprachlich geprägten Umfeld behaupten, so behielt das Lateinische seine Führungsrolle umso länger, je stärker der gelehrte Aspekt den in unserem Sinne literarischen überwog. Das lag nicht nur am Prestige der alten Sprache und daran, dass die meisten höheren Bildungseinrichtungen sie nach wie vor mit Selbstverständlichkeit voraussetzten, sondern auch an ihrem schwer einzuholenden Vorsprung im Bereich der Terminologie: Längst hatten sich in den verschiedenen Disziplinen neulateinische Fachsprachen ausgebildet, deren Wortschatz immer umfangreicher und differenzierter wurde. Diesen begrifflichen Reichtum in die Volkssprachen zu überführen, setzte einen Kraftakt voraus, der einstweilen noch meist unterblieb. Werfen wir einen raschen Blick auf die wichtigsten Disziplinen.

Die Philologie blühte im 17. Jahrhundert wie schon im vorhergegangenen vor allem in Frankreich und den Niederlanden und bediente sich noch fast ausschließlich des Lateinischen. (Der Erste, der ein wichtiges Werk in einer Volkssprache verfasste, war 1699 der Engländer Richard Bentley mit seiner *Dissertation upon the Epistles of Phalaris*, doch auf dem Kontinent folgten ihm auch im 18. Jahrhundert nur wenige.)[15] Ihre technischen Fortschritte auf den Gebieten der Textkritik und des Editionswesens sind heute nur noch für den Philologen von Interesse, doch strahlte sie nach wie vor auf den ganzen Bereich aus, den die Humanisten *studia humanitatis* genannt hatten und aus dem später die Geisteswissenschaften hervorgehen sollten.

Das galt beispielsweise für Pädagogik und Didaktik, die immer noch so sprachlastig waren wie der Unterrichtsbetrieb selbst. Das didaktische Œuvre des Johann Amos Comenius (1592–1670), um nur einen großen Namen zu nennen, wäre andernfalls weder möglich noch sinnvoll gewesen.

Auf dem Gebiet der Rhetorik und der Poetik entstanden Handreichungen von teils gewaltigen Dimensionen, die trotz ihrer primär didaktischen Intention auch ein tiefes theoretisches Interesse an und Verständnis für Literatur verrieten, bei aller Traditionsgebundenheit für aktuelle Entwicklungen offen waren und diese aktiv mitgestalteten. Ein gutes Beispiel hierfür bietet das mit einer Fülle eigener und fremder Beispiele illustrierte Œuvre des Jesuiten Jacob Masen (*Ars nova argutiarum*, «Neue Kunst der geistreichen Rede», 1649; *Palaestra eloquentiae ligatae*, «Ringschule der Beredsamkeit in Versen», 1654), das zu den einflussreichsten Manifestationen der *argutia*-Bewegung zählt.[16]

Die Sachphilologie erforschte nun, zunächst zur Erklärung der antiken Texte, dann auch unabhängig davon, nahezu jeden Bereich der damaligen Lebenswelt und trug ein unermessliches Faktenmaterial zusammen. Als sich diese als Antiquarianismus bekannte Bewegung mit der traditionellen Historiographie verband, gestaltete das die Vorstellungen davon, was Geschichte ist und soll, grundlegend um (S. 186–88).

Philologisch in dem Sinne, dass sie sich ständig auf die großen Rechtscorpora und die Tradition ihrer Auslegung zurückbezog, war nach wie vor auch der größte Teil der Jurisprudenz, und das, obwohl ihre wichtigste Leistung im 17. Jahrhundert, die Ausarbeitung des Natur- und des Völkerrechts, etwas durchaus Neues und Zukunftsweisendes darstellte.[17] Von den beiden großen Büchern, die diese Tradition begründeten, ging zwar der *Leviathan* von Thomas Hobbes (der 1651 auf Englisch erschien, auf dem Kontinent aber seit 1668 in Hobbes' eigener lateinischer Bearbeitung rezipiert wurde) axiomatisch-deduktiv vor. Der niederländische Jurist Hugo Grotius argumentierte jedoch in seinem *De iure belli ac pacis* («Kriegs- und Friedensrecht», 1625) auf der Basis der gesamten juristischen, philosophischen und literarischen Überlieferung. Auch seine deutschen Nachfolger, die beiden Juristen, Philosophen und Frühaufklärer Samuel von Pufendorf (1632–94) und Christian Thomasius (1655–1728) – dessen Vorliebe für deutsche Vorlesungen ihn nicht davon abhielt, lateinisch zu publizieren –, orientierten sich in dieser Hinsicht an seinem Vorbild.

Das theologische Schrifttum zeichnete sich verglichen mit dem der Reformationszeit eher durch Masse als durch überragende Einzelleistungen aus. Eine solche stellte aber etwa auf katholischer Seite Cornelius Jansens dreibändiger *Augustinus* (1640) dar, der im Anschluss an den Kirchenvater und zugleich in scharfer Frontstellung gegen die Spätscholastik die Verderbtheit der menschlichen Natur proklamierte und die Prädestinationslehre vertrat, nach der Gott jeden Menschen von vornherein zur ewigen Seligkeit oder zur Verdammnis bestimmt hatte. Jansen fand viele Anhänger, aber auch erbitterte Gegner, insbesondere die Jesuiten, die wichtigsten Vertreter der katholischen Schulphilosophie und -theologie, die ein eher optimistisches Menschenbild hatten und für eine tolerante Ethik plädierten. Der Streit zwischen den beiden Richtungen tobte, begleitet von zahlreichen Vermittlungsversuchen, bis ins 18. Jahrhundert und brachte eine umfangreiche Literatur hervor.

Blieb auf den bisher genannten Gebieten Latein auch deshalb die dominierende Sprache, weil man sich stets auf eine großteils lateinische Tradition zurückbezog, so fand in der Philosophie des 17. Jahrhunderts diesbezüglich ein einschneidender Paradigmenwechsel statt.[18] Bislang hatte sie in erster Linie das Denken der antiken Meister, vor allem des Aristoteles, fortgeführt, aktualisiert und mit dem Christentum in Einklang zu bringen versucht, jetzt wandte sie sich von der Interpretation kanonischer Texte ab und der Erfahrungswelt zu: Die direkte Auseinandersetzung mit dieser sollte zu ihrem besseren Verständnis führen. Diese Umorientierung wurde bereits von den Zeitgenossen selbst als Einschnitt empfunden und als Kampf einer *philosophia nova* gegen die *philosophia vetus* verstanden; der wichtigste Bannerträger der neuen Philosophie war René Descartes (1596–1650) mit seiner an der Geometrie orientierten Methodologie und seinem mechanistischen Weltbild. In dem Maße, in dem sich das Band lockerte, das die Philosophie an die literarischen Traditionen der Antike knüpfte, geriet auch die Vormachtstellung des Lateinischen ins Wanken. Hinzu kam, dass viele der großen Philosophen, angefangen bei Descartes selbst, keine Professoren waren und durch keine akademische Tradition gezwungen wurden, an der alten Sprache festzuhalten.

Doch der Rückgang des Lateinischen war auch hier ein langsamer Prozess, und die programmatische Neuheit des Denkens korrelierte keineswegs immer mit einer Hinwendung zur Volkssprache. Es mag noch kaum erstaunen, dass der Franzose Pierre Gassendi am Lateinischen festhielt, bestand seine philosophische Hauptleistung doch darin, dass er mit dem Epikureismus nochmals eine antike Philosophie wiederbelebte (*Syntagma philosophiae Epicuri*, «Zusammenstellung der Philosophie Epikurs», 1649). Wenn der radikale Religionskritiker, Pantheist und Determinist Spinoza ausschließlich auf Latein publizierte (*Tractatus theologico-politicus*, 1670; *Ethica ordine geometrico demonstrata,* «Ethik auf geometrische Weise dargestellt», 1677), so wohl deshalb, weil er, ein aus seiner Amsterdamer Gemeinde ausgestoßener Jude portugiesischer Muttersprache, eigentlich nur für Europa und die Ewigkeit schreiben konnte. Doch auch Descartes selbst war sich der Vorzüge einer europaweit verständlichen Sprache durchaus bewusst:

Von seinen Hauptwerken veröffentlichte er zwar den *Discours de la méthode* (1637) auf Französisch – erst nach seinem Tod kam eine lateinische Fassung heraus –, ließ aber die *Meditationes de prima philosophia* («Gedanken über Metaphysik», 1641) und die *Principia philosophiae* («Grundlagen der Philosophie», 1644) zuerst auf Latein erscheinen. Dass er damit richtig lag, deutet das Schicksal seines berühmtesten Satzes an: Er wurde nicht in der Fassung des *Discours*, «Je pense, donc je suis», sondern als das *Cogito, ergo sum* der *Principia* zum geflügelten Wort. Vom Œuvre des Thomas Hobbes, dessen *Leviathan* wir bereits begegnet sind, kam vieles ebenfalls zuerst oder ausschließlich auf Latein heraus, so zum Beispiel seine naturwissenschaftlich-politische Trilogie *De corpore – De homine – De cive* («Der Körper» – «Der Mensch» – «Der Bürger», 1642–58). Seine gesammelten lateinischen *Opera philosophica* füllen fünf dicke Bände.[19] Noch an der Wende zum 18. Jahrhundert pries Leibniz, wie bereits erwähnt, die Vorzüge des Lateinischen und verwendete es in den zahllosen Einzelschriften und Briefen seines unüberschaubaren Œuvres häufiger als Deutsch und Französisch.[20]

Eine der wichtigsten Entwicklungen in der Philosophiegeschichte des 17. Jahrhunderts betraf den Umstand, dass die Naturphilosophie ins Zentrum des Interesses rückte: Auf diesem Gebiet war die Neuheit der *philosophia nova* am deutlichsten zu erkennen, weil sie am schärfsten mit den aristotelischen Vorstellungen von der physischen Welt kontrastierte, die zuvor das Feld beherrscht hatten. So ist es kein Zufall, dass alle eben genannten Philosophen auch Naturwissenschaftler waren und dass sie mit Ausnahme von Hobbes auch auf diesem Gebiet Bahnbrechendes geleistet haben – Gassendi als Physiker und Astronom, Spinoza als Optiker, Descartes und Leibniz als Mathematiker. Tatsächlich gingen die Umwälzungen in der Philosophie Hand in Hand mit einer immer rasanteren Entwicklung der Naturwissenschaften, in deren Zug Latein als Wissenschaftssprache seinen absoluten Höhepunkt erreichte. Mathematiker wie Marin Mersenne (1588–1648) und Pierre de Fermat (1607–65), Physiker wie Otto von Guericke (1602–86) und Isaac Newton (1643–1727), Astronomen wie Johannes Kepler (1571–1630) und Christian Huygens (1629–95), Mediziner wie William Harvey (1578–1657), Zoologen wie Jan Jonston

(1603–75), Botaniker wie Caspar Bauhin (1560–1624) und Geographen wie Bernhard Varenius (1622–50) publizierten Werke, die europaweit für Aufsehen sorgten und die betreffenden Disziplinen entscheidend voranbrachten. Freilich waren das Bahnbrechende und der Irrweg für die Zeitgenossen nicht so leicht auseinanderzuhalten wie für uns im Rückblick, und so manches Lebenswerk vereinte Geniales mit Abstrusem. So begriff etwa der jesuitische Universalgelehrte Athanasius Kircher, dass die Pest durch Mikroorganismen verursacht wurde (*Scrutinium pestis*, «Erforschung der Pest», 1658), und verfasste eine großartige Beschreibung Chinas (*China illustrata*, 1667), investierte aber auch viel Zeit in eine technisch exakte Rekonstruktion der Arche Noah (*Arca Noë*, 1675). Der Schwede Olof Rudbeck der Ältere war ein bedeutender Botaniker und entdeckte das Lymphsystem (*Nova exercitatio anatomica,* «Neue anatomische Untersuchung», 1653), vielleicht noch mehr Mühe verwendete er jedoch auf sein schwedisch-lateinisches Riesenwerk *Atland eller Manheim / Atlantica sive Manheim* (1677–1702), in dem er nachwies, dass Schweden mit Platons Atlantis identisch und die Wiege der nachsintflutlichen Menschheit war.

4

DIE AUFKLÄRUNG (18. JAHRHUNDERT)

Latein: Rückzug und Beharrung

Im Zeitalter der Aufklärung wurde der Rückgang des Lateinischen für jedermann offensichtlich, ein Umstand, der sich an zahlreichen, oft bedauernden Kommentaren ablesen lässt.[1] So nannte etwa der Theologe und Orientalist Johann Rudolf Kiesling (1706–78) das Vordringen des Französischen als Wissenschaftssprache eine «Epidemie» (*morbus epidemicus*), und der Schweizer Arzt, Botaniker und Dichter Albrecht von Haller (1708–77) klagte: «Der heutigen Nationen Gewohnheit, dass jede in ihrer eigenen Sprache schreiben will, wird zum unerträglichen Joche für die Gelehrten, die anstatt der einzigen lateinischen Sprache jetzt sechs oder acht Sprachen verstehen müssen.»[2]

Dabei standen Aufklärung und Latein an sich keineswegs in prinzipiellem Gegensatz zueinander: Ein so radikaler Vertreter der Frühaufklärung wie Spinoza bediente sich ebenso der alten Sprache wie Christian Wolff (1679–1754), der aufklärerische Paradephilosoph an der deutschen Universität des 18. Jahrhunderts, und zahlreiche führende Naturwissenschaftler. Für Leibniz war sie, wie wir bereits gesehen haben, schlichtweg die *lingua Europaea universalis et durabilis ad posteritatem*, und sogar der Erzaufklärer und Jesuitenhasser d'Alembert konzedierte im *Discours préliminaire* der *Encyclopédie* (1751) ihre Bedeutung für die Wissenschaft.[3]

Dennoch schadete die Aufklärung mittel- und langfristig dem Lateinischen massiv – und zwar paradoxerweise vor allem dadurch, dass sie mit einer humanistischen Grundidee ernst machte: der Bildungsfähigkeit und -bedürftigkeit des Menschen. Wenn man wirklich allen Menschen, also auch den Armen und den Frauen, Vernunft beibringen konnte, indem man sie zur Schule schickte, dann ging das am einfachsten und besten, wenn man sie in ihrer Muttersprache unterrichtete.[4] Da hieran im Zeitalter des aufgeklärten Absolutismus auch ein politisches Interesse bestand, setzte sich der volkssprachliche Schulunterricht auf immer breiterer Front durch; über ihre Rolle als Medium hinaus wurden die Volkssprachen sogar Gegenstand des Unterrichts. Auch an den Universitäten verlor Latein an Boden, zumindest in den Vorlesungen: In Deutschland etwa wurde es als Vorlesungssprache allmählich durch Deutsch ersetzt.[5]

Wurde die Lateinkultur früherer Jahrhunderte auf diese Weise innerhalb der einzelnen Staaten untergraben, so bekam sie international Konkurrenz durch eine neue *lingua franca*: Nachdem Frankreich zum mächtigsten und kulturell führenden Staat in Europa aufgestiegen war, avancierte Französisch statt Latein zur Sprache der Diplomatie, des Adels und teilweise auch der gebildeten Welt.[6]

Wären diese Entwicklungen aufzuhalten gewesen, hätten die Verfechter des Lateinischen anders auf sie reagiert? Waren sie daran in gewissem Sinne wider Willen mitschuldig? Vielleicht ja. Paradoxerweise blühte nämlich ausgerechnet im 18. Jahrhundert eine Antibarbarus-Literatur auf, die ein möglichst reines, auch idiomatisch perfektes Latein forderte. Jürgen Leonhardt hat plausibel argumentiert, dass das zusammen mit dem neuen Aufwand fürs Erlernen der eigenen Landessprache und des Französischen einen Druck erzeugte, dem die Wenigsten mehr gewachsen waren: Bevor man das Risiko auf sich nahm, sich durch stilistisch unsauberes Latein zum Gespött zu machen, hörte man lieber ganz auf, es zu gebrauchen.[7] Allein kann dieser Punkt aber nicht den Ausschlag gegeben haben, war doch der praktische Umgang mit der Sprache nach wie vor oft frei und unbekümmert: Ein Lexikon wie Adam Friedrich Kirschs seit 1713 immer wieder neu aufgelegtes *Cornu Copiae* («Füllhorn») kannte bei der Auswahl seines Wortschatzes keine klassizistischen Bedenken, sondern nahm alles auf, was dem Benutzer in irgendeiner Lebenslage dienlich sein konnte. Goethe, der «das Latein geläufig sprach und schrieb», verfasste seine Straßburger Dissertation von 1771 unbefangen und sogar mit Vergnügen in dieser Sprache; danach ging er sie einfach «mit einem guten Lateiner durch, der, ob er gleich meinen Styl im ganzen nicht verbessern konnte, doch alle auffallenden Mängel mit leichter Hand vertilgte, so daß etwas zustande kam, das sich aufzeigen ließ» (*Dichtung und Wahrheit*, Buch 11).

Wie dem auch sei, die Folgen der skizzierten Tendenzen waren klar. Am eklatantesten zeigten sie sich auf dem Buchmarkt, der sich nun auf ein immer breiteres Lesepublikum einstellte, das viele Nichtlateiner einschloss, insbesondere das aufstrebende Bürgertum und die Frauen (Abb. 5). Die Statistik spricht eine deutliche Sprache: In Deutschland ging der Anteil der lateinischen Bücher, die in Frankfurt und Leipzig gehandelt wurden, zwischen 1700 und 1800 von etwa 30 auf 4 Prozent zurück.[8]

In einer wichtigen Hinsicht sollte man den Eindruck, den diese Zahlen vermitteln, allerdings modifizieren: Die Entwicklung, die sie spiegeln und die das Ende der Latinität als geistiger Großmacht herbeiführte, verlief in der ersten Hälfte des Jahrhunderts relativ gemächlich, beschleunigte sich in seinem Laufe und erreichte in den Jahrzehnten um 1800 ihren Höhepunkt.[9] Als Beginn dieser Achsenzeit, auf die wir im folgenden Kapitel nochmals zu sprechen kommen werden, kann vielleicht die Aufhebung der Gesellschaft Jesu 1773 gelten – ein Ereignis, dem auf einen Schlag 800 Gymnasien weltweit zum Opfer fielen, die sich hauptsächlich der Lateinausbildung auf hohem Niveau gewidmet hatten.

Bis zu diesem Zeitpunkt konnte sich Latein weitgehend auf diejenigen Institutionen verlassen, die es schon in den vorangegangenen Jahrhunderten getragen hatten und die gerade der Jesuitenorden beispielhaft zusammengeführt hatte: einerseits die Kirche, vor allem den Katholizismus, andererseits den Bildungs- und Wissenschaftsbetrieb. Zwar bekam der erste dieser Bereiche die zunehmende Säkularisierung gerade auf dem Buchmarkt stark zu spüren: So ging etwa in Deutschland der Anteil der theologischen Bücher über das Jahrhundert hinweg von 40 auf 6 Prozent zurück. Dafür wuchsen die Bereiche Bildung und Wissenschaft markant, und trotz des eingangs erwähnten Aufstiegs der Volkssprachen, der auch dort zu verzeichnen war, profitierte davon auch das Lateinische. Da immer mehr Kinder zur Schule gingen, lernten auch immer mehr Latein; im Habsburgerreich mussten sich Unterrichtsorden wie die Jesuiten und Piaristen sogar gegen Vorwürfe der Regierung zur Wehr setzen, sie nähmen zu viele arme Schüler auf und züchteten ein Bildungsproletariat heran.[10] Auch die Zahl der Universitäten und der Studenten nahm im 18. Jahrhundert beträchtlich zu. Zudem standen die Akademien und wissenschaftlichen Gesellschaften, die in höherem Maße innovative Forschung betrieben, in Blüte. Latein spielte trotz seiner allmählichen Ablösung als Unterrichts- und Vorlesungssprache nach wie vor eine wichtige Rolle als Sprache von Lehrbüchern, Abhandlungen und Zeitschriften, von denen immer mehr entstanden, des umfangreichen Briefverkehrs, aber auch des gesellschaftlichen Lebens (akademische Festreden, Preisgedichte zu Promotionen, Diplome usw.). In dem Maße, wie sich die Wissenschaften ausdifferenzierten, bildeten sich, zum Beispiel in der Mathematik, der Botanik und der Medizin, immer umfangreichere und präzisere lateinische Fachsprachen aus.

Europa und die Welt

Bei alldem gilt auch im 18. Jahrhundert, dass die Entwicklung in den einzelnen Ländern mit starken Phasenverschiebungen verlief. Die Gleichzeitigkeit des Ungleichzeitigen war in dieser Epoche wohl noch ausgeprägter als in den Jahrhunderten zuvor: In vergleichsweise zentralistischen Staaten wie Frankreich, England oder Spanien wurde die neulateinische Literatur relativ rasch und vollständig marginalisiert. In Deutschland ging das schon langsamer, wobei der katholische Teil lateinfreundlicher war als der protestantische. Ein katholisches Territorium wie Tirol, das erst im späten 17. Jahrhundert eine Universität erhalten hatte, erreichte nach der Mitte des 18. Jahrhunderts gerade den quantitativen Höhepunkt seiner Lateinproduktion.[11] Ähnliches gilt auch für andere Gebiete, deren eigene Literaturspra-

Abb. 5 Madame de Pompadour, die Mätresse Ludwigs XV., bei der Nachmittagslektüre (großformatiges Ölgemälde von François Boucher, 1756, Alte Pinakothek, München). Das Buch ist sicher kein gelehrtes lateinisches Werk, eher ein galanter Roman. Mitte des 18. Jahrhunderts konnten Frauen nicht nur zum Vergnügen lesen, sondern auf diese Weise auch zeigen, dass sie Bildung und Geschmack besaßen.

chen sich verzögert entwickelten, die sprachlich heterogen waren oder auf Latein mit dem Rest der Welt kommunizierten. Wichtige Beispiele dafür sind osteuropäische Länder wie das vielsprachige Königreich Ungarn, das auch Teile des heutigen Kroatien, der Slowakei und Rumäniens umfasste, Polen, das Baltikum und der skandinavische Raum. In Ungarn blieb Latein teilweise bis 1847/48 Amts- und Parlamentssprache, und es erschien sogar eine Reihe lateinischer Zeitungen wie der *Mercurius veridicus* («Aufrichtiger Merkur», 1705–10) und die *Ephemerides Budenses* («Budaer Zeitung», 1790–93).[12] Das für lange Zeit wichtigste Werk zur Geschichte Islands war Finnur Jónssons *Historia Ecclesiae Islandiae* (1772–78).[13]

Auch in manchen außereuropäischen Territorien, insbesondere in der Neuen Welt, war das 18. Jahrhundert das goldene Zeitalter der lateinischen Literatur: Unter jesuitischer Ägide erreichte sie dort ein beachtliches Niveau und brachte die ersten Zeugnisse einer eigenständigen kolonialen Identität hervor. Die Vertreibung der Jesuiten aus den portugiesischen und spanischen Territorien 1751 bzw. 1767 stellte dann allerdings einen Schlag dar, von dem sich die süd- und mittelamerikanische Latinität nie mehr erholen sollte. Dafür schrieben viele der betreffenden Autoren nun im europäischen Exil über ihre alte Heimat, so etwa Rafael Landívar, der in seinem langen Lehrgedicht *Rusticatio Mexicana* («Landpartie in Mexiko», Modena 1781) die Natur- und Kulturwunder Mexikos und Guatemalas pries.[14] Wie anschaulich er seinen Lesern Bilder einer exotischen, faszinierenden Welt vor Augen zu stellen wusste, zeigt etwa seine Beschreibung des Ara (3,177–91):

Pica tamen forma multisque coloribus aucta
Unguibus e trunco pendens inversa recurvis
Rauca sonat crocitatque rudi per culmina voce.
Est tamen adverso multo spectabilis antro,
Dum virides quercus ac frondes inter opacas
Contorquet caudam sinuatque volumina plumae
Caeruleis aspersa notis croceoque veneno
Totaque purpureo mirum fucata nitore.
Roscida ceu quondam pluvio Thaumantias arcu
Nubila depingit varioque colorat amictu
…
Haud aliter pictis pennis spectanda volucris
Umbrosum nitido variat nemus omne colore.

Die ‹Elster› [Landívars Behelfsname für den Vogel aufgrund seiner Körperform] jedoch, vielfarbig und von ansehnlicher Gestalt, hängt mit ihren krummen Krallen kopfüber an einem Baumstamm, lässt ihr raues Gekreisch ertönen und krächzt mit ungeschulter Stimme durch die Wipfel. Sie ist aber vor dem Hintergrund einer großen Höhle ein echtes Schauspiel, wenn sie unter grünen Eichen und dunklem Laub ihren Schwanz auffächert und ihr Gefieder zu runder Gestalt aufplustert, das mit dunkelblauen Flecken und Krokussaft gesprenkelt und ganz mit Purpurglanz gefärbt ist. Wie die betaute Thaumastochter [Iris, die Göttin des Regenbogens] manchmal mit ihrem Regenbogen die Wolken bemalt und mit buntem Umhang färbt …, nicht anders schmückt dieser Vogel, sehenswert durch seine bemalten Federn, den ganzen schattigen Hain mit seiner glänzenden Farbe.

Dass Landívar und die meisten seiner Leidensgenossen in Italien Zuflucht suchten, mag zumindest teilweise die erstaunliche Tatsache erklären, dass im Mutterland des Humanismus, dessen volkssprachliche Literatur ja schon früh zu sich selbst gefunden hatte, weiterhin eine Fülle lateinischer Werke entstand. Viele Italiener glaubten gar, eine zweite Renaissance der lateinischen Literatur mitzuerleben.[15]

Über alle Landesgrenzen hinweg war Latein nach wie vor als Übersetzungssprache unverzichtbar. Der Leipziger Philosoph Friedrich Gottlob Born, der am Ende des Jahrhunderts Kants kritische Schriften latinisierte (*Immanueli Kantii Opera ad philosophiam criticam*, 1796–98), und sein Verleger Engelhard Benjamin Schwickert hätten sich diese Mühe sicher nicht gemacht, hätte im Ausland kein Bedarf nach einem lateinischen Kant bestanden.

Lateinische littérature[16]

Fragt man nach den Auswirkungen dieser Entwicklungen auf die neulateinische Literatur, ihre verschiedenen Gattungen und Themen, so kamen als Erstes die Dichtung und die fiktionale Prosa unter Druck, also das, was man heute als Literatur im engeren Sinne ansieht. Seit etwa 1750 hob man diesen Bereich erstmals als *poésie* oder *littérature* aus der Gesamtheit der schriftlichen Produktion heraus:[17] Das waren die Texte, zu denen das nun entstehende breite Lesepublikum griff, wenn es unterhalten oder gerührt werden wollte – ein Publikum, das zu einem guten Teil kein Latein mehr konnte.

Das bedeutet freilich keineswegs, dass keine lateinische Dichtung mehr entstanden wäre. Panegyrik und andere Formen von Gelegenheitsdichtung blieben trotz des Vordringens der Volkssprachen teilweise lateinisch, besonders lange etwa im akademischen Bereich. Auch abgesehen davon wurden die alten poetischen Genera wie Epos, Elegie, Lyrik oder Epigramm in ihren geistlichen und weltlichen Spielarten weitergepflegt, und zwar oft auf hohem und höchstem Niveau. Was aber ausblieb – und darin liegt der wesentliche Unterschied zu früheren Zeiten –, waren die großen Namen und internationalen Erfolge: Dichter wie Janus Secundus oder Jacob Balde, die ganz Europa gekannt und bewundert hatte, sucht man vergeblich. Wer ernsthaft nach Dichterruhm strebte, musste das fortan in den Volkssprachen tun.

Doch auch dieses Schwinden der Publikumsgunst erfolgte nicht von heute auf morgen, wie sich etwa an poetischen Anthologien ablesen lässt: Die monumentalen Sammlungen des 17. Jahrhunderts fanden in etwas kleinerem Maßstab auch noch im 18. Nachfolger. So publizierte ein Johannes Tobias Rönick 1749 und 1751 zwei dicke Bände *Recentiorum poetarum Germanorum carmina Latina selectiora* («Ausgewählte lateinische Gedichte neuerer deutscher Dichter»). Übertreiben durfte man es allerdings nicht: Die *Deliciae poetarum Suecicorum*, die der Schwede Samuel Älf (1727–99) in 48 Bänden sammelte, gelangten nicht mehr zum Druck.[18]

Unter den poetischen Formen, die nach wie vor wirkliche Publikumserfolge feiern konnten, stand an erster Stelle das Jesuitendrama, das mit seinen volkssprachlichen Programmheften, den sogenannten Periochen, einen guten Weg gefunden hatte, die lateinische Bühnenhandlung auch weniger gebildeten Zuschauern verständlich zu machen. Stücke wie die des Allgäuers Anton Claus (1691–1754), der sich formal an Corneille und Racine orientierte und zeitgemäße Themen wie Vaterlandsliebe und Bürgerpflicht auf die Bühne brachte, galten als modellhaft und wurden aus diesem Grund auch gedruckt, was früher eine seltene Ausnahme gewesen war (*Tragoediae ludis autumnalibus datae*, «Tragödien für die Aufführungen im Herbst», 1741, ²1756). Ihre Aufführung zog solche Massen an, dass die bisherigen Theatersäle mancherorts nicht mehr ausreichten und man in neue, größere umziehen musste, so zum Beispiel 1721 in Innsbruck.[19]

Eine späte Blüte erlebte auch das Lehrgedicht, dessen didaktisch-popularisierende Intention es während der Aufklärung auch in den Volkssprachen zu einer beliebten Gattung machte. Das heute vielleicht berühmteste Beispiel ist der *Anti-Lucretius* (1748) des französischen Kardinals Melchior de Polignac, der sich mit der Widerlegung des lukrezischen Epikureismus einen recht konventionellen Gegenstand ausgesucht hatte. Viele andere erwiesen sich als einfallsreicher und kühner, wie schon ein Blick in die zwei-, dann dreibändige Anthologie *Poemata didascalica* (1749, ^{2}1813) des François Oudin lehrt. Besonders unerschrocken war eine Gruppe von Jesuiten im Italien der zweiten Jahrhunderthälfte – je wissenschaftlich-technischer ein Thema war, desto besser! Bernardo Zamagna entwarf ein Luftschiff (*Navis aëria*, 1768), und Benedict Stay erklärte in zehn gewaltigen Büchern Newtons Physik (*Philosophia recentior*, «Moderne Philosophie», 1755–92).[20]

Als drittes poetisches Genre sei die Satire hervorgehoben. Wie das Lehrgedicht erlebte sie insbesondere in Italien einen wahren Boom, und wie dieses blühte auch sie gleichzeitig im Lateinischen und in der Volkssprache.[21]

Bemerkenswert lebendig blieb bis zum Ende des Jahrhunderts auch der lateinische Roman. Die Zahl der einschlägigen Texte mag vergleichsweise gering sein, doch finden sich darunter echte Bestseller und Werke von verblüffender Originalität. So verfasste zum Beispiel Ludvig Holberg, einer der Väter der dänischen Literatur, mit *Nicolaii Klimii iter subterraneum* («Niels Klims unterirdische Reise», 1741) ein phantastisch-satirisches Meisterwerk. Die Geschichte eines jungen Gelehrten, der aus Versehen ins Innere der als hohl gedachten Erde fällt, dort neben vielem anderen einen Staat von philosophischen Bäumen und eine Affenrepublik vorfindet und schließlich wieder auf die Erdoberfläche zurückkehrt, wurde in zahlreiche Volkssprachen übersetzt und inspirierte Jules Verne zu seiner *Reise zum Mittelpunkt der Erde*. In Ungarn publizierte ein anonymer Autor noch 1790 einen der ersten Zukunftsromane überhaupt: In *Leopoldus II. in Campo Rákos* («Leopold II. auf dem Rákos-Feld») fällt ein Icherzähler namens Eleutherius Pannonius (etwa: «Liberaler Ungar») in einer Höhle in Schlaf und wacht erst zwanzig Jahre später wieder auf. In der Zwischenzeit hat sich Ungarn durch eine Reihe von Reformen – deren Propagierung das politische Anliegen der Erzählung ist – in ein irdisches Paradies verwandelt.[22]

Gelehrsamkeit und Wissenschaft

Was Sach- und Fachliteratur betrifft, so blieb die Geschichtsschreibung teilweise noch lateinisch, vor allem die Kirchengeschichte sowie wissenschaftliche Werke samt ihren massiven antiquarischen und philologischen Fundamenten. Musterbeispiele stellen die Arbeiten der Bollandisten und der Mauriner dar, von denen später noch etwas ausführlicher die Rede sein wird. Ein weiterer Autor, an dem sich der Zusammenhang zwischen Thematik, intendiertem Publikum und Sprachwahl gut zeigen lässt, war Lodovico Antonio Muratori, einer der Väter der italienischen Geschichtsschreibung: Während er seine *Annali d'Italia* (1743–49) für ein breites Publikum auf Italienisch schrieb, gab er seiner großen Quellensammlung *Rerum Italicarum scriptores* (25 Bde., 1723–51) lateinische Einleitungen und Anmerkungen bei und publizierte auch seine gelehrten Abhandlungen zum italienischen Mittelalter, die *Antiquitates Italicae medii aevi* (6 Bde., 1738–43), auf Latein.[23]

In der Philosophie leistete Latein, wie wir schon gesehen haben, noch Ende des Jahrhunderts zumindest für die europaweite Verbreitung neuer Gedanken gute Dienste. Wenige Jahrzehnte zuvor konnten die akademische Tradition des Faches und seine lateinische Terminologie, die sich über die Jahrhunderte hinweg reich ausdifferenziert hatte, bedeutende Philosophen noch dazu bewegen, sich von Anfang an der alten Sprache zu bedienen. Kant selbst hatte noch einige seiner vorkritischen Arbeiten auf Latein veröffentlicht. Christian Wolff, der erste Schulgründer unter den deutschen Philosophen, schrieb zwar zu Beginn seiner Karriere mit Vorliebe deutsch und half mit, eine deutsche philosophische Fachterminologie zu begründen. Seit den 1720er-Jahren wechselte er aber zum Lateinischen und verfasste seine voluminösen Hauptwerke in dieser Sprache. Überwiegend lateinisch ist das Gesamtwerk des Philosophieprofessors Alexander Gottlieb Baumgarten, des Begründers der Ästhetik (*Aesthetica*, 2 Bde., 1750–58). Giambattista Vico wiederum, der eine hohe Meinung vom Wert humanistischer Bildung hatte und die Sprache, vor allem das

Lateinische, für eine wichtige Quelle historischer Erkenntnis hielt, veröffentlichte zwar sein Hauptwerk, die *Scienza Nuova* (1725), auf Italienisch, eine Reihe von Schriften, die zu diesem hinführten, aber auf Latein. Nicht ungenannt darf auch der schwedische Universalgelehrte und Mystiker Emanuel Swedenborg (1688–1772) bleiben: Er verfasste sein überaus umfangreiches Œuvre, dessen mystisch-theosophischer Teil große Wirkung entfalten sollte, zur Gänze in einem gekonnten Latein, das er je nach Anlass und Gegenstand variierte.[24] Die monumentale *Historia critica philosophiae* (5 Bde., 1742–44, ²1766/67) des evangelischen Schulmanns und Pfarrers Johann Jakob Brucker schließlich bestimmt bis heute das Bild mit, das man sich von der Geschichte der Philosophie macht.

Was die Naturwissenschaften angeht, so wurden wie im 17. auch im 18. Jahrhundert zahlreiche Durchbrüche in lateinischen Publikationen erzielt – auch deshalb, weil nun neben der Monographie in Buchform mit dem Aufsatz in der Zeitschrift einer gelehrten Gesellschaft ein neues, unkompliziertes und dabei häufig lateinaffines Publikationsformat zur Verfügung stand. Albrecht von Haller blieb seiner eingangs zitierten Überzeugung von der Notwendigkeit des Lateinischen als Wissenschaftssprache auch in den eigenen Publikationen treu. Sein Zeitgenosse und Konkurrent Carl von Linné begründete in seinem *Systema naturae* (erstmals 1735) die moderne biologische Nomenklatur. Leonhard Euler hob in Werken wie der *Introductio in analysin infinitorum* («Einführung in die Infinitesimalrechnung», 1748) eine Reihe mathematischer Disziplinen auf ein neues Niveau und führte zahlreiche noch heute gebräuchliche Symbole wie f(x), π oder Σ ein. Noch gegen Ende des Jahrhunderts leisteten Alessandro Volta (*De vi attractiva ignis electrici*, «Die Anziehungskraft des elektrischen Feuers», 1769) und Luigi Galvani (*De viribus electricitatis in motu musculari*, «Die Kräfte der Elektrizität bei der Muskelbewegung», 1792) wichtige Beiträge zum Verständnis der Elektrizität; Georg Christoph Lichtenberg, der nicht nur der Autor der *Sudelbücher*, sondern auch Physikprofessor in Göttingen war, publizierte 1778 die nach ihm benannten anmutigen Figuren, die sich durch elektrische Entladungen auf isolierenden Materialien bilden, in lateinischen Aufsätzen.[25] Wurde ein bedeutendes Werk nicht von vornherein auf Latein verfasst, so las man es international doch häufig in lateinischer Übersetzung; Newtons *Opticks* (1704), die bald in erweiterter Form als *Optice* (1706) erschienen, sind ein prominenter Fall dieser Art.

Lateinische Gebrauchs- und Gelegenheitsprosa entstand weiterhin in gewaltigen Mengen und hatte einen festen Sitz im Leben. So wurden etwa im kirchlichen und schulisch-akademischen Bereich sowie im höfischen Umfeld wie eh und je zu allen möglichen Gelegenheiten lateinische Reden gehalten (und gegebenenfalls einzeln oder in Sammlungen publiziert): zu Festtagen und Amtsantritten, zu Schuljahreseröffnungen und Verleihungen akademischer Würden, zu Geburtstagen, Hochzeiten, Todesfällen usw.[26] Häufig wurde das flexible Format der Rede aber auch für Texte verwendet, denen kein lebensweltlicher Anlass zugrunde lag. Mit dem Selbstlob, das Erasmus der personifizierten Torheit in den Mund gelegt hatte, haben wir bereits ein immens erfolgreiches Beispiel aus dem frühen 16. Jahrhundert kennengelernt. Ähnlich paradox und witzig und ebenfalls recht erfolgreich war zwei Jahrhunderte später etwa die in makellos ciceronischem Stil verfasste *Oratio pro crepitu ventris* («Verteidigungsrede für den Furz», 1737) des spanischen Priesters, Juristen und Altertumskundlers Manuel Martí.

Die lateinische Briefkultur, die wir weiter unten noch genauer betrachten werden, erreichte im 18. Jahrhundert zumindest quantitativ ihren Höhepunkt: Die umfangreichsten – zum kleineren Teil im Druck, zum größeren handschriftlich erhaltenen – Corpora der Vormoderne, die zu beträchtlichen Teilen noch lateinisch sind, stammen von Gelehrten der Aufklärungszeit. Im religiösen Bereich wurde die bekannteste Spielart des zu Lehrzwecken verfassten Rundbriefs, die päpstliche Enzyklika, in der sich der Oberhirte über seine Bischöfe an die ganze katholische Kirche wendet, überhaupt erst 1740 durch Benedikt XIV. mit der Enzyklika *Ubi primum* begründet, deren Thema die bischöflichen Amtspflichten waren. Hierauf wie auf die lateinische Epigraphik wird das folgende Kapitel noch etwas näher eingehen.

5

DIE MODERNE (1800 BIS HEUTE)

Latein wird marginal

Wie bereits erwähnt, stellten die Jahrzehnte um 1800 in der Geschichte der europäischen Latinität einen Wendepunkt dar: Eine ganze Reihe von Umwälzungen kam zusammen und beraubte die alte Sprache endgültig der zentralen Rolle, die sie im geistigen und gesellschaftlichen Leben bis dato gespielt hatte.[1] Politisch gestalteten die Französische Revolution und die Napoleonischen Kriege Europa grundlegend um. Der Bruch mit der Vergangenheit, der seinen klarsten Ausdruck im Ende des Heiligen Römischen Reiches 1806 fand, war trotz der Restaurationspolitik der folgenden Jahrzehnte nicht mehr rückgängig zu machen. Der neue Nationalismus brachte einen Kult der Muttersprache mit sich, dessen Vertretern Latein nur mehr als lästiges Relikt der Vergangenheit erschien. Diese geringschätzige Haltung wurde noch verstärkt durch das Originalitätsstreben des Sturm und Drang und der Romantik, das die für die lateinische Tradition konstitutive *imitatio*, die kreative Anverwandlung von Vorbildtexten, als einfallsloses Nachbeten überkommener Klischees missverstand. Unter den antiken Sprachen privilegierte der Neuhumanismus des späten 18. und 19. Jahrhunderts aus ebendiesem Grund das Griechische: Die Griechen, so die herrschende Meinung, seien eigenständige Schöpfer gewesen, die Römer zwar praktisch begabte Leute, aber geistig und künstlerisch ganz von jenen abhängig. Bildungspolitisch konnte Latein zwar im deutschen Gymnasium, im französischen Lycée, im italienischen Liceo classico und in den englischen Public

Schools seinen Platz behalten oder sogar ausbauen, daneben etablierten sich aber vielerorts Realschulen oder ähnliche Einrichtungen, die sozialen Aufstieg ohne oder mit nur wenig Latein versprachen.[2]

Auf diese Weise wurde Latein von einer unverzichtbaren Gemeinsprache zu einem schmückenden Bildungsattribut und schließlich zu einem Anachronismus. In welche Richtung die Entwicklung ging, zeichnete sich bereits im frühen 19. Jahrhundert ab. Hatte man den Rückgang der Latinität einige Jahrzehnte zuvor noch eher als Modeerscheinung gesehen, so erschien die Lage den verbliebenen Lateinfreunden mittlerweile verzweifelt. Die Gegenmaßnahmen, die manche vorschlugen, waren entsprechend radikal: Der spanische Geistliche Miguel Maria Olmo wollte den Wiener Kongress sogar zur Gründung einer lateinischen Kolonie bewegen, um die alte *lingua franca* zu retten (*De lingua Latina colenda et civitate Latina fundanda*, 1817, [2]1826)! Freunde der Volkssprachen sahen das naturgemäß anders: Als Jacob Grimm 1830 seine Antrittsrede an der Universität Göttingen hielt, musste er das zwar den akademischen Gepflogenheiten gemäß noch auf Latein tun. Dies hielt ihn aber nicht davon ab, unter dem Titel *De desiderio patriae* («Sehnsucht nach dem Vaterland») die Emanzipation des Deutschen von der Tyrannei des Lateinischen zu feiern, dem er nur mehr als akademischer Disziplin Existenzberechtigung zugestand:[3]

> *Grate igitur eorum beneficia interpretemur, qui ingenio scriptisque suis immortalibus iam effecerunt, ut sermo patrius efferretur et debito dignitatis gradu collocaretur. Quo dudum ante nos Galli Anglique pervenerunt, eodem et nos fastigio tandem stare laetemur. Neque usu linguae Latinae iustis iam limitibus circumscripto verendum est ut studia, quae ab humanitate nomen invenerunt, aliquid detrimenti capiant. … Linguam vero patriam, quae summum firmamentum reipublicae est, indefesse colamus perpoliamusque, et quam late illa vigeat, tam late Germaniam extendi non dubitemus.*

> Dankbar lasst uns also die Wohltaten der Männer aufnehmen, die es durch ihr Genie und ihre unsterblichen Schriften schon dahin gebracht haben, dass unsere Muttersprache sich emporgeschwungen und auf der Höhe der Würde Platz genommen hat, die ihr zusteht. Freuen wir uns, endlich auf dem Gipfel zu stehen, den Franzosen und Engländer schon lange vor uns erreicht haben. Es besteht auch kein Grund zur Sorge, die Fächer, die ihren Namen von der *humanitas* erhalten haben, könnten jetzt, wo der Gebrauch

> des Latein sich in den ihm angemessenen Grenzen hält, irgendwelchen Schaden nehmen. … Die Muttersprache aber, die wichtigste Stütze des Gemeinwesens, wollen wir unermüdlich pflegen und vervollkommnen und keinen Zweifel daran hegen, dass Deutschland sich so weit erstreckt, wie sie blüht und herrscht.

Die institutionellen Rückzugsgebiete des aktiven Lateingebrauchs in Wort und Schrift blieben zwar zunächst dieselben wie in früheren Epochen: die katholische Kirche, die Schule und die Universität. Sie nahmen nun aber zunehmend den Charakter von Inseln in einer durch und durch volkssprachlich geprägten Umwelt an. Eine Zeit lang konnten sie sich gegen diese Umwelt durch ihren inhärenten Konservatismus und durch den Umstand immunisieren, dass sie eng miteinander verzahnt waren und sich gegenseitig stützten: Die Universitäten bildeten Lateinlehrer für die Schulen aus, die ihnen wiederum Studenten lieferten, die Geistlichen studierten Theologie auf Latein und unterrichteten ihrerseits an Gymnasien und Universitäten.

Doch letzten Endes half auch das nichts mehr. Der praktische Nutzen aktiver Lateinkenntnisse war immer schwieriger zu begründen, und unter wachsendem Druck von außen verzichtete man allmählich darauf, sie von den Schülern zu verlangen. Auf dem preußischen Gymnasium fiel 1890 der lateinische Aufsatz weg, der bis dahin fester Bestandteil des Abiturs gewesen war. Letzte Residuen aktiven Sprachgebrauchs, etwa die lateinischen Verse, die man an manchen englischen Eliteschulen noch bis in die 1970er-Jahre schreiben musste, verschwanden im Gefolge der 68er-Bewegung, die ja auch den (lateinischen) Kampfruf *Latinum in latrinam!* geprägt hatte. Fortan wurde Latein als eine Sprache unterrichtet, die man nur mehr passiv zu beherrschen brauchte und in erster Linie zur Lektüre der antiken Klassiker verwendete. Heute lernen im deutschen Sprachraum zwar mehr Schüler Latein als je zuvor, doch weder sie selbst noch die meisten ihrer Lehrer können aus dem Stegreif auch nur ein paar Sätze sprechen.

Parallel dazu benötigte man an der Universität immer weniger aktives Latein: Lateinische Vorlesungen wurden rasch zur Ausnahme, auch wenn sie sich hier und da, vor allem an katholisch-theologischen

Fakultäten, bis in die 1970er-Jahre hielten. Seit Ende des 19. Jahrhunderts durfte man an den meisten Orten auch seine Dissertation, für die Latein bis dato zwingend vorgeschrieben war, in der Landessprache schreiben.

Schließlich gab mit dem Zweiten Vaticanum auch die katholische Kirche nach: Die neue Möglichkeit, die Messe auch in den Volkssprachen zu zelebrieren, wurde umgehend zum Standard, und obwohl Latein die offizielle Kirchensprache blieb, nahmen auch die Lateinkenntnisse des Klerus rasch ab.

Als Reaktion auf diese Entwicklungen hat sich schon Ende des 19. Jahrhunderts eine *Latinitas-Viva*-Bewegung formiert, deren Mitglieder den aktiven Sprachgebrauch bis heute in Wort und Schrift propagieren und auf Kongressen, in Zeitschriften, in den neuen Medien und im Alltag vorleben.[4] Ihre Energie ist bewundernswert und ihre Erfolge können sich sehen lassen; beispielsweise umfasst die *Vicipaedia Latina* mittlerweile über 100 000 Artikel. Dennoch muss man kein Prophet sein, um vorherzusagen, dass das lebendige Latein auf absehbare Zeit eine Sache der *happy few* bleiben wird.

Was bedeutet es für eine Literatur, wenn die Sprache, in der sie verfasst wird, außer Gebrauch kommt? Je nach Umständen ganz Verschiedenes: Die Literatur kann ebenfalls aussterben. Sie kann in klar umgrenzten Teilbereichen weiterhin ihre praktischen und gesellschaftlichen Funktionen erfüllen. Vielleicht hält man sie mit einer gewissen Anstrengung am Leben, um eine altehrwürdige Tradition nicht abreißen zu lassen. Und schließlich kann man sie auch einfach zum Vergnügen weiterbetreiben. Im Falle der neulateinischen Literatur finden wir alle diese Möglichkeiten realisiert – die ersten drei, grob gesagt, was Fachliteratur und Gebrauchstexte betrifft, die vierte in der Belletristik.

Fachliteratur und pragmatisches Schrifttum[5]

Die meisten lateinischen Fach- und Gebrauchstexte entstanden und entstehen, wenig überraschend, im kirchlichen und universitären Bereich. Im Schnittfeld dieser beiden Institutionen liegt die Theologie. Theologische Lehrbücher, Dissertationen und Aufsätze in Fachzeitschriften bedienten sich vielerorts noch bis um die Mitte des 20. Jahrhunderts des Lateinischen. Hinzu kam eine umfangreiche Produktion aus den Bereichen Erbauung, Aszetik (der theologischen Disziplin, die sich mit dem Streben nach persönlicher Vervollkommnung beschäftigt) und Hagiographie.

Heute wird neues kirchliches Schrifttum noch im Vatikan produziert, der am Lateinischen als Amtssprache Latein nach wie vor festhält. Die verbindliche Fassung offizieller Dokumente und Verlautbarungen vom *Codex iuris canonici* über Motuproprios und Apostolische Konstitutionen bis hin zu Enzykliken, *Exhortationes apostolicae* («Apostolische Aufforderungen») und Brevia ist nach wie vor die lateinische. Auch Benedikt XVI. verlas seine aufsehenerregende Abdankungserklärung vom 11. Februar 2013 auf Latein. Viele einschlägige Dokumente werden seit dem 19. Jahrhundert in den *Acta Apostolicae Sedis* (bis 1908 *Acta Sanctae Sedis*) gesammelt. Ein eigenes Sekretariat sowie die 1976 gegründete Stiftung *Latinitas* bzw. seit 2012 ihre Nachfolgeorganisation, die Pontificia accademia di latinità, sorgen dafür, dass die Gegebenheiten der modernen Lebenswelt korrekt und würdig in der alten Sprache wiedergegeben werden.

Sieht man von der Theologie ab, so wurden lateinische Werke in den meisten Wissenschaften schon während des 19. Jahrhunderts zur Ausnahme. Die bereits erwähnten Dissertationen und andere Qualifikationsschriften konnten zwar noch lange, in Ausnahmefällen bis zum heutigen Tag, auf Latein verfasst werden, große Wirkung ging und geht von solchen Texten aber kaum mehr aus. Zu den letzten bedeutenden Latinisten in den Naturwissenschaften gehören der Däne Hans Christian Ørsted, mit dessen *Experimenta circa effectum conflictus electrici in acum magneticam* («Experimente zur Wirkung elektrischen

Stroms auf eine Magnetnadel», 1820) die Elektrodynamik begann, und Carl Friedrich Gauß, der größte Mathematiker des 19. Jahrhunderts, der vor allem in der reinen Mathematik bis in die 1830er-Jahre beim Lateinischen blieb. Das vielleicht letzte wichtige philosophische Werk auf Latein, Schopenhauers *Theoria colorum* («Betrachtung über die Farben», 1830), die stilistisch glänzende Bearbeitung seiner älteren Schrift *Über das Sehn und die Farben*, mit der er dieser zu internationaler Anerkennung verhelfen wollte, stammt aus derselben Zeit. Wesentlich länger hielt sich die alte Wissenschaftssprache in der Klassischen Philologie und der Sprachwissenschaft, die im 19. Jahrhundert an den Universitäten institutionalisiert wurden und aufblühten. Viele kritische Ausgaben antiker Werke – Bücher von und für Philologen – erscheinen bis heute mit lateinischer *praefatio* und dokumentieren die Textvarianten der Überlieferung in einem ebensolchen *apparatus criticus*. Überraschender ist die Langlebigkeit des Lateinischen in der Biologie, insbesondere in der Botanik, deren Fachsprache sich erst seit Linné voll ausbildete und in der Folge stetig weiterentwickelte. Seit 1906 mussten neuentdeckte Pflanzen- und Pilzarten sogar zwingend in diesem syntaktisch stark reduzierten, terminologisch aufs Feinste ausdifferenzierten Latein beschrieben werden, eine Regelung, die erst 2012 wieder abgeschafft wurde.[6]

Von den pragmatischen Textsorten, die nach 1800 auch außerhalb der kirchlichen und akademischen Welt noch eine gewisse Rolle spielten, sind die beiden wichtigsten der Brief und die Inschrift. Was jenen angeht, so fand die im 18. Jahrhundert noch verbreitete Praxis, auf Latein Verbindung zu Freunden und Kollegen in anderen Ländern zu halten, nun allerdings ein recht rasches Ende. Nur in Ausnahmefällen blieb Latein bis ins frühe 20. Jahrhundert die Sprache der Wahl zwischen Briefpartnern verschiedener Muttersprache. Dafür wurden mitunter sogar noch literarische Briefe geschrieben, beispielsweise neue Dunkelmännerbriefe. Eine im Kulturkampf (Leipzig 1872) publizierte Sammlung diente etwa dazu, den Vatikan, die Jesuiten und den Ultramontanismus in satirischer Form zu desavouieren. Der Vatikan seinerseits macht bis heute fleißig Gebrauch von der im 18. Jahrhundert erfundenen Briefform der Enzyklika, die sich für die Päpste als wirkungsvolles Mittel erwies, inhaltliche Schwerpunkte zu setzen und auf aktuelle Entwicklungen zu reagieren. So verfasste etwa Leo XIII. mit *Rerum novarum* (1891) die erste Enzyklika zur sozialen Frage, Johannes XXIII. reagierte mit *Pacem in terris* (1963) auf den Kalten Krieg, Benedikt XVI. und Franziskus demonstrierten mit dem gemeinsam verfassten Text von *Lumen fidei* (2013) Kontinuität im Augenblick einer ungewöhnlichen Amtsübergabe. Insgesamt wurden seit 1800 beinahe 300 Enzykliken promulgiert.

Lateinische Inschriften waren die ganze frühe Neuzeit hindurch verfasst worden, wobei ihr Stil sich von klassizistischer Nüchternheit im Barock zu manieristischer *argutia* und später wieder zurück gewandelt hatte.[7] Wie ernst man solche stilistischen Fragen nahm, zeigt der Umstand, dass dazu eigene Handbücher erschienen. Das bedeutendste dieser Werke, das der Jesuit Stefano Antonio Morcelli 1780 unter dem Titel *De stilo inscriptionum Latinarum* herausbrachte, erlebte in den Jahren 1819 bis 1822 einen erweiterten Nachdruck in drei Bänden. Lateinische Inschriften wurden noch im faschistischen Italien in großer und werden bis heute in geringerer Zahl verfasst. Sie gehören zu den Textsorten, die dem Lateinischen nach wie vor eine gewisse Öffentlichkeit sichern – wenn auch nicht immer die, die man sich wünschen würde: Die Inschrift auf dem faschistischen Siegesdenkmal in Bozen, welche die Annexion Südtirols durch Italien nach dem Ersten Weltkrieg glorifiziert, erhitzt nach wie vor die Gemüter (Abb. 6). Weniger kontrovers sind in der Regel Kurzinschriften, die als Motti Münzen, Medaillen, Fahnen, Logos und dergleichen zieren. Ein bekanntes Beispiel ist das pseudolateinische *Ars gratia artis* (statt *Ars artis gratia*, «L'art pour l'art»), das seit hundert Jahren zusammen mit dem brüllenden Löwen im Vorspann der Filme von Metro-Goldwyn-Mayer erscheint.

Wie Briefe konnte auch Epigraphik literarisiert werden. Seit dem 17. Jahrhundert wurden fiktive Inschriften, sogenannte Ellogia, gesammelt und in Buchform publiziert. Sie erfreuten sich noch im 19. Jahrhundert großer Beliebtheit.[8] Mit ihnen verwandt sind nach epigraphischen Prinzipien gestaltete Ehrenurkunden; an manchen Universitäten haben die Diplome, die man bei der Verleihung von Ehrendoktoraten überreicht, bis heute diese Form.

Dichtung und fiktionale Prosa

Diejenigen unter den eben genannten Textsorten, die heute noch irgendeine praktische oder gesellschaftliche Bedeutung haben, sind sprachlich stark standardisiert und reduziert. Bei der Dichtung und fiktionalen Prosa ist das tendenziell gerade umgekehrt: Sie werden nur mehr im kleinen Kreis verfasst und gelesen, können sich dort aber in aller Freiheit entfalten. Die meisten Formen, denen wir in früheren Epochen begegnet sind, werden bis in jüngste Zeit weitergepflegt, und daneben trifft man immer wieder auf interessante Neuheiten.

Zunächst allerdings, im 19. Jahrhundert, erfreute sich die lateinische Dichtung noch einer gewissen Öffentlichkeit. Spektakuläre Ereignisse von allgemeinem Interesse konnten damals noch eine Flut an literarischen Reaktionen auf Latein auslösen. Besonders eindrucksvoll zeigt sich das etwa an der Gestalt Napoleons.[9] Zudem lernten die meisten Autoren, die später in den Volkssprachen zu literarischem Ruhm gelangten, in der Schule zunächst lateinische Prosa und Verse schreiben. Manchen von ihnen machte es Freude, als Erwachsene gelegentlich zu ihrer ersten Muse zurückzukehren, umso mehr, als sie noch auf ein Publikum zählen konnten, das sie verstand. So dichtete etwa August Wilhelm Schlegel (1767–1845) ein gekonntes Epyllion auf eine Rheinschifffahrt Friedrich Wilhelms III. von Preußen.[10] Percy Bysshe Shelley (1792–1822) schrieb zumindest einige lateinische Verse, während Walter Savage Landor (1775–1864) ein substanzielles Œuvre von hoher Qualität hinterließ.[11] Charles Baudelaire (1821–67), der bereits im Lycée mit seinen lateinischen Gedichten aufgefallen war und später in seiner französischen Lyrik Anregungen aus diesen Übungen weiterentwickelte, integrierte in die *Fleurs du mal* mit *Franciscae meae laudes* («Lob meiner Franziska») ein Liebesgedicht im Stil einer Mariensequenz – eine bewusst blasphemische Brechung einer frommen Form.[12]

In keinem anderen Land aber war das Lateinische als Literatursprache so stark im gesellschaftlichen Leben verankert wie in Italien, wo man es immer noch als eine Art nationales Erbe ansah und wo mit

Abb. 6 Ostseite des 1928 errichteten Siegesdenkmals in Bozen. Die Inschrift lautet: «Hier setze fest und bezeichne die Grenzen des Vaterlandes. Von hier aus kultivierten wir die anderen [*ceteros*, ursprünglich vorgesehen: *barbaros*, «die Barbaren»] durch Sprache, Gesetze, Künste.»

dem Vatikan ein Zentrum der Latinität existierte wie nirgendwo sonst. Unter den literarischen Größen des Ottocento schrieben lateinisch unter anderem Alessandro Manzoni (1785–1873), Giacomo Leopardi (1798–1837) und Ugo Foscolo, dessen *Didymi clerici prophetae minimi hypercalypsis* («Höchst verhülltes Werk des Geistlichen Didymus, eines ganz geringen Propheten», 1815), eine verschlüsselte Satire auf die Verhältnisse im Italien der napoleonischen Ära in bestem Bibellatein, zu den interessantesten Texten der Zeit zählt. Etwas später war Leo XIII. (1810–1903) nicht nur als tatkräftiger Papst, sondern auch als lateinischer Poet erfolgreich. Der bedeutendste neulateinische Dichter der Moderne überhaupt dürfte Giovanni Pascoli (1855–1912) gewesen sein. Obwohl man ihn heute hauptsächlich als einen der Väter der italienischen Literatur des 20. Jahrhunderts kennt, verwendete er das Lateinische zeitlebens gleichberechtigt neben dem Italienischen. Sein lateinisches Œuvre, schwierig, dicht und durch kalkulierte Interferenzen mit der Volkssprache von faszinierend moderner Wirkung, wurde für viele Spätere zum Maßstab.[13]

Unter Mussolini, der das Lateinische aus ideologischen Gründen protegierte, wurde vielleicht noch fleißiger geschrieben und publiziert als in der Zeit davor,[14] doch fehlen unter den Autoren nun die großen, allgemein bekannten Namen. Diese Entwicklung ist typisch für die letzten hundert Jahre im Allgemeinen: Wer im 20. und 21. Jahrhundert noch Latein schreibt, hat in der Regel als Lehrer, Professor oder Geistlicher beruflich mit der Sprache zu tun und wird auch nur mehr von anderen Latinisten gelesen.[15] So waren etwa, um nur einige wichtigere Autoren zu nennen, Hermann Weller (1878–1956) und Harry C. Schnur (1907–79) Altphilologen, Karl Egger (1914–2003) leitete das Ufficio Latino der päpstlichen Kanzlei. Anna Elissa Radke (*1940) unterrichtete am Gymnasium Latein, während Mauro Pisini (*1962) lateinische Literatur am Pontificio Istituto di Musica Sacra lehrt. Eine Ausnahme stellt der tschechische Komponist Jan Novák (1921–84) dar, der über die Vertonung lateinischer Texte zum eigenen Dichten in der alten Sprache fand.

Zu einem neuen Forum für diese und andere Autoren wurden Literaturwettbewerbe, wie sie sich ja auch in den modernen Sprachen etablierten. Im Lateinischen haben solche *certamina* im Bildungswesen eine lange Tradition, die an manchen englischen Universitäten bis heute anhält. Doch in der Moderne begann man, Preise unabhängig von Bildungsinstitutionen auszuloben, und diese Anlässe entwickelten sich zu wichtigen Treffpunkten der kleinen Szene, umso mehr, als sie häufig auch eine Publikationsmöglichkeit boten. Der wichtigste und prestigeträchtigste Wettkampf, das *Certamen Hoeufftianum* für lateinische Dichtung, wurde jährlich von 1845 bis 1978 durchgeführt, bis das Kapital des Stifters, des Niederländers Jacob Hendrik Hoeufft, aufgebraucht war.[16] Zwei bekanntere *certamina*, die bis heute bestehen, sind das *Certamen Capitolinum* und das *Certamen Vaticanum*, bei denen Verse wie Prosa prämiert werden. Daneben gab und gibt es eine Reihe kleinerer, oft kurzlebiger Wettbewerbe.

Diese Veranstaltungen haben viel dazu beigetragen, die lateinische Literatur am Leben zu erhalten, und eine Fülle von Werken angeregt, die sprachlich und verstechnisch auf hohem Niveau stehen. Darüber hinaus erweisen sich manche Autoren auch in inhaltlicher und formaler Hinsicht als innovativ und greifen bereitwillig die Anregungen auf, die ihnen die moderne Welt bietet. Das beginnt schon auf der Ebene des Vokabulars: In bewusster Wendung gegen die verbreitete Vorstellung, Latein sei eben die Sprache einer abgelegten Vergangenheit, versucht man, noch die unantikesten Aspekte des Hier und Jetzt in lateinische Wendungen zu gießen. Der erwähnte Karl Egger, dessen Credo lautete, man könne alles auf Latein sagen (*omnia Latine dici posse*), beschreibt beispielsweise in seinen *Tirolensia Latina* («Lateinisches aus Tirol», 1960) die diversen Sportarten der Olympischen Winterspiele und spricht dabei wie selbstverständlich von Sprungschanzen (*suggestus desultorius*) und Stahlbeton (*lithocolla ferro durata*). Unterstützt wird dieses Bestreben durch Wörterbücher wie das im Vatikan erschienene *Lexicon recentis Latinitatis* («Lexikon des modernen Latein», 1992–97), die einen Teil des nötigen Vokabulars bereitstellen.

In vielen Fällen geht die Auseinandersetzung mit der Gegenwart dabei weit über die lexikalische Ebene hinaus. Ein brillantes Beispiel hierfür ist Hermann Wellers 1937 entstandene, am *Certamen Hoeufftianum* des Folgejahres siegreiche Elegie *Y*: In dieser phantastischen Traumerzählung rotten sich die Buchstaben einer Horazausgabe zusammen, um dem *Y* als ausländischem Eindringling den Garaus zu machen.[17] Ihr «Führer» (*ductor, dux*) *A* hält eine hetzerische Brandrede über die Gefahr, die von *Y* für die Reinheit des Lateinischen ausgehe (Verse 135–52):

Sermonem studet hic sensim vitiare Latinum:
Publica res agitur vitaque nostra, viri!
Nec, quia sacra lues nondum pervenit ad ima
Viscera, securi spernite tale malum.
...
Ne moror exemplis, memoro pro pluribus unum:
Te quoque turbari, tu Tiberine, doles.
Qui Tiberis Latio celebrari nomine gaudes,
Thybridis impura voce notatus oles.
Haec si pernicies vel sancta vocabula tangit,
Verborum plebem qualia fata manent?

Nec parat insidias tantum: nos despicit omnes;
Iactat enim patriam conspicuumque genus.
Graeculus est sane: ψιλός, calvusque levisque,
Vox vero querulum vixque virile sonat.

Die lateinische Sprache will der da schleichend vergiften: Um den Staat und um unser Leben geht es, Männer! Wiegt euch nicht in Sicherheit und seht über eine solche Gefahr hinweg, nur weil die verfluchte Seuche noch nicht die innersten Organe angegriffen hat. ... Um euch nicht mit Beispielen aufzuhalten, nenne ich nur eines anstelle vieler: Auch du, Tiberfluss, fühlst dich schmerzlich aufgewühlt: Der du dich freust, als Tiber bekannt zu sein, stinkst nun zum Himmel, da dich das unreine Wort «Thybris» brandmarkt. Wenn solches Verderben selbst heilige Ausdrücke angreift, welches Schicksal erwartet dann das gemeine Volk der Worte? – Er lauert uns auch nicht nur hinterhältig auf, sondern zeigt uns allen offen seine Verachtung: Er prahlt ja mit seinem Vaterland und seinem berühmten Geschlecht. Ein Griechlein ist er offensichtlich: dünn, kahl und mager. Seine Stimme aber klingt weinerlich und unmännlich!

Macht einen Teil des Reizes von *Y* die Spannung zwischen antikem Versmaß und brandaktuellem Inhalt aus, so greifen andere Dichter Formen auf, die aus der modernen volkssprachlichen Literatur stammen oder sich dieser zumindest annähern. Autoren wie Fidel Rädle (*De condicione bestiali vel humana. Von Tieren und Menschen*, 1993) schreiben unter Rückgriff auf mittelalterliche, also akzentuierende und gereimte Verse Texte, die für ein modernes Publikum eingängiger sind als solche in antiker, quantitierender Metrik. Andere greifen mit dem japanischen Haiku zu einer extrem reduzierten Form, bei der es (zumindest in ihrer europäischen Variante) nur auf die Silbenzahl ankommt und die weder Quantitäten noch Reim kennt.[18] Ein weiterer Trend geht hin zu Kompositionen in freien Versen, die gleichzeitig ältere neulateinische Traditionen fortführen (man ahmte etwa, wie schon erwähnt, Pindar in dieser Weise nach) und an zeitgenössische volkssprachliche anknüpfen. Ganz undenkbar wären vor Tolstoi und Joyce Gedichte in der Technik des Bewusstseinsstroms, wie sie beispielsweise Mauro Pisini schreibt.[19] Sozusagen das Negativ dieser Modernisierungstendenzen ist der Einsatz des Lateinischen, um eine Atmosphäre des Archaisch-Erhabenen zu kreieren, wie er sich etwa in

Jean Daniélous Libretto zu Strawinskys *Oedipus Rex* (1927/28) beobachten lässt.

Noch in einer weiteren Beziehung schließt sich die lateinische Belletristik der Moderne eng an die volkssprachliche Literatur an: Einen beträchtlichen Teil der Produktion machen Übersetzungen aus dieser aus. Das gilt sowohl für die Lyrik, wo berühmte Stücke oft mehrmals übersetzt werden (von Thomas Grays *Elegy Written in a Country Churchyard*, 1751, zählt man nicht weniger als 45 lateinische Versionen!)[20], als auch für erzählende Dichtung und Prosa: Von Françoise Sagans *Bonjour Tristesse* (1963) über die *Asterix*-Comics (1973 ff.) und das finnische Nationalepos *Kalevala* (1987) bis hin zu Antoine de Saint-Exupérys *Le Petit Prince* (2000) und Joanne K. Rowlings *Harry-Potter*-Romanen (2003 ff.) wurden gerade in den letzten Jahrzehnten zahlreiche Klassiker der Weltliteratur, aber auch Kinder- und Jugendbücher ins Lateinische gebracht – Letzteres nicht ohne sprachdidaktische Hintergedanken.

Ich schließe diesen Überblick mit zwei ganz unterschiedlichen Texten jüngsten Datums: 2011 erschienen in den USA die *Capti* («Die Gefangenen») des Sprachlehrers Stephen Berard, ein inhaltlich komplexer, sprachlich dichter und vielfältiger Roman von nicht weniger als 642 Seiten, der im zeitgenössischen Seattle spielt, sich dabei jedoch an der antiken Menippeischen Satire mit ihrer Mischung aus Prosatext und Verseinlagen und an E. T. A. Hoffmann inspiriert. Das Werk bildet den ersten Teil einer geplanten Heptalogie.

Herman van Rompuy, Präsident des Europäischen Rates von 2009 bis 2014, hat ein nicht alltägliches Hobby: Er schreibt Haikus. Diese Kurzgedichte werden aus seiner Muttersprache, dem belgischen Niederländisch, nicht nur in andere moderne Sprachen, sondern auch ins Lateinische übersetzt und finden sich in dieser Form verschiedenenorts im Internet. Das folgende Stück trägt den Titel *Brussel* (2008, lateinische Version 2010):

Andere kleuren,
talen, torens en goden.
Wij brusselen voort.

Andere Farben,
Sprachen, Götter und Türme.
Wir brüsseln weiter.

Mixti colores,
linguae, turres et dei.
Viam mi quaero.[21]

Auf ein Massenpublikum und große Außenwirkung kann der, der heute noch auf Latein schreibt, nicht mehr hoffen. Aber Literatur geht nicht in ihrer gesellschaftlichen Bedeutung auf, und Randständigkeit bringt mit sich, wie Hermann Weller schon 1934 feststellte,[22] den Vorteil der Freiheit und Unabhängigkeit. Die neulateinische Literatur ist noch nicht am Ende ihrer Möglichkeiten angelangt.

TEIL II

BEDEUTUNG

I

AM ANFANG WAR DIE BILDUNG: PÄDAGOGIK UND DIDAKTIK

Der Humanismus als Bildungsbewegung

Die allerersten Humanisten – Lovati, Mussato, Petrarca, Boccaccio – waren keine Lehrer. Seit etwa 1400 entwickelte sich der Humanismus jedoch rasch zu einer pädagogisch-didaktischen Bewegung.[1] Byzantinische Gelehrte, die schon vor dem Fall Konstantinopels in den Westen kamen, traten dort als Lehrer des kaum mehr bekannten Altgriechischen in Erscheinung und hatten großen Zulauf. So war etwa die Ankunft des Manuel Chrysoloras (1353–1415) in Florenz ein Großereignis, das den jungen Leonardo Bruni bewog, sein Studium der Rechte aufzugeben und sich ganz dem Griechischen zu widmen.[2] Gleichzeitig gründeten und leiteten italienische Humanisten wie Gasparino Barzizza (1360–1431), Guarino Veronese (1374–1460) und Vittorino da Feltre (1378–1446) Schulen, die weithin berühmt wurden, und prägten über ihre Schüler und Enkelschüler die weitere Geschichte des Humanismus.[3]

Soziologisch gesehen stellt dieser Lehreifer vielleicht ein frühes Beispiel für die neuzeitliche Tendenz dar, Kinder und Jugendliche als eigene Personengruppe wahrzunehmen, sie systematischer zu disziplinieren, zu erziehen und zu bilden, als das im Mittelalter der Fall gewesen war.[4] Sein theoretischer Ausgangspunkt war ein neu akzentuiertes Menschenbild: Obwohl die Humanisten in aller Regel gute Christen waren, sahen sie den Menschen nicht mehr primär als sündhaftes Wesen, das in seiner Existenz ganz von Gott abhängig war. Vielmehr betonten sie die Anlagen zum Guten, die in der menschlichen Natur enthalten seien, und hoben die Entwicklungsfreiheit des Menschen hervor, die Gott ihm mit dem freien Willen verliehen habe. Im Gegensatz zu Tieren und Engeln, so der norditalienische Humanist und Philosoph Pico della Mirandola in seiner *Oratio de hominis dignitate* («Rede über die Würde des Menschen», 1486/87),[5] ist der Mensch ein *indiscretae opus imaginis*, ein «Werk von unbestimmter Gestalt». Pico legt Gott folgende Worte an den eben geformten Adam in den Mund:

> *Nec te caelestem neque terrenum neque mortalem neque immortalem fecimus, ut tui ipsius quasi arbitrarius honorariusque plastes et fictor, in quam malueris tu te formam effingas. Poteris in inferiora, quae sunt bruta, degenerare, poteris in superiora, quae sunt divina, ex tui animi sententia regenerari.*

> Ich habe dich weder himmlisch noch irdisch, weder sterblich noch unsterblich geschaffen, damit du dich sozusagen als dein eigener Former und Bildner nach Gutdünken und Belieben zu der Gestalt ausformen kannst, die du vorziehst. Du wirst nach unten, also zu den Tieren hin entarten, du wirst dich, wenn du das willst, nach oben, zum Göttlichen hin neu hervorbringen können.

Aus dieser Anthropologie folgt unmittelbar sowohl die Bildungsfähigkeit als auch die Bildungsbedürftigkeit des Menschen. In einer seiner Erziehungsschriften, auf die wir bald zurückkommen, bringt Erasmus diesen Gedanken auf den Punkt: *Homines, mihi crede, non nascuntur, sed finguntur* («Menschen, glaub mir, werden nicht geboren, sondern gebildet»), beschwört er seinen Adressaten – erhält ein Kind keine oder eine falsche Bildung, so wird daraus kein richtiger Mensch.[6] Das ist ein weitaus radikalerer Bildungsbegriff, als wir ihn heute haben: Für uns ist ein ungebildeter Mensch eben ungebildet, aber natürlich immer noch ein Mensch.

Was aber musste jemand nach humanistischer Auffassung lernen, um wirklich als Mensch gelten zu können? Grundsätzlich bemühte man sich im Humanismus ebenso wie im Mittelalter zunächst einmal darum, die Kinder zu guten Christen zu erziehen und ihnen so den Weg zur Seligkeit zu ebnen. Das Ideal christlicher Tugend verband sich nun jedoch immer enger mit weltlichen Tugendvorstellungen antiker Provenienz. Insbesondere zwei Begriffe hatten dabei schon ein Jahrhundert vor Mirandola und Erasmus eine entscheidende Rolle zu spielen begonnen. Der eine war *virtus*, womit die Römer moralische, geistige und lebenspraktische Tüchtigkeit im weitesten Sinne benannt hatten, der andere, noch wichtigere, *humanitas*, ein Ausdruck, der bei Cicero ebenso die Mitmenschlichkeit wie die literarische Bildung bezeichnen konnte, der er eine solche Wirkung zuschrieb. Für das Bemühen um eine derartige Bildung hatte der römische Redner und Staatsmann in seiner Rede *Pro Murena* den Begriff *studia humanitatis* geprägt. In der ersten Hälfte des 15. Jahrhunderts wurde dieses Schlagwort aufgegriffen und auf einen Fächerkanon bezogen, der sich aus dem Trivium (Grammatik, Rhetorik und Dialektik, das heißt Logik/Argumentationslehre) entwickelt hatte, wie es auf der Artistenfakultät gelehrt wurde, sich aber dennoch davon abhob: Er umfasste im Wesentlichen Grammatik, Rhetorik, Geschichte, Dichtung und Moralphilosophie. Ein Lehrer dieser Fächer wurde – ironischerweise mit einer durchaus mittelalterlichen Wortbildung – als *humanista*, «Humanist», bezeichnet.[7]

Der Aufstieg der *humanitas* und der *studia humanitatis* hatte insbesondere damit zu tun, dass man im Anschluss an Ciceros theoretische Aussagen zum Thema Sprache/Mensch/Gesellschaft wie an seine eigene Sprachgewalt ein Nahverhältnis zwischen sprachlicher Perfektion und wahrer Menschlichkeit postulierte. Die Sprache sei es, durch die sich der Mensch vom Tier unterscheide, sie besser beherrschen heiße also, mehr Mensch sein als andere. Damit gewann das Bemühen um ein neues, reines Latein – die einzige Sprache, die damals ernsthaft unterrichtet wurde – höchste Dringlichkeit[8] und das Studium der antiken Klassiker, in denen sich sprachliche, intellektuelle und moralische Vollkommenheit vereinte, erschien als Grundlage jeder Bildung, die diesen Namen verdiente.

Sprachliche Reinheit und Kenntnis der Klassiker wurden die beiden Eckpfeiler des humanistischen Bildungsprogramms – und zugleich Steine des Anstoßes für die Vertreter des konventionellen Bildungsbetriebes. Lehrer der alten Schule, in der Regel Geistliche, sahen die postulierte Notwendigkeit muttersprachlicher Kompetenz im Lateinischen nicht ein und wetterten gegen die moralische Verderbnis, die der Jugend von den heidnischen Autoren drohe. Ein oftmals erbittert geführter Bildungsstreit begann und kam die ganze Renaissance hindurch nicht mehr zum Erliegen. Allmählich jedoch setzte sich der neue Unterricht an Lateinschule, Gymnasium und schließlich auch, angefangen bei der Artistenfakultät, an der Universität durch.[9] Die Vertreter der mittelalterlichen Praxis starben aus, und es etablierte sich ein humanistischer Grundkonsens. Auf seiner Basis wurde das alt-neue, klassische Latein nicht nur zum wichtigsten Unterrichtsgegenstand, sondern, zumindest der Idee nach, auch zur Unterrichtssprache. Erst im 17. Jahrhundert begann man sich, wie wir in Kürze am Beispiel des Comenius sehen werden, auch der jeweiligen Muttersprache anzunehmen.

Einstweilen bot das im Großen und Ganzen erreichte Einverständnis immer noch genug Raum für Dissens im Detail. Insbesondere zwei Fragen wurden heftig diskutiert: Wieviel heidnische Literatur braucht, wieviel verträgt die Jugend? Und nach welcher Methode lässt sich Latein am schnellsten und besten lernen? In der ersten Frage waren vor allem sittenstrenge Vertreter der Reformation restriktiv. Generell führten verschiedene Antworten darauf, zusammen mit sprachlich-stilistischen Erwägungen, dazu, dass sich auf den schulischen Lektürelisten recht unterschiedliche antike – und neulateinische – Autoren fanden. Die zweite Frage blieb in noch höherem Maße ein Dauerbrenner. Was mit der hehren Idee von Menschenbildung durch Sprache und Literatur begann, spitzte sich in der Praxis häufig auf das Problem der effizienten Sprachvermittlung zu.

Unter diesen Voraussetzungen verwundert es nicht, dass die Texte zu Fragen der Bildung und des Unterrichts in der frühen Neuzeit Legion sind. Der Umfang dieses Schrifttums entspricht der Tatsache, dass es innerhalb der neulateinischen Literatur eine Sonderstellung innehat: Es legte die Basis für das humanistische Projekt – und damit für die Latinität der frühen Neuzeit insgesamt.

Nicht weniger eindrucksvoll als die schiere Masse der Schriften ist ihre inhaltliche, formale und funktionale Bandbreite: Vom Schuldrama über die programmatische Rede und den polemischen Traktat bis zur Grammatik und zur Studienordnung, von der pädagogischen

Grundsatzerklärung bis zur akribischen Untersuchung didaktischer Spezialprobleme finden sich die unterschiedlichsten Gattungen und Textsorten. Als einzige inhaltliche Konstante steht dem die Engführung von Sprache und Bildung gegenüber. Möglich wurde diese Vielfalt nicht zuletzt dadurch, dass Bildungsfragen zwar großes Interesse erregten, aber weder in der Praxis staatlich geregelt noch in der Theorie disziplinär gebunden waren – Pädagogik und Didaktik als akademische Fächer sind ja ein Phänomen der Moderne. Jedem Interessierten stand es frei, sich in dem Sinn und in der Form zu äußern, die er für angebracht hielt. Im Folgenden sei ein kurzer Streifzug durch dieses weite Feld unternommen, der vom Allgemein-Pädagogischen zum Speziell-Didaktischen führen und bei einigen interessanten Gattungen und Einzeltexten ein wenig verweilen wird.

Grundsatzerklärungen: Erasmus, De pueris instituendis

Pädagogische Grundsatzerklärungen in Gestalt von Reden, Briefen, Traktaten, Vorworten und anderem mehr zählten zu den wichtigsten publizistischen Waffen, mit denen man seine diesbezüglichen Vorstellungen verfechten konnte. Ihre Zahl ist nahezu unüberschaubar.[10] Der erste Text dieser Art dürfte der um 1400 entstandene Traktat *De ingenuis moribus et liberalibus adolescentiae studiis* («Über die edlen Sitten und freien Studien der Jugend») des aus Capodistria stammenden Humanisten Pier Paolo Vergerio sein. Die kleine Schrift spricht, wenn auch in unsystematischer Form, eine Reihe von Themen an, die in der Folgezeit kanonisch werden sollten: die überragende Bedeutung der Bildung, die Notwendigkeit eines systematischen Vorgehens, die Vorbildfunktion der Antike, die Wichtigkeit der klassischen Sprachen (neben Latein auch Griechisch) und schließlich die lebenspraktische Relevanz des Unterrichts. Ein gutes Jahrhundert lang stand ein Großteil der italienischen Produktion auf diesem Gebiet direkt oder indirekt unter Vergerios Einfluss. Allerdings überwogen in den betreffenden Traktaten meist inhaltliche Festlegungen und technische

Aspekte: Wie sind die klassischen Sprachen zu unterrichten, welche Lehrbücher sind zu verwenden, welche Autoren zu lesen? Die Antworten auf solche konkreten Fragen waren es, die im Italien des 15. Jahrhunderts humanistischen von traditionellem Unterricht unterschieden.[11]

Ganz andere Schwerpunkte setzte Erasmus in seiner zwischen 1506 und 1509 konzipierten, aber erst 1529 in Basel gedruckten Schrift *De pueris statim et liberaliter instituendis* («Freiheitliche Erziehung für Knaben – von Anfang an»).[12] Das Werk – nicht zufällig die Quelle des schon zitierten Diktums *homines non nascuntur, sed finguntur* – ist ein herausragendes Beispiel dafür, welches Niveau humanistisches Bildungsdenken erreichen kann. Erasmus verlagert den Fokus der Aufmerksamkeit vom Was, das er mittlerweile bei vielen seiner Leser voraussetzen darf, aufs Wozu und vor allem aufs Wie der humanistischen Bildung. Diese Wendung weg vom Technischen, hin zum Grundsätzlichen zeigt sich schon daran, dass er die Bildung eng mit der Erziehung zusammennimmt, die eher auf das Verhalten des Kindes als auf sein Wissen und Verstehen abzielt und deshalb schon mit der Geburt beginnen kann und soll. Aus diesem Grund spricht Erasmus im Titel nicht wie Vergerio von *adolescentia*, sondern von *pueri*, und hebt die Notwendigkeit hervor, *statim* ans Werk zu gehen – ein Thema, dem der ganze erste Teil seines Traktats gewidmet ist.

Was die Bildungsziele betrifft, vertritt Erasmus eine konventionelle Position. Sie lässt sich am ehesten in der Formel *docta et eloquens pietas*, «gelehrte und beredte Frömmigkeit», zusammenfassen, die er und seine Zeitgenossen in diesem Zusammenhang gerne verwenden. Umso erstaunlicher muten seine Erwägungen zur Frage an, wie Unterricht grundsätzlich vor sich gehen soll. Zwar beruft sich *De pueris* auch auf diesem Gebiet auf Vorläufer seit der Antike, allen voran auf den römischen Redelehrer Quintilian, dem die frühe Neuzeit nicht nur die beste Darstellung der antiken Rhetorik, sondern auch wesentliche pädagogisch-didaktische Einsichten verdankte. Indem Erasmus jedoch antike und eigene Erkenntnisse zusammenfügt und ihnen das grundsätzlich positive Menschenbild des Humanismus unterlegt, entsteht ein Gesamtbild, das in seiner Geschlossenheit, Stimmigkeit und Überzeugungskraft etwas Neues ist. Den finsteren Hintergrund, vor dem sich diese Skizze abhebt, bietet die von Zwang und Prügeln geprägte Unterrichtspraxis der Zeit, die ihre Gewaltexzesse mit dem Argument rechtfertigte, so würden die Schüler zu christlicher Demut erzogen.[13] Wie es dabei zuging, illustriert eine Reihe von Anekdoten wie die folgende aus dem Internat eines mit Erasmus bekannten Theologen (136–38):

> *Ipse quondam astiti proximus, quum a prandio ex more puerum evocarat, annos natum, ut opinor, decem. Recens autem a matre venerat in eum gregem. Praefatus est, illi matrem esse cum primis piam foeminam, ab ea sibi puerum studio esse commendatum. Mox ut haberet occasionem caedendi, coepit obicere nescio quid ferociae, quum nihil minus prae se ferret puer, et innuit illi cui collegii praefecturam commiserat – huic ex re satelles erat cognomen –, ut caederet. Ille protinus deiectum puerum ita cecidit, quasi sacrilegium commisisset. Theologus semel atque iterum interpellavit: «Satis est, satis est.» At carnifex ille fervore surdus peregit suam carnificinam paene usque ad pueri syncopen. Mox theologus versus ad nos: «Nihil commeruit», inquit, «sed erat humiliandus», nam hoc verbo est usus.*

> Ich erlebte es einmal selbst aus nächster Nähe mit, als er beim Mittagessen seiner Gewohnheit nach einen schätzungsweise zehnjährigen Knaben aufrief, der erst kürzlich von seiner Mutter zu dieser Schar gekommen war. Der Theologe schickte voraus, die Mutter sei eine ungewöhnlich fromme Frau, von ihr sei ihm der Knabe zur Ausbildung anvertraut worden. Gleich begann er ihm, um einen Anlass zum Prügeln zu haben, irgendeine Gewalttätigkeit vorzuwerfen, obwohl der Knabe alles andere als gewalttätig aussah, und bedeutete demjenigen, dem er die Leitung des Internats anvertraut hatte – man nannte ihn, wie es der Sache entsprach, den «Schergen» –, er solle ihn prügeln. Dieser legte den Knaben sofort übers Knie und prügelte ihn so heftig, als hätte er einen Religionsfrevel begangen. Der Theologe rief ein-, zweimal dazwischen: «Es reicht, es reicht!» Doch jener Schlächter, blind vor Eifer, fuhr in seinem blutigen Handwerk fort, bis der Knabe beinahe ohnmächtig war. Danach wandte sich der Theologe an uns und sagte: «Er hat nichts angestellt, aber er brauchte eine Demütigung» – genau diesen Ausdruck verwendete er.

Wie scharf stechen Erasmus' eigene Ansichten von derartigen Szenen ab! Kinder, ermahnt er den frischgebackenen Vater, an den er seine Ratschläge in Form einer fiktiven Rede richtet, haben ihre eigene Psychologie, sie sind keine kleinen Erwachsenen (160). Sie sind von

Natur aus neugierig, besitzen ein ausgezeichnetes Gedächtnis (*memoria tenacissima*, 52) und finden besonderes Vergnügen daran, andere nachzuahmen (*imitandi libido*, 112). Der Lehrer muss diese guten Anlagen nur in die richtigen Bahnen lenken. Prügel dagegen zerstören gerade, wie Erasmus aus eigener Kindheitserfahrung berichtet, den natürlichen Lerneifer (*studiorum amorem*, 136). Erasmus scheut sich nicht, diesen Standpunkt sogar gegen die Autorität des Alten Testaments zu verteidigen (150, vgl. dagegen zum Beispiel Sprüche 13,24). Vielmehr sollen die Kinder aus Liebe zu ihrem Lehrer lernen (128), der ihnen seinerseits ein zweiter Vater werden muss (158). Das Lernen soll ihnen wie ein Spiel erscheinen, meint Erasmus und nützt dabei geschickt eine Eigenheit der lateinischen Sprache aus, in der *ludus* gleichzeitig «Schule» und «Spiel» bedeuten kann (54, 128, 170). Noch eifriger werden die Kleinen, wenn man ihnen den Lernstoff anhand ansprechender Illustrationen verdeutlicht (164–66) – ein Vorschlag, der eine Idee von Comenius vorwegnimmt, auf die wir noch zu sprechen kommen werden. Von entscheidender Wichtigkeit ist früh beginnender und kindgerechter Unterricht deshalb, weil er die Grundlagen für das ganze weitere Leben legt: *Semper enim discendum, quamdiu vivimus* («Immer nämlich müssen wir lernen, solange wir leben», 182).

Es bedarf kaum eines Kommentars, wie modern das alles klingt. Kinderpsychologie, gewaltfreie Erziehung, spielerisches, multimediales, lebenslanges Lernen – kaum ein Grundgedanke der zeitgenössischen Pädagogik, der sich bei Erasmus nicht bereits ausgesprochen fände.

Schul- und Studienordnungen: die Ratio studiorum

An den realen Schulen wurde allerdings weiterhin geprügelt, und die meisten von Erasmus' Vorstellungen mussten auf ihre Verwirklichung bis ins 20. Jahrhundert warten. Zu sagen, in der frühen Neuzeit sei einstweilen alles beim Alten geblieben, wäre aber trotzdem ungerecht.

Eine der auffälligsten Veränderungen betraf vor allem Inhaltlichen den Umstand, dass man nun das Bedürfnis empfand, den Lernstoff, die Art seiner Vermittlung und die organisatorischen Grundlagen des Schulbetriebs detailliert und schriftlich zu regeln: Das Zeitalter der Schulordnungen brach an.

Die Anfänge gingen, zumindest im deutschen Sprachraum, auf den pädagogischen Impetus der Reformation zurück, wie ihn Martin Luther mit seinem Schreiben *An die Ratsherren aller Städte deutschen Lands, daß sie christliche Schulen aufrichten und halten sollen* (1524) und sein großer Helfer, der *praeceptor Germaniae* («Lehrer Deutschlands») Melanchthon verkörperten. Seit den 1520er-Jahren entstanden überall in den reformierten Territorien neue Stadt-, wenig später auch fürstliche Landesschulen, deren Betrieb durch eigene Schulordnungen geregelt wurde.[14] Die weiteste Ausstrahlung unter diesen Texten hatte Johannes Sturms Schrift *De literarum ludis recte aperiendis* («Wie man es richtig anstellt, eine Schule zu eröffnen», 1538), die der Humanist für die Straßburger Lateinschule verfasste, welche er über vier Jahrzehnte lang als Rektor leiten sollte.

Der landeskirchliche Föderalismus der Protestanten und der Zentralismus der katholischen Kirche waren dafür verantwortlich, dass die weltweit einflussreichste Studienordnung der frühen Neuzeit dann dennoch eine katholische wurde: Im Jahr 1540 erhielt in Rom der neugegründete Jesuitenorden die päpstliche Approbation und entwickelte sich in der Folge rasch zu einer Speerspitze der Gegenreformation. Das wichtigste Mittel zu diesem Zweck waren die allenthalben gegründeten Jesuitengymnasien und -internate, in denen der eigene Nachwuchs ebenso wie weltliche Schüler auf hohem Niveau und zugleich in streng katholischem Geist unterrichtet wurden. 1599 trat als für all diese Bildungsstätten verbindliche Richtlinie die *Ratio studiorum* in Kraft.[15] Bis zur Aufhebung des Ordens 1773 und von dessen Neuzulassung 1814 bis 1832 regelte sie einheitlich den Unterricht in vielen hundert Jesuitenschulen in Europa und Übersee; auch danach blieb sie in revidierter Form in Geltung. Sie begründete eine der langlebigsten, räumlich ausgreifendsten und einheitlichsten Schultraditionen, die es je gegeben hat.

Mit den protestantischen Schulordnungen, die ihr vorausgehen, teilt die *Ratio studiorum* nicht nur das Bildungsziel der *docta et eloquens pietas*, sondern auch viele weitere Züge, vor allem die überragende Bedeutung der lateinischen Sprache als Unterrichtsgegenstand: Zumindest in den unteren Klassen stellt Latein alle anderen Fächer, etwa Griechisch und Religion, bei weitem in den Schatten, seine aktive und passive Beherrschung in Wort und Schrift, Prosa und Vers hat absoluten Vorrang. Was die *Ratio* in erster Linie von ihren Vorgängerinnen abhebt und zumindest teilweise ihren außergewöhnlichen Erfolg erklärt, ist ihr straffer, folgerichtiger Aufbau, ihre hohe Regelungsdichte und ihr pädagogisch-didaktischer Einfallsreichtum.

Der vorgesehene Studiengang ist dreigliedrig: Er beginnt mit einem Gymnasium, das seinerseits fünf Schulstufen umfasst, von denen manche allerdings zwei Jahre in Anspruch nehmen können. Auf den ersten drei Stufen, der *Grammatica infima*, *media* und *suprema* («Unterste, mittlere, oberste Grammatik»), erwirbt sich der Schüler eine solide Sprachbeherrschung, auf den letzten beiden, der *Humanitas* bzw. *Poesis* («Humanität» bzw. «Dichtung») und der *Rhetorica* («Rhetorik»), lernt er den kunstgerechten Sprachgebrauch. Auf das Gymnasium folgt ein dreijähriger Philosophiekurs mit Logik im ersten, Physik im zweiten, Metaphysik und Ethik im dritten Jahr. Auf diesen Grundlagen kann schließlich ein vierjähriges Theologiestudium aufbauen.

Die konkrete Ausgestaltung dieses Studienganges und der Ablauf des Unterrichts sind durch eine Vielzahl von Vorschriften geregelt, die sich an die einzelnen Verantwortlichen richten, die Schuloberen (Provinzial, Rektor, Studienpräfekt) ebenso wie die Lehrer sämtlicher Fächer und Stufen von der Theologie bis hinunter zur *Grammatica infima*. Welche antiken Autoren zu lesen sind (in erster Linie Cicero, weiters Sallust, Livius, Curtius Rufus, Plinius der Jüngere, Vergil, Horaz, Tibull, Properz, Ovid) und welche davon in zensierten Ausgaben, wird so wenig dem Zufall überlassen wie die Auswahl der modernen Lehrmittel. Der Unterricht folgt einem festen Stundenplan. In seinem Zentrum stehen Textlektüre und -erklärung (wofür die Lehrer eigene detaillierte Anleitungen erhalten), hinzu kommen Übersetzung, Paraphrase und andere Formen der Textarbeit. Zwischen den eigentlichen Unterrichtsstunden lernen die Schüler in Freiarbeit den durchgenommenen Stoff auswendig und verfassen eigene schriftliche Arbeiten. In die nächsthöhere Klasse versetzt (*promotio*) wird nur, wer eine schriftliche und mündliche Prüfung besteht.

Der Unterricht war also in heute kaum mehr vorstellbarem Maße textzentriert. Dass er häufig in ödeste Routine ausartete, ist mehr als wahrscheinlich. Dass den Verfassern der *Ratio* diese Gefahr nicht bewusst gewesen wäre, kann man ihnen jedoch nicht vorwerfen: Die Studienordnung bemüht sich sichtlich, Spannung und Abwechslung in den Schulalltag zu bringen. Vor allem zwei Mittel sind es, die sie dazu einsetzt: den Ehrgeiz der Schüler und den Reiz öffentlichen Auftretens.

Das Prinzip des leistungsfördernden Ehrgeizes und der Konkurrenz prägte den gesamten Unterricht: Alle Schüler wurden paarweise als *aemuli* («Konkurrenten») zusammengespannt. Jeder *aemulus* sollte Fehler seines Partners im Unterricht bemerken und aufzeigen, dessen schriftliche Arbeiten verbessern und sich mit ihm im Aufgeben und Lösen schwieriger Fragen messen. Ebenso ließ man mitunter auch die beiden Hälften einer Klasse oder verschiedene Klassen gegeneinander antreten. Besonders gute und fleißige Schüler wurden mit Ehrenämtern (*magistratus*) belohnt; so gab es etwa nach dem Vorbild der römischen Armee «Dekurionen», die als Vorgesetzte ihrer Kollegen fungieren durften und zugleich dem Lehrer zur Hand gingen. Ein eigenes Kapitel widmet die *Ratio* der feierlichen Prämierung der besten Schüler im Rahmen des Festaktes, der anfangs zur Eröffnung des neuen Schuljahres, später zum Jahresabschluss stattfand.

Ein sicheres Auftreten in der Öffentlichkeit war schon deshalb ein erstrebenswertes Bildungsziel, weil der Großteil der Jesuitenschüler sich, obwohl kein Schulgeld verlangt wurde, aus der politischen und gesellschaftlichen Führungsschicht rekrutierte. Ihre Eltern sahen es natürlich gerne, wenn die Kinder außer sprachlichen und inhaltlichen Kenntnissen auch noch den Aplomb nach Hause brachten, den sie in Zukunft bei allen möglichen Gelegenheiten benötigen würden. In der Rhetorikklasse mussten die Schüler zu diesem Zweck im Unterricht oder vor einem größeren Publikum Reden und Gedichte deklamieren, im Philosophie- und im Theologiekurs wurden Disputationen abgehalten. Vor allem aber entdeckten die Jesuiten – einmal mehr im Anschluss an protestantische Vorgänger – das Theaterspielen als vergnügliches und effizientes Mittel, zugleich die Sprachgewandtheit ihrer Zöglinge und deren selbstsicheres Auftreten vor Publikum zu fördern.

Schulbücher: Grammatiken, Elegantiae, *Schülergespräche*

Wenn oben erwähnt wurde, dass die *Ratio studiorum* unter anderem festlegte, welche modernen Lehrbücher zu verwenden seien, so war das keine jesuitische Spezialität: Die Forderung nach Einheitlichkeit der Unterrichtsmittel findet sich in vielen Studienordnungen der frühen Neuzeit wieder. Sie stellt ein besonders charakteristisches Beispiel für das zeittypische Streben nach Standardisierung des Unterrichts insgesamt dar. Nimmt man das Bedürfnis, die mittelalterlichen Lehrmittel zu ersetzen, und die neuen Möglichkeiten hinzu, die der Buchdruck eröffnete, so überrascht es nicht, dass auf diesem Gebiet eine vielfältige und zum Teil durchaus innovative Produktion einsetzte. Zumindest einige wichtige Arten von Schulbüchern seien kurz angesprochen.[16]

Von zentraler Bedeutung war die Reform der Lateingrammatik (an ihrem Modell orientierte Grammatiken anderer Sprachen, allen voran des Griechischen, kamen im Laufe der Zeit hinzu).[17] Die verbreitetste Grammatik des späteren Mittelalters jenseits des Anfängerunterrichts war das um 1200 entstandene *Doctrinale* («Lehrbuch») des Alexander de Villa Dei, das in über 2600 Hexametern eine Fülle von Regeln zu Deklination, Konjugation, Syntax, Prosodie (der Lehre von den Silbenlängen), Metrik und Figurenlehre vermittelte. Darüber hinaus drangen Vorstellungen der philosophisch inspirierten *grammatica speculativa* («Spiegelgrammatik») in den Unterricht ein, einer Richtung, die zu zeigen versuchte, dass und wie die Struktur der außersprachlichen Wirklichkeit sich in derjenigen der lateinischen Sprache widerspiegle.

Beide, Alexander wie die spekulativen Grammatiker, die sogenannten Modisten, avancierten zu Feindbildern der Humanisten. Sowohl die Überfülle an Regeln, die das (noch dazu sprachlich selbst nicht recht klassische) *Doctrinale* bot, als auch die Überfrachtung des Unterrichts mit tiefschürfenden Philosophemen waren ihnen ein Greuel.[18] Ihrem Verständnis nach sollte eine gute Grammatik ausschließlich didaktische Zwecke verfolgen und das wichtigste grammatische Wissen unter Rekurs auf den Sprachgebrauch der anerkannten antiken Autoren in knapper und eingängiger Form vermitteln. Möglichst bald sollten die Schüler ein Niveau erreichen, das es ihnen gestattete, das Lehrbuch zur Seite zu legen und sich der Lektüre der Klassiker selbst zuzuwenden.

Das Schulwesen ist bekanntlich ein träges System, und das tatsächliche Reformtempo blieb hinter der Programmatik der Vorworte zurück. Mancherorts hielten sich die mittelalterlichen Autoritäten bis ins 16. Jahrhundert, und auch manche ‹humanistische› Grammatik blieb *de facto* in vieler Hinsicht ihren Vorgängerinnen verpflichtet. In Italien zum Beispiel wurde bis gegen 1500 hauptsächlich alter Wein in neue Schläuche gefüllt.[19] Im Laufe der Zeit jedoch begannen die Grammatiken ihren neuen Zielen besser zu entsprechen. Werke wie Niccolò Perottis *Rudimenta grammatices* («Anfänge der Grammatik», 1474), die grammatischen Schriften von Johannes Despauterius (seit 1511) und William Lily (mit Hilfe von Erasmus und anderen, seit 1513),[20] Melanchthons *Grammatica Latina* (1525/26) und Manuel Álvares' *De institutione grammatica* («Grammatikunterricht», 1572) – das Buch, das die *Ratio studiorum* vorschrieb – wurden zu Bestsellern. Schon das Layout dieser Grammatiken mit ihren übersichtlichen Deklinations- und Konjugationstabellen lässt erahnen, dass sich nach ihnen ganz anders Latein lernen ließ als nach dem *Doctrinale* (Abb. 7). Manche von ihnen erlebten hunderte von Auflagen und blieben, häufig in gekürzter, erweiterter, umgearbeiteter und in die Volkssprachen übersetzter Form, bis ins 18. und 19. Jahrhundert in Gebrauch. Die heutigen Lateingrammatiken stehen trotz der Verwissenschaftlichung der Disziplin im 19. Jahrhundert[21] ebenso in ihrer Tradition wie die Grammatiken der Nationalsprachen, die im Laufe der Zeit nach ihrem Vorbild entstanden.

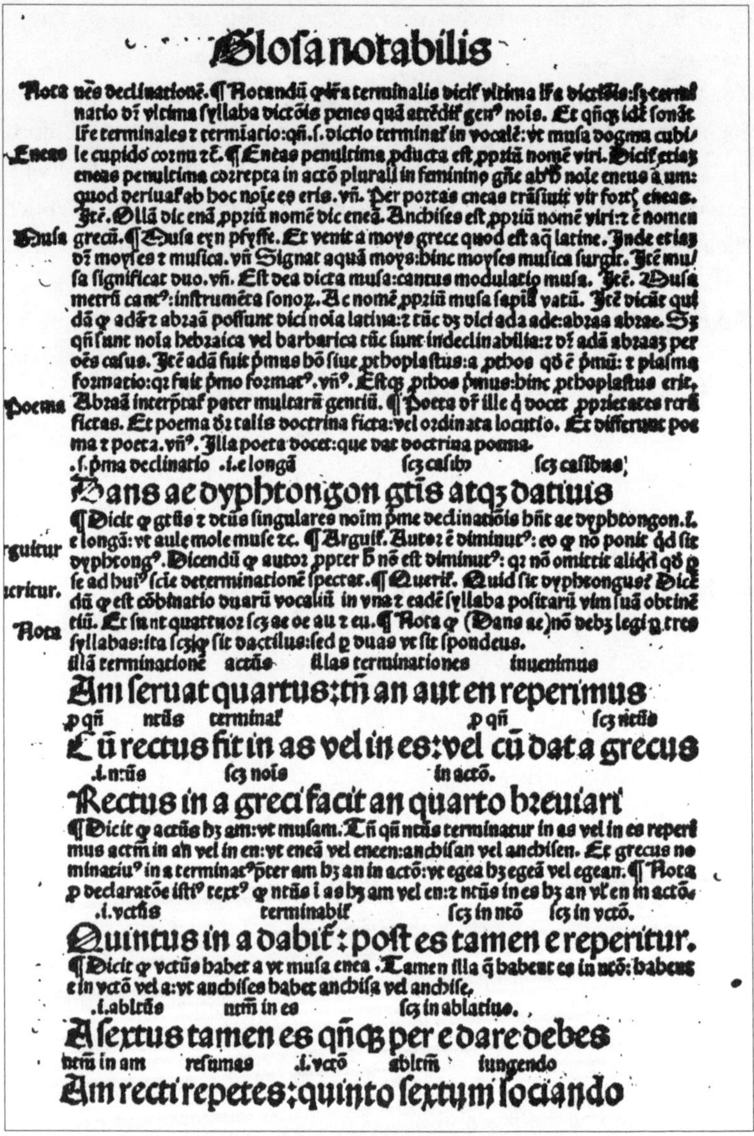
Glosa notabilis

Dans ae dyphtongon gtis atqz datiuis

Am seruat quartus: tn̄ an aut en reperimus

Cū rectus fit in as vel in es: vel cū dat a grecus

Rectus in a greci facit an quarto breuiari

Quintus in a dabit: post es tamen e reperitur.

A sextus tamen es q̄nq3 per e dare debes

Am recti repetes: quinto sextum sociando

Abb. 7 Zwei Seiten aus der Ausgabe Basel 1506 des *Doctrinale* mit dem im späten 14. Jahrhundert verfassten Kommentar, der *Glosa notabilis*, des Gerard Zerbold van Zutphen bzw. aus der Ausgabe Nürnberg 1540 von Melanchthons *Grammatica Latina*. Es wird jeweils dasselbe Thema behandelt, nämlich die Substantive der ersten Deklination.

NOMINVM.

omnia, quæ AS, ES, aut E finiunt, ueteresq; per A ea efferebant, dicebantq; pro Anchises Anchisa, perinde ut pro Demeas, Demea: pro Chæreas, Chærea.

Paradigma.

Singulare.		Plurale.	
hæc	Musa	hæ	Musæ
huius	Musæ	harũ	Musarum
huic	Musæ	his	Musis
hanc	Musam	has	Musas
ô	Musa	ô	Musæ
ab hac	Musa.	ab his	Musis.

Ex his casibus quidam figuram admittunt. Nam Virgilius diphthongum, quæ est in genitiuis, diuisit, cum inquit: Aulaï in medio &c.

Et, Pictaï uestis &c.

Item, Vis aquaï.

Priscum est, quod & Priscianus annotauit, genitiuos singulares nominum purorum in A, per AS exire: ut hæc Maia, huius Maiâs, pro Maiæ. Et constat hoc Græcorum imitatione fieri. Atq; inde genitiuus familiâs pro familiæ, remansit in his nominibus, Paterfamilias, Materfamilias, Filiusfamilias &c.

Virgilius aũt etiã Auras, pro Auræ, genitiuo fecit, ut =Nihil ipsa nec aurâs,

Nec sonitus memor.

Et genitiuo plurali nõnunquam Syncope admittitur: ut, Terrigenûm, pro Terrigenarum: Troiugenûm, pro Troiuge-

Während die lateinische Schulgrammatik im Mittelalter durchaus bekannt war und an der Wende zur Neuzeit ‹nur› grundlegend reformiert wurde, dürfen einige andere Hilfsmittel für den Lateinunterricht mit Fug und Recht humanistische Erfindungen heißen. Manche dieser neuen didaktischen Gattungen waren vom Wunsch motiviert, den Schülern nicht nur grammatisch korrektes, sondern idiomatisch perfektes Latein beizubringen, also eine Sprache, die ein Römer aus der Zeit Ciceros nicht von seiner eigenen hätte unterscheiden können. *Aliud esse Latine, aliud grammatice loqui* («Eines sei es, wirklich lateinisch, etwas anderes, nur grammatisch korrekt zu sprechen»), hatte schon Quintilian festgehalten (*Institutio* 1,6,27), und dieser Leitsatz wurde gerne und häufig zitiert.

Das Genre, das diesem Bedürfnis am direktesten entgegenkam, hob im Jahr 1449 der große italienische Humanist, Philologe und Altertumswissenschaftler Lorenzo Valla mit seinen *Elegantiae linguae Latinae* aus der Taufe.[22] Schon der Titel, «Feinheiten der lateinischen Sprache», macht deutlich, worauf es dem Autor ankam. Die sechs Bücher behandeln in kunterbuntem Durcheinander, aber mit stupender Quellenkenntnis und seit der Antike nicht dagewesenem Sprachverständnis eine Fülle von Einzelfragen zum lateinischen Sprachgebrauch: Sagt man für «den Göttinnen» *deis* oder *deabus*? Was unterscheidet *memoria mea* von *memoria mei*? Auf wieviele Arten lässt sich ein Befehl formulieren? Kann man *descendo* auch gebrauchen, wenn es eigentlich gar nicht bergab geht? Hat der römische Lexikograph Sextus Pompeius Festus (2. Jahrhundert n. Chr.) den Unterschied zwischen *exemplum* und *exemplar* richtig bestimmt? Was uns heute als Wust sprachlicher Kuriosa erscheinen mag, traf einen Nerv der Zeit. Das Werk erregte sofort größtes Aufsehen, wurde fleißig abgeschrieben, schon 1471 gedruckt und bis gegen Ende des 18. Jahrhunderts immer wieder aufgelegt, oft mit Anmerkungen späterer Fachgrößen wie Erasmus, Guillaume Budé oder Julius Caesar Scaliger. Der chaotischen Anordnung half man mit umfangreichen Indizes ab. Und weil das mehrhundertseitige Opus mit seiner immensen Gelehrsamkeit denn doch nicht jedem Schüler zuzumuten war, erschienen bald handlichere Kurzfassungen, die ebenfalls großen Erfolg hatten. In Vallas Kielwasser entstanden zahlreiche weitere *Elegantiae*, und schließlich wurde der Ertrag all dieser Bemühungen seit dem 16. Jahrhundert in alphabetische Form gegossen. Damit war die sogenannte Antibarbarus-Literatur geboren, die zahllose Generationen von Lateinschreibern vor stilistischen Lapsus bewahrte und deren letzter Vertreter, der *Antibarbarus der lateinischen Sprache* von Johann Philipp Krebs und Joseph Hermann Schmalz (^{7}1905–07), auch Studenten unserer Tage noch wohlbekannt ist.

Näher als *Elegantiae* und *Antibarbari* dürfte uns heute indes eine weitere humanistische Neuschöpfung liegen, die ebenfalls auf souveräne Lateinbeherrschung abzielte, sich dabei aber auf den mündlichen Sprachgebrauch konzentrierte: die Schülergespräche.[23] Verfasst etwa zwischen 1480 und 1600, nachgedruckt und in didaktischem Gebrauch bis ins 18. Jahrhundert, sind sie ein guter Beleg für die in mancher Hinsicht erstaunliche Modernität des vormodernen Lateinunterrichts: In ihrer Intention, die Schüler zum zwanglosen, situationsgemäßen Lateinsprechen hinzuführen, nahmen sie die Kommunikative Wende, die der Sprachunterricht der 1970er-Jahre mit großem Neuheitspathos vollzog, um ein halbes Jahrtausend vorweg.

Die Bezeichnung «Schülergespräche» hat eine Doppelbedeutung: In der Regel, wenn auch nicht immer, waren diese Dialoge nicht nur dazu bestimmt, von Schülern durchgearbeitet zu werden, die Personen, die in ihnen zu Wort kommen, sind auch selbst Schüler. Dementsprechend drehen sie sich in vielen Fällen um den Alltag, häufig sogar um den Schulalltag der Kinder und vermitteln alltagstaugliche Ausdrücke und Wendungen. Das macht sie nicht nur zu einer interessanten Quelle für die Sozialgeschichte der frühen Neuzeit (zum Beispiel sind sie eine Fundgrube für damalige Kinderspiele), sondern verleiht ihnen auch eine Selbstbezüglichkeit, die gleichermaßen zur Quelle des Witzes wie der Ermahnung zu Moral und Lerneifer werden kann. Beides kommt etwa in dem häufig anzutreffenden Fall zum Tragen, in dem ein fauler und ein fleißiger Schüler ihre Ansichten austauschen. Im folgenden Beispiel, dem ersten Stück aus den *Colloquia scholastica* (1564) des Maturinus Corderius, wird dieses geläufige Schema sogar schon spielerisch auf den Kopf gestellt – der scheinbar Faule und Dumme entpuppt sich zum Schluss als der Klügere:

B(ernardus): *Salve, Claudi.* – C(laudius): *Tu quoque salvus sis, Bernarde.* – B: *Ludamus paulisper.* – C: *Quid ais, ineptule? Vix scholam ingressus es, et iam de ludo loqueris?* – B: *Ne irascaris, quaeso.* – C: *Non irascor.* – B: *Quid ergo sic exclamas?* – C: *Accuso tuam stultitiam.* – B: *Non licet igitur ludere?* – C: *Immo licet; at cum tempus est.* – B: *Vah! Tu nimium sapis.* – C: *Utinam tantum saperem satis! Sed mitte me, quaeso, ut repetam quae mox reddenda erunt praeceptori.* – B: *Aequum dicis: Volo ego quoque tecum repetere, si tibi placet.* – C: *Eho! Quid hoc est? Quid sibi vult ista tam subita mutatio? Nonne tu modo loquebaris de lusu?* – B: *Loquebar quidem, sed non serio.* – C: *Cur simulabas?* – B: *Ut paucis tecum fabularer.* – C: *Quid illud prodest?* – B: *Etiam rogas? Nunquam audivisti ex praeceptore?* – C: *Nunc mihi non occurrit: Quid, inquam, prodest confabulari?* – B: *Ad nos in Latina lingua exercendos.* – C: *Profecto recte putas, et ego te nunc magis amo.* – B: *Habeo tibi gratiam: Age, repetamus praelectionem; nam brevi praeceptor aderit.*

B(ernhard): Grüß dich, Claudius. – C(laudius): Grüß dich auch, Bernhard. – B: Spielen wir ein bisschen! – C: Was sagst du, kleiner Narr? Kaum hast du das Schulhaus betreten und redest schon vom Spiel? – B: Werde nicht zornig, bitte. – C: Werde ich nicht. – B: Warum schreist du dann so? – C: Ich klage deine Dummheit an. – B: Darf man denn nicht spielen? – C: Doch, aber dann, wenn es Zeit dafür ist. – B: Hui, du bist ja ein ganz Gescheiter! – C: Wäre ich nur schon gescheit genug! Aber lass mich, bitte, damit ich wiederholen kann, was ich bald dem Lehrer aufsagen muss. – B: Du hast recht; auch ich will es mit dir wiederholen, wenn du einverstanden bist. – C: Oho! Was ist denn das? Was soll dieser plötzliche Sinneswandel? Hast du nicht eben noch vom Spiel gesprochen? – B: Ja freilich, aber nicht im Ernst. – C: Warum hast du nur so getan? – B: Um ein wenig mit dir zu plaudern. – C: Wozu soll das gut sein? – B: Das fragst du noch? Hast du es denn vom Lehrer nie gehört? – C: Jetzt fällt es mir gerade nicht ein. Wozu also soll das Plaudern gut sein? – B: Dazu, dass wir uns im Lateinischen üben. – C: Damit hast du ganz recht! Jetzt habe ich dich noch lieber! – B: Dank dir! Los, wiederholen wir das Vorgetragene, denn der Lehrer wird bald da sein.

Hier haben wir es mit einem kurzen und einfachen Beispiel zu tun. Schülergespräche können aber auch umfangreich, sprachlich komplex und inhaltlich voraussetzungsreich ausfallen. Bei Autoren wie Erasmus (*Colloquia familiaria*, «Gespräche unter Bekannten», erstmals 1518) oder Juan Luis Vives (*Linguae Latinae exercitatio*, «Übung im Lateinischen», 1539) wachsen sie sich zu kleinen literarischen Kunstwerken aus. Nicht selten tragen die Texte innerhalb einer Sammlung auch dem Lernfortschritt der Schüler Rechnung: Sie werden allmählich länger und schwieriger, nicht anders als die Dialoge, die in keinem modernen Englisch- oder Französischlehrbuch fehlen dürfen.

Im Unterricht selbst konnten die Schülergespräche auf zweierlei Arten zum Einsatz kommen: Zum einen wurden sie, vermutlich mit verteilten Rollen, gelesen, analysiert und übersetzt. Man wollte ja möglichst bald von der Grammatik zum Lesen zusammenhängender Texte übergehen; während die Klassiker für diesen Zweck oft zu schwierig waren, boten sich einfache Dialoge als Einstiegslektüre an. Zum anderen ließ man die Gespräche auswendig lernen und szenisch vortragen. In dieser Gestalt boten sie einen gewissen Ersatz für das Schuldrama, dessen didaktischer Nutzen hoch im Kurs stand, das aber so aufwendig war, dass man es kaum in den regulären Unterricht integrieren konnte.

Res et verba: *Comenius*

Man gab sich also alle Mühe, den Unterricht lebendig und effizient zu gestalten – zumindest in der Theorie. Die Praxis muss vielerorts anders ausgesehen haben, denn schon bald sahen sich die Humanisten ähnlichen Anschuldigungen und Klagen ausgesetzt, wie sie sie selbst gegen ihre mittelalterlichen Vorläufer erhoben hatten[24] (und wie sie die Geschichte des Lateinunterrichts bis heute begleiten): Man unterrichte pedantisch, realitätsfern und ineffizient, quäle die Schüler mit grammatischen Spitzfindigkeiten und totem Wissen aus heidnischen Zeiten. So vergeudeten die Kinder die besten Jahre ihres Lebens und sprächen am Ende nicht einmal fließend Latein – wo doch jeder Koch oder Stallknecht, den es ins Ausland verschlage, die fremde Landessprache in wenigen Monaten von selbst lerne! Im 17. Jahrhundert verschärfte sich diese Kritik unter dem Einfluss philosophischer Strömungen wie des Rationalismus und des Empirismus, des Aufstiegs der Naturwissenschaften und der frühbarocken Staatsräson.[25] Immer lauter wurden nun Forderungen nach methodischer Fundierung, Systematik und Sachbezogenheit des Unterrichts.

Das ist der Hintergrund, vor dem wir uns zum Schluss dieses Kapitels kurz Johann Amos Comenius (1592–1670) zuwenden wollen,[26] dem größten Didaktiker des 17. Jahrhunderts und dem letzten Denker von internationaler Bedeutung auf diesem Gebiet, der seine Erkenntnisse noch hauptsächlich auf Latein publizierte.[27] Comenius hinterließ ein ausuferndes Lebenswerk aus philosophischen, theologischen, politischen, pädagogisch-didaktischen und anlassbezogenen Schriften. Letztlich wurde er vor allem durch den didaktischen Teil seines Œuvres berühmt, doch ist diese Didaktik in einen großen Rahmen eingespannt: Zum einen zielt sie auf das Seelenheil des Einzelnen und auf eine Besserung der desolaten politischen Verhältnisse ab – Comenius lebte zur Zeit des Dreißigjährigen Krieges –, zum anderen fußt sie ihrerseits auf einer klar artikulierten philosophischen Grundlage, die sich am besten als eine persönliche Ausprägung des zeittypischen Universalismus verstehen lässt. Comenius hat dafür selbst den Begriff *pansophia*, «Allweisheit», geprägt. Gemeint ist damit im Wesentlichen, dass das Universum, das Gott als ein kohärentes, strukturiertes Ganzes erschaffen hat, sich grundsätzlich vollständig in ein System sprachlicher Zeichen umsetzen und somit genau im menschlichen Denken abbilden lässt. Das Wissen von der Welt ist also ebenfalls ein Ganzes.

Daraus folgt nun – und damit gehen wir von der Philosophie zur Didaktik über –, dass dieses Wissen auch auf eine Weise vermittelt werden muss, die seiner Ganzheit angemessen ist: Die Lernstoffe müssen untereinander zusammenhängen und so systematisch vorgetragen werden, dass dieser Zusammenhang immer klar ersichtlich bleibt. *Idealiter* erhält der Schüler (oder die Schülerin: Comenius war ein Vorkämpfer der Schulbildung für beide Geschlechter) derart gedanklichen Zugriff auf die gesamte Wirklichkeit. Über die Inhalte und ihre sachliche Verknüpfung hinaus muss aber auch die Methodik des Unterrichts sich nach der großen Ordnung der Schöpfung oder, wie Comenius gerne sagt, nach der Natur richten. Konkret bedeutet das in erster Linie Rücksicht auf die kindliche Psychologie und völligen

Verzicht auf Zwang und Gewalt. *Omnia sponte fluant, absit violentia rebus* («Alles fließe von selbst, fern sei die Gewalt von den Dingen») lautet ein Lieblingsmotto von Comenius.

Steht er damit in einer Traditionslinie mit Erasmus, so entfernt er sich in anderer Hinsicht deutlich von diesem: Die Kenntnis der Muttersprache (und gegebenenfalls moderner Fremdsprachen) ist in seinen Augen mindestens so wichtig wie die des Lateinischen. Die Sinne, insbesondere der Sehsinn, spielen beim Lernen eine Schlüsselrolle, denn Comenius ist sich mit den zeitgenössischen Empiristen einig: *Nihil est in intellectu, quod non prius fuerit in sensibus* («Nichts ist im Verstand, was nicht zuvor in den Sinnen gewesen wäre»). Aus diesem Grund darf der Unterricht auf keinen Fall in reine Wortgelehrsamkeit abgleiten, die kein echtes Wissen vermittelt und lebenspraktisch irrelevant ist – auch das eine Gefahr, der sprachverliebte Humanisten wie Erasmus nicht immer entgangen sind: *Verba sine re Erasmus* («Erasmus: Worte ohne die Sache») hatte Luther diesen einmal charakterisiert – boshaft und überspitzt, aber nicht ohne ein Körnchen Wahrheit.[28] Für Comenius dagegen müssen *res et verba*, Worte und Dinge, stets zusammen gelernt werden.

Auf Grundlage dieser Prämissen entstanden zum einen weit ausgreifende, allgemein gehaltene Entwürfe wie die *Didactica magna* («Große Didaktik») und die *Pampaedia* («Allerziehung»), zum anderen eine Fülle von Lehrwerken zur Verwendung in der Schule. Jene tragen teilweise utopistische Züge und befruchten die pädagogische und didaktische Diskussion bis heute, konkrete Auswirkungen auf den Unterricht in der frühen Neuzeit hatten sie aber kaum. Die Schulbücher dagegen erfreuten sich, wie Druck- und Übersetzungsgeschichte zeigen, von Anfang an hoher Beliebtheit und reger Verwendung, wobei den größten unmittelbaren Erfolg die *Ianua linguarum reserata* («Entriegelte Tür zu den Sprachen», 1631) erreichte. Als zweiter Teil eines vierstufigen Sprachlehrgangs konzipiert, bietet sie in hundert Kapiteln (und insgesamt tausend einfachen Sätzen) einen Überblick über ebenso viele Wortfelder, der von Gott ausgeht, wieder zu diesem zurückkehrt und dazwischen systematisch die gesamte Schöpfung durchnimmt.

(118)

LVII.

Convivium. Die Mahlzeit.

Cum apparatur	Wann angestellt wird
Convivium,	eine Mahlzeit /
Mensa sternitur	wird der Tisch (Tafel)
Tapetibus 1	gedeckt mit Teppichen 1
& *Mappâ*, 2	und dem Tischtuch 2
à *Triclinariis*,	von den Tafeldeckern /
qui præterea apponunt	welche überdas auflegen
Discos (Orbes) 3	die Teller / 3
Cochlearia, 4	Löffeln / 4
Cultros, 5	Messer 5
cum *Fuscinulis*, 6	und Gabeln / 6
Mappulas, 7	Tellertüchlein / 7
Panem 8	Brod 8

cum

Abb. 8
Kapitel 57, «*Convivium*/ Die Mahlzeit», aus der lateinisch-deutschen Ausgabe Nürnberg 1664 von Comenius' *Orbis sensualium pictus*.

Die langfristigste Wirkung entfaltete dagegen der *Orbis sensualium pictus* («Gemalter Weltkreis der Sinnesgegenstände»), das einzige Werk des Comenius – und eines von wenigen der neulateinischen Literatur –, das bis heute ohne größere Unterbrechungen immer wieder neu aufgelegt wird.[29] Gegliedert ist das Buch im Wesentlichen nach dem Vorbild der *Ianua*, wobei die Anzahl der Kapitel und Wortfelder allerdings auf 150 angewachsen ist. Außerdem ist ein ‹Tieralphabet› vorangestellt, das die Kinder anhand von Tierlauten mit den einzelnen Buchstaben vertraut macht (zum Beispiel *Lupus ululat, lu ulu: L*, «Der Wolf heult ‹lu ulu›: L»), und das Ganze wird von zwei kurzen Gesprächen zwischen Lehrer und Schüler eingerahmt. Im Hauptteil werden Gott (Kap. 1), die Welt (Kap. 2–3), die unbelebte Natur

(Kap. 4–11), Pflanzen (Kap. 12–17), Tiere (Kap. 18–34), der Mensch (Kap. 35–43), Landwirtschaft (Kap. 45–58), Handwerk und Handel (Kap. 58–90), Bildung, Wissenschaft und Künste (Kap. 91–108), Tugenden (Kap. 109–17), Gesellschaft, Kultur und Politik (Kap. 118–43) und schließlich die Religion (Kap. 144–50) vorgestellt, wobei das Schlusskapitel dem Jüngsten Gericht gewidmet ist.

Was den *Orbis pictus* grundlegend von der *Ianua* unterscheidet, ist zum einen seine Bebilderung, zum anderen die Zweisprachigkeit (Abb. 8): Jedes Kapitel enthält, übersichtlich auf einer Doppelseite angeordnet, neben dem aus einfachen Sätzchen bestehenden, häufig zu Wortlisten tendierenden Text einen sorgfältig ausgeführten Holzschnitt, der diesen illustriert. Dabei kommen nur, wo es nicht anders geht (zum Beispiel bei den Tugenden), die damals so beliebten allegorischen Darstellungen zum Einsatz; wo immer möglich, wird eine anschauliche Illustration im modernen Sinne angestrebt. Text und Bild sind nach einem noch heute geläufigen Verweisschema durch Zahlen aufeinander bezogen. Der Text seinerseits ist nur in einer Frühfassung aus dem Jahr 1653 einsprachig lateinisch. Bereits 1658 erschien in Nürnberg die erste Ausgabe im seither gebräuchlichen Format, nämlich mit einer neusprachlichen, in diesem Falle deutschen Parallelversion (vom bekannten Barockautor Sigmund von Birken) sowie in einer dritten Spalte einer lateinisch-deutschen Wortliste.

Weder Bebilderung noch Mehrsprachigkeit war Mitte des 17. Jahrhunderts etwas grundsätzlich Neues, doch Comenius brachte diese didaktischen Hilfsmittel zu unerhörter Wirkung, indem er sie in ein ebenso einfaches wie schlüssiges Gesamtkonzept einband, das all seine Grundprinzipien realisierte: die Verbindung von *res* und *verba*, das Ansprechen der Sinne, die Berücksichtigung der Muttersprache, schließlich durch die Präsentation eines geschlossenen christlichen Weltbildes das Ideal der *pansophia*. Der Erfolg gab ihm recht: Der *Orbis pictus* wurde in den folgenden Jahrhunderten, fast immer unter Beibehaltung des lateinischen Textes, in alle wichtigen europäischen Sprachen übersetzt, selbst drei-, vier- und fünfsprachige Ausgaben entstanden. Das Buch kam nicht nur in den Lateinschulen zum Einsatz, sondern avancierte darüber hinaus zu einem Erstlesebuch in der Muttersprache, ja, wie Goethe zu berichten weiß,[30] zum ersten Kinderbuch überhaupt. Bildwörterbücher und Bildlexika unserer Zeit für Kinder wie Erwachsene sind seine Nachfahren.

Mit dieser Rezeptionsgeschichte ist der *Orbis pictus* aber nur ein, wenn auch besonders prominentes, Beispiel für die weitreichenden Folgen der neulateinischen Bildungspraxis und Bildungsdebatte im Allgemeinen – Folgen, die sich keineswegs auf Latein und die frühe Neuzeit beschränken: Der Lateinunterricht des Humanismus und der Folgezeit lieferte die Vorgaben für den Unterricht in der Muttersprache und den modernen Fremdsprachen, der damals erst schwach entwickelt und kaum institutionalisiert war.[31] Zusammen mit einem Fundus an bewährten Hilfsmitteln und Methoden vermachte er seinem Nachfolger auch ein großes Bündel an Problemen und Reformideen und steckte in vieler Hinsicht den Rahmen ab, in dem die Sprachdidaktik noch heute Schwierigkeiten diagnostiziert, Lösungsansätze formuliert und *turns* proklamiert. Auf einer allgemeineren Ebene geht der hohe Stellenwert an sich, den der Sprachunterricht trotz des Aufstiegs naturwissenschaftlicher und anderer Sachfächer nach wie vor besitzt, auf die humanistische Sprachbegeisterung zurück. Und betrachtet man die Sache noch grundsätzlicher, so hat die Bildungsfähigkeit und Bildungsbedürftigkeit des «Werkes von unbestimmter Gestalt» Bildung schlicht zu einem Zentralproblem des westlichen Denkens und das Bildungswesen zu einer Dauerbaustelle der modernen Gesellschaft werden lassen.

2

BRÜCKEN SCHLAGEN: ÜBERSETZUNG UND BRIEF

Im Laufe der frühen Neuzeit vernetzte sich Europa immer stärker. Das war nicht nur ein Phänomen des Personen- und Güterverkehrs, sondern betraf auch den Informationsaustausch. Voraussetzungen für den letztgenannten Aspekt waren neben besseren Verkehrswegen vor allem zwei Faktoren, ein neuer und ein altererbter: der Buchdruck mit seinen Folgeerscheinungen (Verlagswesen, Buchmessen, zunehmender Alphabetisierungsgrad usw.) und die lateinische Sprache als europäische *lingua franca*. Beide wurden in dieser Eigenschaft schon zu Beginn dieses Buches genannt, ebenso eine Reihe von Lebensbereichen, in denen das gesprochene Latein eine wichtige Rolle spielte (S. 14, 17–19). Im vorliegenden Kapitel soll nun der schriftliche, im weiteren Sinne literarische Gebrauch der Latinität als überregionales Kommunikationsmittel im Zentrum stehen. Natürlich konnte grundsätzlich jedem lateinischen Text, insofern er europaweit verständlich war, eine derartige Funktion zukommen, während sich andererseits keiner zur Gänze darauf reduzieren lässt. Für zwei Textsorten, die nicht zufällig auch im humanistischen Unterricht intensiv gepflegt wurden, war sie jedoch von besonderer Bedeutung und stellte ihren hauptsächlichen Daseinszweck dar: Übersetzung und Brief. Um sie wird es im Folgenden gehen.

Übersetzung

«Übersetzen» (*interpretari, vertere, transferre, traducere*)[1] deckte in vormoderner Zeit ein breiteres Spektrum von Arten des Umgangs mit einem Originaltext ab als heute: Ein *interpres* konnte seinen Autor nicht nur wörtlicher oder freier in die Zielsprache bringen, sondern ihn auch kürzen, ergänzen und korrigieren. Die Tradition des Lateinischen als Übersetzungssprache reicht bis in die Antike zurück, ja es gab vermutlich sogar sein Debüt als Literatursprache mit einer Übersetzung, als der aus Tarent stammende Lehrer Livius Andronicus im 3. Jahrhundert v. Chr. die griechische *Odyssee* unter dem Titel *Odusia* in lateinische Verse brachte. In der Folge wurden immer wieder Texte aller Art, von Komödien (Plautus, Terenz) bis hin zu philosophischen Dialogen (Cicero), aus dem Griechischen übertragen. Am Ende der Antike standen dann die Bemühungen um eine lateinische Bibel. Sie gipfelten nach den diversen Fassungen der sogenannten *Vetus Latina* («Alte Lateinische [sc. Bibel]») in der *Vulgata* («Allgemein Verbreitete») des Hieronymus, einem weiteren Meilenstein der Übersetzungsgeschichte. Schließlich machte man sich im alten Rom auch schon theoretische Gedanken zum Thema, wobei sich die beiden großen Übersetzer Cicero und Hieronymus auch in dieser Beziehung auszeichneten. Ciceros Unterscheidung zwischen wörtlicher, an der Ausgangssprache orientierter, und freier, zielsprachenbezogener Übersetzung wurde durch Hieronymus in die christliche Tradition überführt und hat bis heute ihre Gültigkeit bewahrt. Auch dass er sich die Freiheit nahm, zur Übersetzung philosophischer Fachbegriffe ins Lateinische neue Ausdrücke zu prägen, erwies sich als richtungsweisend.

Im Mittelalter übersetzte man weiterhin vor allem Texte der griechischen Antike ins Lateinische, häufig auf dem Umweg über ältere arabische Fassungen; hinzu traten Übersetzungen arabischer Originalwerke. In erster Linie handelte es sich dabei um philosophische und naturwissenschaftliche Texte; zwei Autoren von zentraler Bedeutung, die auf diese Weise dem lateinischen Mittelalter wenigstens teilweise zugänglich wurden, waren Aristoteles und Galen. Was die mittelalterlichen Übersetzungen des Aristoteles und seiner antiken Kommentatoren betraf, so hatte schon Boethius im frühen 6. Jahrhundert mit seinen lateinischen Versionen des *Organon* den Anfang gemacht. Mit ihrer Nachbildung der aristotelischen Fachterminologie wurden sie zu einem wichtigen Ansatzpunkt für das scholastische Latein, das später den Hass der Humanisten auf sich ziehen sollte.[2]

Seit dem 15. Jahrhundert erlebte das lateinische Übersetzungswesen einen rasanten Aufschwung. Das hatte mehrere Gründe: Übersetzen stellte für Schüler und Autodidakten ein probates Mittel dar, sich in der Ausgangssprache zu üben und zugleich ihr Latein zu polieren; so übertrug etwa Elisabeth I. (1533–1603), eine ausgezeichnete Latinistin, schon mit zwölf bzw. vierzehn Jahren erbauliche religiöse Schriften aus dem Englischen bzw. Italienischen.[3] Auch die Lust am Wettkampf mit dem oft berühmten Original, das man zu erreichen oder gar zu übertreffen suchte, spielte mitunter eine Rolle.[4] Am wichtigsten aber war die Tatsache, dass durch den Buchdruck nun erstmals ein eigentlicher Markt für Übersetzungen entstand: Hinfort konnte man mit ihnen nicht mehr nur auf punktuelle Bedürfnisse reagieren, sondern gezielt neue Käuferschichten ansprechen und so Umsatz und Gewinn steigern.

Der resultierende Boom betraf zum einen wiederum Übersetzungen aus dem Griechischen,[5] zum anderen aber auch solche aus zahlreichen neuen Ausgangssprachen. Die griechische Literatur wurde im Westen allmählich wieder in größerem Umfang bekannt, und man konnte Griechisch lernen, ohne dass sich doch Griechischkenntnisse je so weit verbreitet hätten, dass Übersetzungen überflüssig geworden wären. Gleichzeitig genügten die bereits vorhandenen mittelalterlichen Versionen den neuen Lateinstandards in keiner Weise. Sie wurden, oft unter heftiger Polemik, durch Neuübersetzungen abgelöst. Ein prominentes Beispiel hierfür ist etwa Leonardo Brunis Übertragung der *Nikomachischen Ethik* des Aristoteles, die auf der mit Vehemenz vorgetragenen Überzeugung beruht, Aristoteles sei ein glänzender Stilist gewesen, dessen Texte jedoch von seinen mittelalterlichen Übersetzern verunstaltet worden seien. Bruni löste damit eine Kontroverse aus, in deren Zuge er mit *De interpretatione recta*

(«Richtiges Übersetzen») den ersten theoretischen Traktat zum Thema verfasste.[6] Viele weitere sollten folgen. Einen Gipfelpunkt erreichte dieses neue Genre in der über 600 Seiten starken *Interpretatio linguarum* («Übersetzung», 1559) des englischen Theologen Lawrence Humphrey, einem *opus magnum*, das schon aufgrund seiner klar und eloquent formulierten Einsicht in die fundamentale kulturgeschichtliche Bedeutung des Übersetzens bemerkenswert ist:[7]

> *Haec, ut brevi complectar omnia, mundum ostendit, Europae, Asiae, Aphricae divitias explicando, ex Graecia liberalium disciplinarum circulum deportando, nova, ritus, mores, instituta ex Germania, Gallia, Italia, Hispaniis, ab extremis mundi partibus apportando, contractus, foedera, amicitias, affinitates hominum cum hominibus ignotissimis constituendo. Coelum monstrat denique, cum ex Iudaea afferat coelestia, Legem, vaticinia religionisque arcana, Evangelium, salutem per Christum aeternam Novumque Testamentum interpretetur.*

> Die Übersetzung zeigt uns, um alles kurz zusammenzufassen, die ganze Welt, indem sie Europas, Asiens, Afrikas Reichtümer ausbreitet, aus Griechenland den Kreis der eines freien Menschen würdigen Fächer zu uns holt, aus Deutschland, Frankreich, Italien, Spanien, aus den entlegensten Teilen der Welt Neuigkeiten, Bräuche, Sitten, Einrichtungen herbeiträgt, Vereinbarungen, Verträge, Freundschaften, Verwandtschaften unter einander völlig unbekannten Menschen zustande bringt. Schließlich zeigt sie uns auch den Himmel, wenn sie aus Judäa himmlische Dinge herbeibringt, das Gesetz, die Worte der Propheten und die Geheimnisse der Religion, die frohe Botschaft, das ewige Heil durch Christus und den Neuen Bund auslegt.

Zusätzlich zu den schon im Mittelalter latinisierten Werken wurde praktisch die gesamte griechische Literatur in dem Maße, wie sie in Mittel- und Westeuropa zugänglich wurde, ins Lateinische übertragen, von der Philosophie über die griechischen Kirchenväter, die Naturwissenschaft und Fachschriftstellerei bis hin zur Historiographie und zur Belletristik. Die lateinischen Versionen konnten dabei ganz unterschiedliche Ziele verfolgen, sachliche (Vermittlung der im Original enthaltenen Informationen) ebenso wie literarische (stilistischer Wettstreit mit dem griechischen Text) und pädagogische (Hinführung zu diesem). Manche populären Texte wurden bis zu einem Dutzend Male und öfter übersetzt. Dem humanistischen Kampfruf *Ad fontes!*

zum Trotz waren die griechischen Autoren in diesen Übersetzungen weiter verbreitet und wurden mehr gelesen als im Original. In der Regel wurde die Übersetzung sogar vor dem griechischen Text publiziert. So erschien zum Beispiel die erste Edition der griechischen *Ilias* im Jahr 1488, in der lateinischen Prosafassung von Lorenzo Valla war Homers Epos aber schon 1474 gedruckt worden.

Gleichzeitig traten zu den Übersetzungen aus dem Griechischen, die bisher (in weitem Abstand gefolgt von solchen aus dem Arabischen und Hebräischen) das Feld beherrscht hatten, Übertragungen aus einer Fülle neuer Idiome. In erster Linie handelte es sich dabei um die aufstrebenden Volkssprachen Europas, daneben wurde aber auch aus außereuropäischen Sprachen wie dem Türkischen, Persischen und Chinesischen übersetzt. Peter Burke[8] macht in einem hilfreichen Überblick über dieses weite, noch kaum erschlossene Feld nicht weniger als 1140 solcher lateinischer Versionen namhaft, und das, obwohl er mehrere Kategorien von Texten ausschließt: Übersetzungen nach 1800 (zum Beispiel von Shakespeares *Sonnets*, *Robinson Crusoe*, *Faust*, dem *Kalevala*, dem *I Ging*, *Max und Moritz* und *Asterix*), solche anonymer Texte wie der Bibel oder des *Reineke Fuchs*, ungedruckte bzw. auf Basis eines ungedruckten Manuskripts entstandene sowie Fragmente und kurze Texte, zum Beispiel Einzelgedichte.

Diese Praxis mag zunächst überraschen. Man würde weit eher erwarten, dass nicht aus den lebenden, leicht zugänglichen Sprachen in die tote Gelehrtensprache, sondern wie heute aus dieser in jene übersetzt worden wäre. Tatsächlich waren die Übersetzungen aus dem Lateinischen noch einmal wesentlich zahlreicher.[9] Nicht nur antike Klassiker, sondern auch zeitgenössische Bestseller wurden geradezu massenweise übertragen: Belletristik wie John Barclays Erfolgsroman *Argenis* (1621) fand ebenso den Weg in die Volkssprachen wie wissenschaftliche Werke, etwa Samuel von Pufendorfs *De iure naturae et gentium* (1672, deutsch als *Vom Natur- und Völcker-Rechte* 1711).

Wichtiger aber waren trotzdem die Übersetzungen in der Gegenrichtung: Während die Übertragung eines lateinischen Werkes in eine Volkssprache diesem nur den Weg zu den weniger gebildeten Kreisen eines einzelnen Sprachraums ebnete, verschafften sie einem volkssprachlichen Autor die Möglichkeit, europaweit die intellektuellen Eliten zu erreichen. Tatsächlich wurden lateinische Versionen volkssprachlicher Werke in der Regel öfter und länger nachgedruckt als die Originale. Im Übrigen konnten Latein und die Volkssprachen in dieser Hinsicht auch Hand in Hand arbeiten, wenn nämlich die lateinische Übertragung eines vernakularen Textes zum Ausgangspunkt weiterer volkssprachlicher Übersetzungen wurde. So latinisierte etwa der schwäbische Wanderhumanist Jakob Locher Sebastian Brants *Narrenschiff* (1494), das erfolgreichste deutschsprachige Buch seiner Zeit, als *Stultifera navis* (1497), und diese Version wurde dann ins Französische, Niederländische und Englische weiterübertragen.[10]

Das Übersetzen aus den Volkssprachen setzte in den Jahrzehnten um 1500 ein, zunächst allerdings nur in bescheidenem Ausmaß: Der Markt für Druckerzeugnisse war erst im Entstehen, und vermutlich kam man bei den meisten volkssprachlichen Texten noch gar nicht auf die Idee, sie könnten der Ehre einer lateinischen Fassung würdig sein. Die Produktion schwoll jedoch von Jahrzehnt zu Jahrzehnt an, bis sie in der ersten Hälfte des 17. Jahrhunderts ihren Höchststand erreichte. Danach ging sie in dem Maße, wie sich Kenntnisse der modernen Fremdsprachen verbreiteten und das Lateinische als internationale *lingua franca* an Boden verlor, allmählich zurück. Die wichtigsten Sprachen, aus denen übersetzt wurde, waren die der großen, aufstrebenden Nationalliteraturen: An erster Stelle stand das Italienische, gefolgt von Französisch, Englisch, Spanisch und Deutsch. Daneben leisteten auch kleinere Idiome wie Niederländisch, Portugiesisch oder Schwedisch ihren Beitrag. Weil sie im Rest Europas kaum jemand beherrschte, waren ihre Literaturen sogar häufig besonders lange auf das Lateinische angewiesen, wollten sie sich einem internationalen Publikum vorstellen. Die mittelalterlichen Sagas und Geschichtswerke Islands etwa wurden noch im 18. und in der ersten Hälfte des 19. Jahrhunderts lateinisch gedruckt.[11] Bedarf an lateinischen Übersetzungen aus den Volkssprachen bestand, wie die Druckorte zeigen, in erster Linie in der nördlichen Hälfte Europas, wobei sich der deutschsprachige Raum besonders hervortat. Das passt gut zur Verspätung des Deutschen als Literatur- und Übersetzungssprache gegenüber den anderen großen Sprachen Europas und zur Vitalität und Langlebigkeit der lateinischen Tradition im deutschen Sprachraum.

Bei den übersetzten Texten handelt es sich großteils um kurz zuvor erschienene Werke, deren Erfolg im lokalen Idiom ihnen gute Chancen auf dem internationalen Markt einzuräumen schien. Übersetzungen älterer, gar mittelalterlicher Literatur wie der eben genannten Sagas sind eher die Ausnahme. Mitunter wurde ein Buch bereits im Zuge der Drucklegung übersetzt und erschien dann gleichzeitig in einer modernen und in der alten Sprache. Ein berühmtes Beispiel für diese Praxis ist die Weltchronik des Hartmann Schedel, die 1493 sowohl in einer deutschen als auch in einer etwas umfangreicheren lateinischen Version herauskam. In vielen Fällen waren es sogar die Autoren selbst, die ihre eigenen Werke übersetzten.[12]

Thematisch stehen an erster Stelle religiöse Texte. Sie machen insgesamt über ein Drittel der Produktion aus, wobei etwa dreimal so viel katholische wie protestantische Werke übersetzt wurden und ein Schwerpunkt auf dem Erbauungsschrifttum lag. An zweiter Stelle kommen historische Werke, worunter neben weltlicher Geschichte auch Kirchengeschichte, Biographien und antiquarisches Schrifttum fallen. Knapp dahinter rangiert, was wir Naturwissenschaft nennen und die damalige Zeit als «Naturphilosophie» (*philosophia naturalis*) bezeichnete. Eine Reihe von Protagonisten der wissenschaftlichen Revolution, die ihr Œuvre schon ganz oder teilweise in den Volkssprachen verfassten, verdankten ihre europaweite Wirkung ihren Übersetzern ins Lateinische: Paracelsus ebenso wie Galilei, der irische Physiker und Chemiker Robert Boyle (1627–91) und Newton. Häufig latinisiert wurden auch geographische Werke und Reiseberichte, so etwa, um nur einige berühmte Namen zu nennen, die *Cosmographia* Sebastian Münsters, Marco Polos *Milione* und das Bordbuch des Christoph Kolumbus – der übrigens selbst ein Exemplar des lateinischen *Milione* besaß, das samt seinen handschriftlichen Marginalien erhalten ist (Abb. 9). Belletristik ist zahlenmäßig weniger stark vertreten, als man das aus heutiger Sicht vielleicht erwarten würde, dafür ist die Fülle großer Autoren und Werke in diesem Bereich besonders eindrücklich: Aus der Lyrik sind etwa Petrarca, Pierre de Ronsard und Thomas Gray zu nennen (wobei eher als ganze Sammlungen einzelne Gedichte übertragen wurden, diese dafür oft mehrfach, S. 113), aus der erzählenden Dichtung Dantes *Divina commedia*, Chaucers *Troilus and Criseyde*, Ariosts *Orlando furioso*, Camões's *Os Lusiadas*, Miltons *Paradise Lost* und Klopstocks *Messias*, aus der lehrhaften La Fontaines *Fables* und Popes *Essay on Man*, aus der Prosa einzelne Geschichten aus Boccaccios *Decamerone* und Fénelons *Télémaque*. Gern übersetzt wurde auch politisches Schrifttum, darunter so grundlegende Werke wie Machiavellis *Principe* und Hobbes' *Leviathan*. Wie ein *Who's Who* der frühneuzeitlichen Philosophie liest sich schließlich trotz ihrer relativen Kürze die Liste der übertragenen Werke aus diesem Gebiet: In ihr figurieren Namen wie Descartes, Pascal, Malebranche, Locke, Leibniz, Wolff und Kant.[13]

Heilige Texte aus Europa und der Welt

Die angesprochene Dominanz des religiösen Schrifttums unter den übersetzten Texten erscheint noch eindrucksvoller, wenn man bedenkt, dass sich darunter eine ganze Reihe von Werken von fundamentaler Bedeutung findet. Neben die Grundtexte des Christen- und Judentums treten dabei solche, die außereuropäischen Traditionen entstammen. Ihr Beispiel zeigt, dass Übersetzungen nicht nur die verschiedenen Länder Europas miteinander im Gespräch hielten, sondern die Leserschaft auch über den Rest der Welt informierten – eine Aufgabe, die im Zeitalter der Entdeckungen immer wichtiger wurde: Eine über die Kuriositäten der boomenden Reiseliteratur hinausgehende Auseinandersetzung mit dem Geistesleben außereuropäischer Hochkulturen wurde erst möglich, sobald deren klassische Texte in lateinischem Gewand den Weg nach Europa gefunden hatten.[14] In diesem Sinne sei nun kurz die Übersetzungsgeschichte dreier heiliger Schriftcorpora skizziert, nämlich der Bibel, des Koran und der Werke des Konfuzius.[15]

Das humanistische, von den Reformatoren übernommene Prinzip

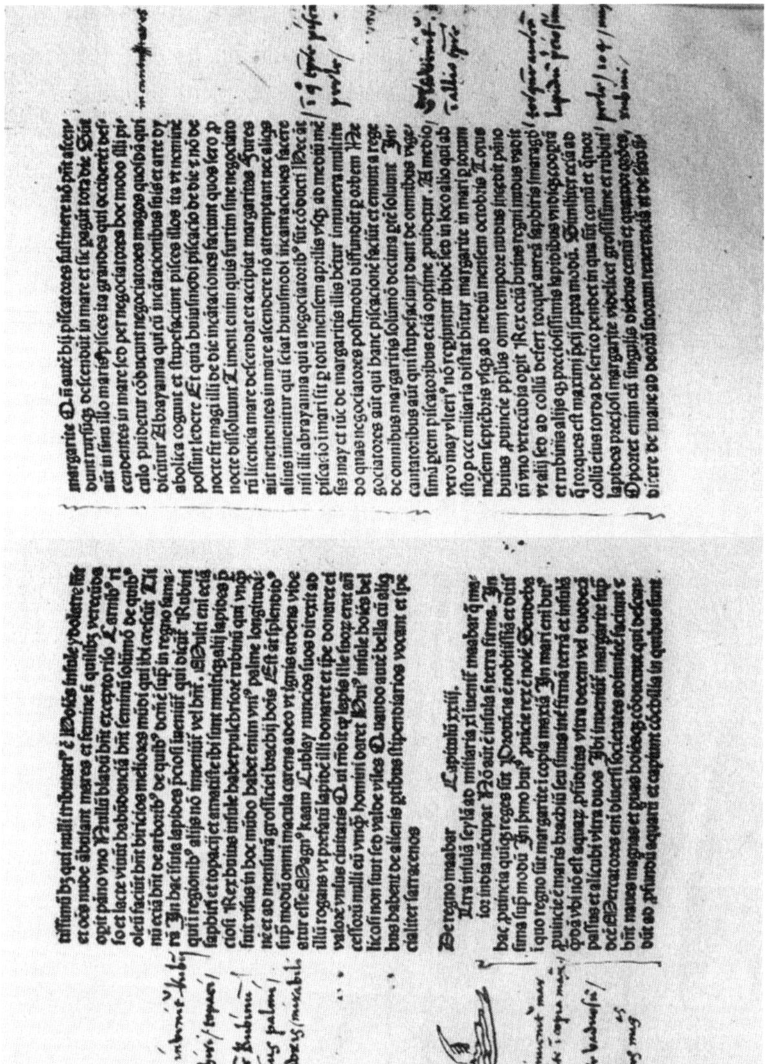

Abb. 9 Christoph Kolumbus' persönliches Exemplar von Francesco Pipinos lateinischer Übersetzung des *Milione* (um 1302, Ausgabe Gouda 1483/84) mit handschriftlichen Anmerkungen.

Ad fontes! stellte gegenüber der kirchlichen Tradition die Bibel in den Mittelpunkt. Damit rückte die *Vulgata* ins Zentrum der Aufmerksamkeit – und geriet in die Kritik.[16] Jahrhundertelang hatte man sie, ohne groß zu überlegen, als die Bibel schlechthin akzeptiert. Jetzt machte man sich ihren Status als Übersetzung bewusst und begann sie als Menschenwerk zu sehen, das mit stilistischen und sachlichen Fehlern behaftet war. In der Theorie wäre die logische Konsequenz der Rückgang auf den hebräischen oder griechischen Originaltext gewesen, doch da gute Kenntnisse der betreffenden Sprachen eine Seltenheit waren, stand dieser Weg nur wenigen offen. Diese wenigen versuchten, ihre Mitwelt mit besseren Übersetzungen zu versorgen. Bekannt sind die volkssprachlichen Bibeln des Protestantismus, die von katholischer Seite mit höchstem Misstrauen beäugt wurden. Daneben bemühten sich aber beide Konfessionen auch um neue Übersetzungen ins Lateinische. Schon in den 1440er-Jahren kritisierte und korrigierte Lorenzo Valla die *Vulgata* in seiner *Collatio Novi Testamenti* (etwa «Durchsicht des Neuen Testaments»), deren zweite Fassung, die *Adnotationes* («Anmerkungen»), später von Erasmus gedruckt wurden. Etwa um dieselbe Zeit verfasste der Humanist Giannozzo Manetti (1396–1459), unter anderem auf Anregung Papst Nikolaus' V., eine neue Teilübersetzung (Psalter, Neues Testament), die allerdings ungedruckt blieb. Eine Neuübersetzung der gesamten Bibel durch den Dominikanermönch Santi Pagnini erschien 1528 in Lyon. Auch Luther arbeitete eine Zeit lang an einer Revision der *Vulgata*.

All diese und eine Reihe weiterer Bemühungen wurden jedoch in den Schatten gestellt von Erasmus' zweisprachigem *Novum Testamentum*, das von 1516 bis 1535 in Basel fünf Auflagen erlebte, einer der großartigsten Übersetzungen aller Zeiten und zugleich «perhaps the most controversial». Der griechische Text war von Erasmus selbst erstellt; er wurde kanonisch und blieb dies, bis ihn die neuen Erkenntnisse der modernen Textkritik in der zweiten Hälfte des 19. Jahrhunderts obsolet machten. Ihm gegenüber stand Erasmus' Neuübersetzung. Die in einem eigenen Band enthaltenen *Adnotationes* übten mitunter scharfe Kritik an der *Vulgata*, rechtfertigten Erasmus' eigene Übersetzung und ergänzten diese, wo sie die Sinnfülle des griechischen

Originals nicht wiedergeben konnte, durch weitere Übersetzungsmöglichkeiten. In ihnen schlugen sich Erasmus' ungeheure Kenntnis der alten Sprachen ebenso nieder wie sein philologischer Scharfsinn und die Tiefe seines übersetzungstheoretischen Denkens.

Die katholische Kirche setzte das Buch später zusammen mit vielen anderen unautorisierten Bibelübersetzungen auf den *Index*, hielt an der *Vulgata* fest und begnügte sich mit verbesserten Ausgaben ihres Textes (*Sixto-Clementina* 1592, ersetzt durch die *Nova Vulgata* 1979). Daran, dass der Umgang mit der Bibel eine wissenschaftliche, diffizile Angelegenheit geworden war, konnte das aber nichts mehr ändern. Mit der alten Selbstverständlichkeit war es vorbei.

Der Koran war schon im Mittelalter ins Lateinische übersetzt worden, wobei die um die Mitte des 12. Jahrhunderts auf Initiative des Petrus Venerabilis, des Abtes von Cluny, durch den Engländer Robert von Ketton und andere erarbeitete Version besondere Bedeutung gewann. Daneben existierten eine frühbyzantinische und seit dem 15. Jahrhundert verschiedene spanische Übertragungen. Im Jahr 1543 erschien in Basel die kettonsche Übersetzung in einer Überarbeitung des Zürcher Theologen Theodor Bibliander. Auf dieser Basis wurde der Koran nach schon bekanntem Muster in diverse Volkssprachen weiterübersetzt. Einen entscheidenden Fortschritt brachte dann die lateinische Neuübertragung des aus der Nähe von Lucca gebürtigen Ordenspriesters Ludovico Marracci, der von umfangreichen Einleitungstexten und Anmerkungen begleitete *Alcorani textus universus* («Gesamttext des Koran», 1698). Das mehrfach wiederaufgelegte Werk hält durchaus dem Vergleich mit heutigen volkssprachlichen Übersetzungen stand. Durch seine philologische Akkuratesse, die Einbeziehung der arabischen Kommentartradition und seine relative Objektivität stellt es einen Meilenstein auf dem Weg zu einer modernen Islamwissenschaft dar.[17]

Wesentlich später, nämlich erst im Gefolge der jesuitischen Chinamission, wurde Europa mit der chinesischen Gedankenwelt bekannt. Die Schlüsselrolle lateinischer Übertragungen klassischer Texte ist hier noch klarer zu erkennen als im Falle des Koran. Zwar gelangte durch die Jesuiten schon seit dem frühen 17. Jahrhundert eine Fülle von

Nachrichten über China nach Europa und löste dort bei vielen Intellektuellen, beispielsweise bei Gottfried Wilhelm Leibniz, ein lebhaftes Interesse an dem Riesenreich im Osten, ja eine regelrechte Sinophilie aus.[18] Die chinesische Literatur, insbesondere die Texte des Konfuzianismus, blieb dem Westen trotz ihrer immensen Bedeutung für die chinesische Kultur jedoch vorläufig verschlossen. Das änderte sich erst durch zwei *opera magna*, die an der Wende vom 17. zum 18. Jahrhundert verfasst wurden: Im Jahr 1687 ließen die Jesuitenpatres Philippe Couplet, Prospero Intorcetta, Christian Herdtrich und François Rougemont in Paris mit Unterstützung Ludwigs XIV. den prächtig ausgestatteten *Confucius Sinarum philosophus sive scientia Sinensis Latine exposita* («Konfuzius, der Philosoph der Chinesen, oder die chinesische Wissenschaft auf Latein dargelegt») erscheinen. 1711 publizierte der belgische Jesuit François Noël – wie es scheint, hiervon unabhängig – in Prag die *Sinensis imperii libri classici sex* («Sechs klassische Bücher des chinesischen Reiches»).[19]

Um Titel und Inhalt dieser beiden Publikationen zu verstehen, muss man wissen, dass sich in China bis zum 7. Jahrhundert ein Kanon von dreizehn klassischen Werken des Konfuzianismus herausgebildet hatte, aus dem der Neukonfuzianer Zhu Xi im 12. Jahrhundert nochmals vier Bücher herausgehoben hatte: das *Dà Xué* («Großes Lernen»), eine knappe Darstellung wesentlicher Lehren, das *Zhōng Yōng* («Mitte und Maß»), eine Anleitung zu tugendhaftem, erfolgreichem Leben, das *Lún Yǔ* (etwa «Diskussionen», heute bekannt als «Analekten des Konfuzius»), eine Sammlung von Lehrgesprächen, und das *Mèng Zǐ* mit Aussprüchen des gleichnamigen Konfuzianers und Erzählungen aus seinem Leben.

Der *Confucius* bietet nun eine Übersetzung der ersten drei dieser Werke, eingeleitet durch eine Einführung in die chinesische Geschichte und Religionsgeschichte sowie die jesuitische Chinamission, abgeschlossen durch eine Chronik Chinas. Das Bestreben der Übersetzer, dem Leser nicht einfach einige wichtige Texte vorzulegen, sondern ihm anhand ihrer ein Verständnis der fremden Kultur insgesamt zu erschließen, ist offensichtlich. Noël komplettiert die Tetrade mit dem *Mèng Zǐ* und ergänzt sie durch zwei weitere wichtige Werke, die aber nicht Teil des Dreizehner-Kanons sind: das *Xiào Jīng* («Klassiker kindlicher Pietät») mit Regeln zum Verhalten den Eltern und allgemein Höhergestellten gegenüber und das *Xiǎo Xué* («Kleines Lernen») des schon erwähnten Zhu Xi über soziale Pflichten. Sein kurzes Vorwort an den Leser betont den ethischen Wert der übersetzten Schriften und ihre weite Verbreitung in China: Jeder Schulbub müsse sie dort auswendig lernen.

Während der *Confucius* ein Bild Chinas insgesamt zeichnet, das durchaus geeignet ist, die jesuitische Missionstätigkeit dort zu propagieren, schien Noëls Begeisterung für die konfuzianische Ethik an sich den Ordensoberen offenbar verdächtig: Er musste sein Buch zurückziehen, und nur wenige Exemplare gelangten in Umlauf. Im Rückblick erscheint dieses Misstrauen geradezu prophetisch, denn die *Libri classici sex* sollten sich als ein Musterbeispiel dafür erweisen, welche geistige Sprengkraft außereuropäisches Gedankengut im Rahmen der Aufklärung entfalten konnte. Ein Exemplar fiel nämlich mit Christian Wolff einem der profiliertesten Vertreter der philosophischen Aufklärung in die Hände. Dieser war von der Vorstellung einer offenbarungsunabhängigen Vernunftethik, die er daraus herauslas, begeistert, weil er in ihr eine Grundidee seines eigenen Denkens präfiguriert sah. Er präsentierte seine diesbezüglichen Gedanken 1721 an der Universität Halle einem schockierten Publikum in Form einer Prorektoratsrede mit dem Titel *Oratio de Sinarum philosophia practica* («Rede über die praktische Philosophie der Chinesen»):[20]

> *Sinenses antiqui, de quibus nobis sermo est, cum nulla universi Autorem ignorantibus esset religio naturalis, multo minus aliqua revelationis divinae documenta innotuissent, non aliis quam naturae viribus iisque ab omni religione puris ad virtutis exercitium promovendum uti poterant. … Missis itaque mentis humanae imperfectionibus, unde tanquam ex fonte vitia, scelera, flagitia propullulare solent, ad eiusdem perfectiones aciem intenderunt, ut vires a natura concessas agnoscerent quodque iis non impervium existeret consequerentur.*

Da die alten Chinesen, von denen wir sprechen, aufgrund ihrer Unkenntnis des Schöpfers des Weltalls keine natürliche Religion hatten und ihnen noch viel weniger irgendwelche Zeugnisse einer göttlichen Offenbarung bekannt geworden waren, konnten sie, um die Übung der Tugend zu för-

> dern, nur auf die Kräfte der Natur zurückgreifen, die rein von jeglicher Religion waren. … Sie ließen deshalb die Unvollkommenheiten des menschlichen Geistes beiseite, aus denen wie aus einer Quelle Frevel, Verbrechen, Schandtaten hervorzusprudeln pflegen, und richteten ihren Blick auf seine Vollkommenheiten, um die ihm von der Natur zugestandenen Kräfte zu erkennen und das zu erreichen, was diesen nicht unzugänglich ist.

Die in Halle stark vertretenen Pietisten beschuldigten Wolff daraufhin des Atheismus, und es entwickelte sich eine erbitterte Kontroverse, die darin gipfelte, dass der Philosoph zwei Jahre später durch den preußischen König Friedrich I. bei Strafe des Stranges des Landes verwiesen wurde. Er erwarb sich damit den Ruf eines Märtyrers der Aufklärung, seine Rede, die er 1726 mit umfangreichen, auf dem *Confucius* basierenden Anmerkungen drucken ließ, und die Vorstellung von den weisen, tugendhaften Chinesen, die sie vermittelte, erlangten europaweite Bekanntheit.

Nicht zuletzt durch diesen Vorfall trugen die jesuitischen Übersetzungen aus dem Chinesischen wesentlich dazu bei, Europa ein idealisiertes Chinabild zu vermitteln. Insbesondere halfen sie mit, die Idee einer spezifischen Weisheit des Ostens populär zu machen, die sich auch heute noch großer Beliebtheit erfreut – mögen auch an die Stelle von Vernunft und Tugend mittlerweile Harmonie und Ganzheitlichkeit getreten sein.

Briefe

Dienten Übersetzungen meist dazu, geistigen Leistungen, die bereits feste Gestalt gewonnen hatten und in gedruckter Form vorlagen, zu weiterer Verbreitung zu verhelfen, so stand der Briefverkehr der frühen Neuzeit noch diesseits dieser Schwelle: In ihm spiegelte sich das informelle Netz der *res publica litteraria*, der Aufbau von Beziehungen, der Austausch von Gefälligkeiten und Informationen, auf dessen Basis intellektuelle Durchbrüche und große Würfe erst möglich wurden.

Wie die Tradition der Übersetzung ins Lateinische reicht auch die des lateinischen Briefes in die Antike zurück.[21] Autoren wie Cicero und Plinius der Jüngere hinterließen umfangreiche Briefsammlungen, von denen die zweite schon vom Verfasser im Hinblick auf eine Publikation zusammengestellt und geordnet worden war. Horaz und Ovid trieben die Literarisierung noch weiter, indem sie Bücher poetischer Briefe verfassten. Die Kirchenväter, angefangen mit den Autoren des Neuen Testaments, waren ebenfalls fleißige Briefschreiber. Das Verfassen von Briefen wurde auch in der Schule gelehrt, und es bildete sich eine stark von der Rhetorik beeinflusste Brieftheorie samt Sammlungen von Musterbriefen aus. Der Brief wurde als schriftliches Gespräch zwischen Freunden verstanden und sollte dementsprechend in einem informellen Konversationsstil gehalten sein, zu dessen Vorzügen Kürze, Klarheit, Anmut und, wo passend, Humor gehörten. Er sollte ein treues Abbild des Schreibers und seiner Gemütslage vermitteln, gleichzeitig aber auch auf die Befindlichkeit des Empfängers Rücksicht nehmen. Je nach Anlass wurden mehrere Dutzend Unterarten des Briefes unterschieden, vom Trost- über den Bitt-, Mahn-, Entschuldigungs- und Dankes- bis hin zum Liebesbrief.

Im Mittelalter bestand die epistolographische Tradition in erster Linie in Form des Kanzleibriefes fort, wobei der römischen Kurie eine führende Rolle zukam. Das Verfassen solcher Schreiben war die Domäne speziell ausgebildeter Sekretäre, der *dictatores*, die ihre Kunst anhand von Formelsammlungen (*formulae*), seit dem 12. Jahrhundert dann anhand sogenannter *artes dictaminis* («Lehrbücher des Briefschreibens») erlernten und ausübten. Besondere Bedeutung kam in der hierarchisch vielfältig gestuften Gesellschaft der Epoche den Titulaturen zu, die entsprechend differenziert und ausführlich ausfielen und in scharfen Gegensatz zu den einfachen Anredeformen der Antike traten. Ganz an den Rand gedrängt wurde dagegen der persönliche, formlose Brief.[22]

Im Spätmittelalter und zu Beginn der Neuzeit nahm das Briefwesen einen gewaltigen Aufschwung, vor allem weil nun mit dem Papier, das sich gegen das Pergament durchzusetzen begann, ein verhältnismäßig billiger Beschreibstoff in großen Mengen zur Verfügung stand. Dies kam insbesondere dem persönlichen Brief zugute, der sich nun wieder in allen möglichen Spielarten entwickelte: Es entstand der Familien-, der Geschäfts-, der Zeitungsbrief, von im strengeren Sinne literarischen Formen wie Widmungsepisteln, Brieftraktaten oder poetischen Briefen ganz zu schweigen.

Eine dieser Spielarten, die im Gegensatz zu den eben genannten grundsätzlich in Latein gehalten war, war der humanistische Brief.[23] Seine Entstehung lässt sich recht genau auf das Jahr 1345 datieren, als Petrarca in der Kathedralbibliothek von Verona Ciceros Sammlungen von Briefen an Atticus, an seinen Bruder Quintus und an Marcus Brutus, vielleicht auch an seine sonstigen Freunde entdeckte.[24] Das zwiespältige Bild Ciceros, das sich aus diesen Schreiben ergibt – sie zeigen nicht nur sein politisches und kulturelles Sendungsbewusstsein, sondern auch seine Eitelkeiten, Ängste und Anwandlungen von Kleinmut –, irritierte ihn zwar heftig, dennoch ließ er sich von ihnen zur Anlage großer eigener Briefsammlungen anregen, von denen die vielleicht bedeutendste die *Epistolae familiares* («Briefe an Freunde und Bekannte») sind.[25] Mit ihnen schuf Petrarca im Anschluss an sein Vorbild ein Modell, anhand dessen die Humanisten in den folgenden Jahrzehnten den Brief als eine Gattung entdeckten, die ihnen so wesensgemäß war wie kaum eine andere. Die Mitglieder der *res publica litteraria* fanden in diesem Genre ein einzigartiges Mittel, sich über neue Ereignisse, Erkenntnisse und Probleme aller Art auszutauschen, Netzwerke zur gegenseitigen Unterstützung zu bilden, intellektuelle Fehden auszutragen – und gleichzeitig sprachlich die eigene Zugehörigkeit zur geistigen Elite unter Beweis zu stellen: Kein anderes Genus eignete sich so gut wie der Brief dazu, *en passant* souveräne Lateinbeherrschung in allen Lebenslagen zu demonstrieren; dies umso mehr, als Briefe gerne auch im Freundeskreis vorgetragen und herumgereicht wurden. Kein Wunder, dass die Fähigkeit, gekonnte Briefe zu schreiben, rasch zu einer humanistischen Kernkompetenz avancierte. Lektüre und Verfassen von Briefen wurden wieder zu einem wichtigen Bestandteil des Lateinunterrichts. Im Rückgriff auf die antiken Vorbilder entstand erneut eine umfangreiche epistolographische Fachliteratur zu Wesen, Funktion, Aufbau, sprachlicher Form und verschiedenen Unterarten des Briefes. Als ausführlichster, durchdachtester und einflussreichster – über hundert Nachdrucke! – Text dieser Art sei Erasmus' *De conscribendis epistolis* («Wie man Briefe verfasst», 1521) genannt.[26]

Viele Humanisten waren unermüdliche Epistolographen, ebenso die humanistisch gebildeten Reformatoren. Die Zahl der Briefe von und an Männer wie Erasmus, Melanchthon, Heinrich Bullinger und Justus Lipsius, die auf uns gekommen sind, geht jeweils in die Tausende. Manche dieser Autoren sammelten nach dem Vorbild Petrarcas ihre Briefe selbst und gaben sie heraus. Oft wurden derartige Sammlungen auch nach dem Tod des Betreffenden von späterer Hand zusammengestellt oder gingen in Anthologien ein, die Titel wie *Epistolae clarorum virorum* («Briefe berühmter Männer») trugen.[27] Die 1515 bis 1517 erschienenen *Dunkelmännerbriefe*, in denen der Humanist und Theologe Crotus Rubeanus zusammen mit mehreren Kollegen das Küchenlatein und die Denkfaulheit der zeitgenössischen Scholastik lächerlich machte, sind ein satirisches Negativ solcher Blütenlesen.

Publizierte Korrespondenzen der frühen Neuzeit bieten faszinierende Einblicke in Persönlichkeit, Biographie, gesellschaftliches und geistiges Umfeld der jeweiligen Autoren – Einblicke, die jedoch mit Vorsicht zu genießen sind: Weil in Briefen damals wie heute mitunter unangenehme Wahrheiten offen ausgesprochen wurden und die lateinische Korrespondenz eines Intellektuellen eine Art sprachliche Visitenkarte darstellte, wurde sie in der Regel nur in Auswahl ediert und zudem inhaltlich und formal überarbeitet. Solche Retuschen waren so normal, dass sie zu unterlassen eine bewusste Unfreundlichkeit darstellen konnte: Als Albrecht von Haller daran ging, die Briefe herauszugeben, die er im Laufe seines Lebens von berühmten Korrespondenten erhalten hatte, konservierte er einzig in den Schreiben Carl von Linnés, mit dem er sich zwischenzeitlich überworfen hatte, alle sprachlichen Fehler und Ungeschicklichkeiten.[28]

Waren die gelehrten Fragen, die in humanistischen Briefen des 14. bis 16. Jahrhunderts diskutiert wurden, vorwiegend didaktischer, philologisch-antiquarischer und religiöser Natur, so öffnete sich ab dem 16. Jahrhundert ein weiteres Themenfeld, nämlich die aufblühenden

Naturwissenschaften wie Mathematik, Physik, Botanik und Medizin: Der Brief wurde zu einem der wichtigsten Medien der wissenschaftlichen Revolution.[29] In einer Zeit, in der Fachzeitschriften zur raschen Publikation neuer Erkenntnisse noch unbekannt waren bzw. erst allmählich aufkamen, konnte der wissenschaftliche Erfolg eines Gelehrten wesentlich davon abhängen, ob es ihm gelang, mit anderen führenden Köpfen seiner Disziplin in brieflichen Austausch zu treten: In vielen Fällen war das schlicht der einzige Weg, an die Informationen zu gelangen, die er für seine eigenen Arbeiten benötigte.

Die großen wissenschaftlichen Korrespondenzen des 17. und 18. Jahrhunderts waren nochmals um ein Mehrfaches umfangreicher als diejenigen des Humanismus und spannten auch räumlich immer eindrucksvollere Netze auf, die politische Grenzen ebenso überwanden wie konfessionelle. Humanistische Selbstdarstellung spielte darin nur mehr eine nachrangige Rolle, im Vordergrund stand der Austausch von Informationen. Das lässt sich schon daran erkennen, dass der Gebrauch des Lateinischen in diesen Briefen nicht mehr verpflichtend war, sondern neben den großen Nationalsprachen einfach eine weitere sprachliche Option darstellte. Man bediente sich seiner dann, wenn das der einfachste und effizienteste Weg war, mit dem Gegenüber zu kommunizieren. Auf sprachliche Eleganz wurde wenig Wert gelegt: Das verwendete Latein ist oft technisch, trocken, dicht und nimmt es weder mit den Modi noch mit der im Lateinischen eigentlich präzise geregelten Zeitenfolge, der *consecutio temporum*, genau. Vielen Briefen merkt man es an, dass sie mit fliegender Feder verfasst wurden. Was in der Eile der Abfassung ungesagt blieb, konnte durch den Boten ergänzt werden, dem man das Schreiben anvertraute – das öffentliche Postwesen war ja noch rudimentär. Eine weitere Ergänzung fanden Gelehrtenbriefe in Beigaben wie Büchern, Pflanzen, Tieren, Mineralien, Medikamenten, Antiquitäten und wissenschaftlichen Instrumenten. Nicht selten waren solche Dinge die eigentliche Hauptsache einer Sendung, während der Brief selbst den Charakter eines erläuternden Begleitschreibens hatte.

Die Korrespondenz Albrecht von Hallers

Bekannte Beispiele für wissenschaftliche Großkorrespondenzen stammen etwa von Henry Oldenburg (ca. 1618–77), dem ersten Sekretär der Royal Society, von Gottfried Wilhelm Leibniz (1646–1716), dessen rund 20 000 Briefe seit 2007 zum Weltdokumentenerbe der UNESCO zählen, und von Carl von Linné (etwa 6300 Briefe), der andernfalls im abgelegenen Uppsala niemals imstande gewesen wäre, seine materialreichen Klassifikationswerke zu vollenden.[30] Ein wenig ausführlicher sei hier zum Abschluss der Briefwechsel des Berner Botanikers, Arztes und Schriftstellers Albrecht von Haller (1708–77) vorgestellt. Er liegt nur zum kleineren Teil in gedruckter Form vor, ist aber dank der Bemühungen einer Berner Forschergruppe durch ein Repertorium und einen Analyseband gründlich und in großer Tiefenschärfe erschlossen.[31]

Zwar steht Latein in Hallers Briefwechsel quantitativ hinter Deutsch und Französisch nur an dritter Stelle (es folgt Englisch, dann in weitem Abstand Italienisch, Niederländisch, Schwedisch, Spanisch): Von den 3700 erhaltenen Briefen von Haller und den etwa 13 300 Schreiben an ihn,[32] die er von 1724 bis 1777 mit über 1100 Briefpartnern – und 50 Briefpartnerinnen – gewechselt hat, sind gut 21 Prozent, also etwa 3600 in der alten Sprache gehalten. Es handelt sich dabei jedoch in Hallers eigenen Augen um den gewichtigsten Teil seiner Korrespondenz: Während nämlich deren politisch-gesellschaftliche (Haller gehörte zum Berner Patriziat) und private Teile überwiegend in den Volkssprachen gehalten sind, spielt Latein auf wissenschaftlichem Gebiet, auf dem Haller zu Recht seine eigentliche Lebensleistung sah, eine weit bedeutendere Rolle. Nicht zufällig beklagte er, der selbst seine flüchtigsten Notizen in Latein zu Papier brachte, sich bei seinen Adressaten immer wieder über den Rückgang der alten Gelehrtensprache (S. 89). Als er im Alter daran ging, die wissenschaftlichen Briefe, die er im Laufe seines Lebens erhalten hatte, in Auswahl zu edieren, begann er folgerichtig mit den lateinischen Gelehrtenbriefen. Sie allein erschienen noch vollständig in sechs Bänden (*Epistolarum ab eru-*

ditis viris ad Albrechtum Hallerum scriptarum pars I., 1773–77); von den deutschen Briefen, die sich anschließen sollten, ging nur mehr der erste Band in Druck.

Haller korrespondierte lateinisch mit Briefpartnern von Schottland bis Russland und von Schweden bis Spanien, doch verblieben zwei Drittel aller versandten und erhaltenen Schreiben im deutschen Sprachraum. Das zeigt, dass die Überwindung von Sprachbarrieren nicht den einzigen und nicht einmal den wichtigsten Grund für die Verwendung des Lateinischen darstellte: Vielmehr war dieses gerade in Deutschland noch die Wissenschaftssprache schlechthin geblieben, deren Gebrauch sich für einen ernsthaften Gelehrten am besten schickte. Außerdem existierte zur lateinischen Fachsprache der Botanik und der Medizin einfach kein adäquates volkssprachliches Gegenstück. Die Rolle einer gemeinsamen *lingua franca* übernahm Latein vor allem im Verkehr mit Sprechern des Italienischen (das Haller verstand, aber nicht schrieb) und des Schwedischen, etwa mit Carl von Linné. Chronologisch betrachtet war der Anteil lateinischer Briefe an Hallers Korrespondenz in seiner Jugend am höchsten (bis etwa 60 Prozent); um 1735 nahm er markant ab, blieb danach aber bis zu Hallers Tod konstant bei rund 20 Prozent. Die meisten Korrespondenten, die sich der alten Sprache bedienten, waren professionelle Mediziner und Botaniker: Universitätslehrer dieser beiden Disziplinen sowie praktizierende Ärzte verfassten den Großteil der lateinischen Briefe. Damit sind zugleich die thematischen Schwerpunkte der betreffenden Briefwechsel benannt. Allerdings geht es darin nur zum Teil um aktuelle Forschungsfragen und konkrete Krankheitsfälle. Mindestens ebenso wichtig sind die Übersendung von Büchern und Pflanzen sowie Themen aus dem Bereich der Wissenschaftsorganisation und des akademischen Alltags: Stellenbesetzungen, wissenschaftliche Allianzen und Kontroversen, Erkundigungen nach Kollegen und dergleichen mehr.

Einen Eindruck von Hallers Korrespondenz mag der folgende Brief vermitteln. Haller sandte ihn im Frühling 1743 aus Göttingen, wo er als Professor der Anatomie, Chirurgie und Botanik wirkte, an einen Tübinger Studienfreund, den Botaniker Johann Georg Gmelin (1709–55).[33] Dieser war 1731 Professor für Chemie und Naturgeschichte in St. Petersburg geworden und eben von Vitus Berings Großer Nordischer Expedition zurückgekehrt, auf der er während der letzten zehn Jahre Sibirien bereist und seine Flora erkundet hatte.

Fido et veteri Amico
D(omino) D(omino) J. G. Gmelino
S(alutem) p(lurimam) d(icit) A. Haller
Postquam Tu orbi nostro restitutus es, Care amice, non credidi ullam moram faciendam esse, quin Te salutem, Tuum amorem pristinumque commercium a Te flagitem, meum offeram. Salve Asiatice! et spoliis Tuis Europam redde ditiorem. Sed et ego in Europa vivo, aliquam partem fac et ego optineam, semina, stirpes siccas, curiosar(um) descriptiones. Ego vicissim offero mea omnia, quotquot sunt et quantula. Ecce interim aliqua, opus botanicum, in quo nescio quare Siegesbeckium pupugi, quod malo ignoret vir optimus; deinde itinera & diss(ertationes). Haec habe pignora perennis aeternique amoris; si alia a me desideraveris, quae potero omnia faciam Tua. Sed scribe, cito scribe, mitte quaeso stirpes, quibus abundas, impera, quid mihi vicissim sit faciendum. Mea vero fata Schreiberus narrabit. Vale, ama me, ut ante hos 20 annos solebas et ut ego Te amo. D(ie) 25. Apr(ilis) 1743. Gottingae.

Seinem treuen, alten Freund,
Herrn J. G. Gmelin,
entbietet viele Grüße A. Haller
Nachdem Du jetzt dieser unserer Welt wiedergeschenkt bist, teurer Freund, glaubte ich, nicht zögern zu dürfen, Dich zu begrüßen und Dich zugleich unter Anerbieten der meinen um Deine Freundschaft zu bitten und Dich zum altgewohnten Briefverkehr aufzufordern. Sei gegrüßt, Asiaticus, und bereichere mit Deiner Beute Europa. Doch auch ich lebe in Europa, lass also auch mir etwas davon zuteil werden: Samen, getrocknete Pflanzen, Beschreibungen interessanter Pflanzen. Ich dagegen biete Dir alles an, was mein ist, wie wenig und unbedeutend es auch sein mag. Hier hast Du einstweilen einiges: ein botanisches Werk, in dem ich – ich weiß nicht recht warum – Siegesbeck kritisiert habe, wobei ich lieber wollte, der ausgezeichnete Mann erführe nichts davon; ferner Reisebeschreibungen und gelehrte Abhandlungen. Betrachte sie als Pfänder meiner unverbrüchlichen, ewigen Freundschaft; solltest Du anderes von mir wünschen, werde ich Dir alles, was ich vermag, zukommen lassen. Doch schreibe, schreibe bald, schicke bitte Pflanzen, die Du im Überfluss besitzt, und befiehl, was ich als Gegenleistung tun soll. Von meinem Ergehen wird Dir Schreiber berichten. Lebe wohl, sei mir zugetan, wie Du es vor zwanzig Jahren warst und wie ich Dir zugetan bin. Göttingen, 25. April 1743[34]

Der Enthusiasmus, mit dem Haller seinen Jugendfreund begrüßt, von dem er seit vielen Jahren nichts gehört hat, ist offenkundig: Er bittet ihn um die Erneuerung ihrer alten Freundschaft, stilisiert ihn zu einem wissenschaftlichen Triumphator, der mit reicher Beute aus einem eroberten Erdteil zurückkehrt und wie seine militärischen Vorgänger im alten Rom ehrenhalber nach diesem benannt wird, und beschenkt ihn mit einer Reihe seiner eigenen Werke. Wir brauchen an der Echtheit seiner Gefühle für Gmelin nicht zu zweifeln. Mindestens ebenso sehr gilt seine Begeisterung und brennende Neugier jedoch den Schätzen, die dieser von seiner Reise mitbringt: der bislang gänzlich unbekannten Pflanzenwelt Sibiriens, die Gmelin und nach dessen frühem Tod sein Neffe Samuel Gottlieb Gmelin in der bahnbrechenden *Flora Sibirica* (4 Bde., 1747–69) publizieren sollten.

3

«VERBORUM DULCEDO»: SCHÖNE LITERATUR

Während der Literaturbegriff der frühen Neuzeit grundsätzlich fast alles Geschriebene umfasste, lag der Schwerpunkt im Lateinunterricht auf Dichtung und Kunstprosa, also auf Texten, deren sprachliche Gestaltung mindestens so wichtig war wie ihr Inhalt und die sich in weiten Teilen mit dem Segment deckten, das wir heute Belletristik oder schöne Literatur nennen. Autoren wie Cicero und Vergil standen im Zentrum des Lektürekanons, und zum Verfassen von Texten, die sich an ihnen orientierten, wurden die Schüler angehalten. Auf diese Weise bekam jeder schriftstellerisch begabte Jugendliche Zeit, Gelegenheit und Anreiz, sein Talent zu entdecken und zu pflegen.

Viele fanden am kunstvollen Schreiben so großen Geschmack, dass sie es ihr Leben lang weiterpraktizierten. Der Beruf des freien Schriftstellers existierte zwar noch nicht, aber Gelegenheitsgedichte und -reden waren ein selbstverständlicher Bestandteil des öffentlichen Lebens, und dem, der wollte, boten sich zahlreiche gesellschaftliche Anlässe, seine literarischen Fähigkeiten einzusetzen. Mancher griff darüber hinaus auch ohne konkreten Anlass zur Feder: Die Literatur, insbesondere die Dichtung, war häufig ein persönliches Vergnügen, eine Freizeitbeschäftigung, der man sich mit Genuss, oft aber auch mit großem Ehrgeiz hingab. *A scribendo cessare non sinit ipsa rerum dulcedo insitaque mortalium animis glorie cupiditas* («Die Süße der Dinge selbst und die Ruhmbegierde, die dem Menschengeist innewohnt, lässt einen nicht vom Schreiben ablassen») erklärte schon Petrarca in einem Brief (*Epistolae familiares* 1,8,1). Viele empfanden diese Süße im Lateinischen noch stärker als in der eigenen Muttersprache. So verglich etwa Joachim du Bellay (1522–60), heute bekannt als einer der größten französischen Dichter des 16. Jahrhunderts, in einem Epigramm seine muttersprachliche Muse mit einer braven Ehefrau, seine lateinische aber mit einer aufregenden Geliebten: *Gallica Musa mihi est, fateor, quod nupta marito: / Pro domina colitur Musa Latina mihi.*[1] Dem gewaltigen Corpus neulateinischer schöner Literatur, in dem sich diese Einstellung über die Jahrhunderte niederschlug, ist das vorliegende Kapitel gewidmet.

Vorbild und Nachahmung

Die moderne Vorstellung von Originalität, derzufolge ein Dichter grundsätzlich Neues bieten und in erster Linie aus sich selbst schöpfen soll, war der frühen Neuzeit fremd. Man nahm im Gegenteil an, Literatur verdanke ihren Wert wesentlich der Orientierung an großen, kanonischen Vorbildern, das heißt im Falle der neulateinischen Literatur an den antiken Klassikern, den *auctores*.

Schon dieses Wort hatte einen ganz anderen Klang als sein modernes Pendant «Autor»: Es bezeichnete nicht einfach einen Menschen, der Bücher verfasste, sondern jemanden mit besonderer Autorität, dessen Worte mehr galten als die eines Normalsterblichen. Der Glaube an schriftliche Autoritäten, der häufig als ein typischer Zug des mittelalterlichen Geisteslebens genannt wird, war in der frühen Neuzeit keineswegs erloschen. Während man Fachschriftsteller und Wissenschaftler ihrer fachlichen Expertise wegen hochhielt, verehrte man Dichter als zuverlässige Gewährsleute in Fragen der Moral und der Lebensklugheit. Neben den Wahrheiten, die sie zu bieten hatten, faszinierte aber auch die bunte Fülle ihrer *mendacia* («Lügen»), das heißt der meist dem antiken Mythos entnommenen Geschichten, die sie zu erzählen wussten. Zwar konnte das Leser, die zugleich fromme Christen waren, in Gewissenskonflikte stürzen: Schon Augustin tadelt sich scharf für die Tränen, die er als Schüler über den Selbstmord der Dido in der *Aeneis* vergoss (*Confessiones* 1,21–22), und in der frühen Neuzeit zeugt die Heftigkeit, mit der über den Gebrauch antiker Texte im Unterricht debattiert wurde, von der Hartnäckigkeit der christlichen Vorbehalte. Letztlich erwies sich der Reiz der heidnischen Mythen aber als unwiderstehlich.

Die Werke der *auctores* bezauberten jedoch nicht nur durch ihren Inhalt, sondern auch als sprachliche Kunstwerke. Zu einer Zeit, in der man sie noch häufig laut las oder, weil man sie auswendig konnte, aus dem Gedächtnis vortrug, begann das schon auf der klanglichen Ebene. Ergreifenden Ausdruck verleiht dem der alte Petrarca in einem Brief, in dem er sich daran erinnert, wie er als Kind Cicero kennengelernt hat (*Epistolae seniles* 16,1):

> *Et illa quidem etate nihil intellegere poteram, sola me verborum dulcedo quedam et sonoritas detinebat, ut quicquid aliud vel legerem vel audirem raucum mihi longeque dissonum videretur.*
>
> Und in jenem Alter konnte ich freilich noch nichts verstehen: Nur eine gewisse Süße und Klangfülle der Worte hielt mich in ihrem Bann, sodass mir alles andere, was ich las oder hörte, rau und ganz misstönend erschien.

Auch sonst kehren Ausdrücke wie *dulcedo* («Süße») oder *auribus blandiri* («den Ohren schmeicheln») immer wieder, wenn es darum geht, die Wirkung literarischer Texte zu beschreiben. Literatur übte damals in weit höherem Maße eine sinnliche, akustische Faszination aus, als wir uns das heute vorstellen können.

Die Begeisterung für die Klassiker ging so weit, dass viele Leser ihnen in ihren Werken als Menschen zu begegnen meinten und sich ihnen in Bewunderung und Freundschaft verbunden fühlten. Wieder ist es Petrarca, der diese Verbundenheit in genialer Weise ausdrückt: Das 24. und letzte Buch seiner *Epistolae familiares* sammelt Briefe, in denen er antike Autoren wie Homer, Vergil und Cicero als seine persönlichen Freunde anspricht.

Dass die antiken Klassiker unter solchen Umständen auch die Vorgaben für das eigene Schreiben lieferten, kann nicht überraschen. Sie setzten in Dichtung und Prosa die sprachlichen Standards, gaben die literarischen Formen vor, derer man sich bediente, und bestimmten die Art der Inhalte, die als literaturwürdig galten. (Das schloss zum

Beispiel die ernsthafte Behandlung des Alltagslebens, wie wir sie seit dem realistischen Roman des 19. Jahrhunderts kennen, weitgehend aus.)[2]

Ins Bewusstsein gehoben und konzeptionalisiert wurde diese Praxis von der zeitgenössischen Poetik in der Theorie der *imitatio* und *aemulatio*. Ihre Grundzüge waren schon in der Antike von Quintilian und anderen formuliert worden. In der frühen Neuzeit wurde sie in zahlreichen Traktaten weiter ausgearbeitet. Gemeint war mit den beiden Schlagworten, dass man sich zunächst einmal bemühen sollte, die antiken Meister derjenigen Gattung nachzuahmen (*imitari*), in der man gerade ein Werk verfasste. Dabei ging es nicht um ein Nachbeten oder Nachäffen, sondern um den Versuch, ihre Vorgaben im Hinblick auf die eigene Zeit und das eigene Thema sinnvoll umzusetzen. Modern gesprochen handelte es sich also durchaus um einen kreativen Prozess. War man sich seiner Sache schon sehr sicher, so konnte man von der *imitatio* zur *aemulatio* übergehen, also mit dem Vorbild in einen literarischen Wettstreit treten (*aemulari*) und es zu übertreffen suchen.[3]

Wie diese Haltung die volkssprachlichen Literaturen geprägt hat, ist wohlbekannt. Sie fand beispielsweise in den Bestrebungen Ausdruck, Vergils *Aeneis* Nationalepen wie *Os Lusiadas* des Luís de Camões oder *La Franciade* des Pierre de Ronsard (beide 1572) zur Seite zu stellen, und prägte darüber hinaus ganze Nationalliteraturen. Die französische eiferte den Griechen und Römern so lange nach, bis sich die solcherart aufgestauten Spannungen um 1700 in der *Querelle des Anciens et des Modernes* entluden, in der ihre Vorbildlichkeit ausdrücklich in Frage gestellt wurde.[4] In Deutschland griff die Weimarer Klassik noch hundert Jahre später programmatisch auf die griechische Antike zurück.

In noch höherem Maße war die Ausrichtung an den antiken Klassikern, in diesem Falle vor allem an den lateinischen, jedoch für die neulateinische Literatur konstitutiv.[5] Wir haben bereits gesehen, wie Mussato im Paduaner Frühhumanismus die *Ecerinis* nach dem Vorbild Senecas verfasste und Petrarca mit seinem *Bucolicum carmen* und seiner *Africa* in die Fußstapfen Vergils trat (S. 38–39). Da sie und ihre Nachfolger in der gleichen Sprache schrieben wie die Alten, konnten sie noch mehr als die volkssprachlichen Autoren das Gefühl haben, diesen in einer bruchlosen Tradition nachzufolgen. Sinnfälligen Ausdruck fand dieser Sukzessionsgedanke in den bald inflationär vollzogenen Dichterkrönungen nach antikem Vorbild und in der Bezeichnung großer Autoren als ‹Wiedergeburt› eines antiken Vorgängers: So galt etwa Marco Girolamo Vida mit seinen Lehrgedichten und Epen als zweiter Vergil, Mathias Casimir Sarbiewski als Horaz des Christentums; Jakob Balde wurde für seine Odendichtung als deutscher Horaz, während seiner Zeit als Rhetorikprofessor in Ingolstadt aber auch als neuer Quintilian gefeiert.[6]

Die Werke solcher Autoren belegen, dass es sich bei derartigen Ausdrücken nicht um leere Phrasen handelt. Die *imitatio* der römischen Vorbilder lässt sich bei ihnen auf allen Ebenen nachweisen, von Titel und Gesamtkonzeption über Grob- und Feingliederung bis hin zum sprachlichen Detail. So ist beispielsweise das typische neulateinische Epos nach dem Vorbild der *Aeneis* (oder der Idee, die man sich von ihr machte)[7] panegyrisch angelegt. Es trägt wie sie einen Titel mit der Endung *-is* (so zum Beispiel die um 1500 vollendete *Raeteis* des Simon Lemnius) oder wie die *Ilias* einen auf *-as* (so etwa Ugolino Verinos *Carlias*, um 1480, auf Karl den Großen). Wie die *Aeneis* ist es in zwölf Bücher bzw. in Vielfache oder Bruchteile dieser Zahl eingeteilt. Als Versmaß ist zwingend der daktylische Hexameter vorgeschrieben. Der epische Heros eifert in Tapferkeit und Pflichterfüllung Vergils Aeneas nach. Die Handlung setzt sich großteils aus Elementen zusammen, die aufgrund ihres Einsatzes bei Homer und Vergil als gattungstypisch gelten: der einleitende Musenanruf, Götter- und Unterweltszenen (in denen die heidnische Götterwelt munter weiterlebt), Schlacht- und Seesturmbeschreibungen, Ekphraseis von Kunstwerken, rhetorisch durchstilisierte Reden usw. Was die sprachliche Gestaltung betrifft, gelten etwa Gleichnisse als typisch epische Höhepunkte. Im Detail begegnen vergilische, in zweiter Linie auch Ovid, Lucan, Claudian und anderen entlehnte Verse, Halbverse, Wortverbindungen und Wortbildungen, zum Beispiel Komposita vom Typ *armiger* («waffentragend»). Wie weit die *imitatio* dabei gehen kann, zeigt folgendes Detail: In manchen neulateinischen Epen finden sich Hexameter, die unvollendet abbrechen – keine Nachlässigkeit, sondern Nachahmung einiger derartiger Verse in der *Aeneis*, die dort aufgrund von Vergils vorzeitigem Tod so stehen geblieben sind.

Wie Vergil in seinem Versmaß, dem Hexameter, Ovid im elegischen Distichon zum großen stilistischen Vorbild wurde, so gingen metrische und stilistische Imitation auch bei anderen antiken Dichtern Hand in Hand. In der Nachfolge Catulls entstanden beispielsweise unzählige Gedichte und Gedichtlein meist leichteren Inhalts in dessen Lieblingsversmaß, dem Hendekasyllabus. Sie übernahmen Catulls auffälligste stilistische Vorlieben, nämlich die spielerische Häufung von Superlativen und liebevollen Verkleinerungsformen wie *ocellus* oder *solaciolum* («Äuglein», «Tröstlein»), und imitierten darüber hinaus häufig berühmte Einzelgedichte.[8] So beginnt etwa Giovanni Pontano, den wir bald noch etwas genauer kennenlernen werden, seine *Amores* («Liebesgedichte») mit einer Widmung, die sprachlich und inhaltlich gleich an Catulls Eröffnungsgedicht, das berühmte *Cui dono lepidum novum libellum?* («Wem schenk' ich mein lustiges neues Büchlein?»), denken lässt:

I munus lepido meo sodali,
Non dura nimium libelle fronte,
Sed qualem tenerae volunt puellae
Inter blanditias iocosque molles
Charis coniugibus suis inesse. …

Geh als Geschenk zu meinem lustigen Freund, du Büchlein, dessen Stirn nicht allzu streng ist, sondern so, wie zarte Mädchen sie sich unter Liebkosungen und sanften Scherzen bei ihren lieben Männern wünschen. …

Zu einer vergleichbaren Mode führte um die Mitte des 16. Jahrhunderts die Wiederentdeckung eines Corpus von griechischen Liebes- und Trinkliedern aus der Kaiserzeit, das man dem archaischen Lyriker Anakreon zuschrieb. Sogleich ins Lateinische übersetzt, provozierten diese eingängigen Gedichte eine Flut von Nachahmungen in der volkssprachlichen, aber auch in der lateinischen Literatur. Auch in diesem Fall wurden zusammen mit dem charakteristischen Versmaß, dem katalektischen jambischen Dimeter (x–◡– x–x), das ‹süße› Vokabular (Wein, Liebe, Küsse usw.) sowie die häufigen Superlative, Parallelismen und Wiederholungen des Originals imitiert und mitunter ins Maßlose gesteigert.[9]

Lenkte das metrische Kriterium die *imitatio* auf dem Gebiet der Dichtung in geordnete Bahnen, so fehlte ein entsprechendes Regulativ in der Prosa, weshalb auf diesem Feld um die Frage nach dem besten Vorbild mitunter hitzig gestritten wurde. Gegen die beherrschende Stellung Ciceros erhob sich Protest in Gestalt einer Reihe von Gegenströmungen. Zu den bekanntesten zählt der Apuleianismus, der sich das ‹barocke› Latein des Apuleius von Madaura, des Autors des Romans *Der goldene Esel*, zum Vorbild nahm und sich seit dem späten 15. Jahrhundert in Italien etablierte. Sein prominentester Vertreter war mit Filippo Beroaldo dem Älteren (1453–1505) nicht zufällig der wichtigste Apuleius-Kommentator seiner Zeit. Wie gespannt das Verhältnis zwischen Ciceronianern und Apuleius-Liebhabern sein konnte, deutet eine Äußerung von Lorenzo Valla an, der den Stil der letzteren boshafterweise mit dem Gebrüll eines Esels verglich. Zwei weitere Gegenmodelle zu Cicero stellten der kleinteilige, pointierte Stil des Philosophen Seneca und die dichte, schwierige Prosa des Historikers Tacitus mit ihren überraschenden syntaktischen und gedanklichen Wendungen dar. Der Mann, der diesen Vorbildern vom 16. bis zum 18. Jahrhundert zu Popularität verhalf, war der niederländische Philologe, Jurist und Philosoph Justus Lipsius (1547–1606).[10]

Für die moderne Vorstellung von Literatur, wie sie sich seit dem 18. Jahrhundert entwickelt hat und allen postmodernen Zwischenrufen zum Trotz bis heute beherrschend geblieben ist, stellen Theorie und Praxis der *imitatio* und *aemulatio*, wie bereits angedeutet, eine Provokation dar: Literatur, so nehmen wir an, soll originell sein, nicht imitativ. Der Dichter soll aus sich selber und aus der Wirklichkeit schöpfen, die ihn umgibt, nicht aus älterer Literatur. Inwiefern dieser Literaturbegriff realistisch ist, steht hier nicht zur Debatte. Klar ist, dass er neben der Fixierung auf die Muttersprache einer- und auf die klassische Antike andererseits ein weiteres Motiv für die Abwertung der neulateinischen Literatur in der Moderne darstellt: Aus der Sicht von Sturm und Drang, Romantik und Realismus erscheint *imitatio* als mechanisches Kopieren von Modellen, ihre Resultate als eine eintönige Folge immer blasserer Abklatsche.

Diese Sicht der Dinge enthält durchaus ein Körnchen Wahrheit: Die Zahl der neulateinischen Autoren war groß, und natürlich handelte es sich dabei nicht durchwegs um literarische Genies. Für einen mediokren Schriftsteller, der vor der Aufgabe steht, einen Text zu verfassen, ist es aber tatsächlich die einfachste Möglichkeit, sich ein etabliertes Vorbild auszusuchen und diesem auf Schritt und Tritt zu folgen – ein Verfahren, das bestenfalls Dutzendware liefert.

Ist jedoch ein Könner am Werk, so sieht die Sache anders aus. Schon die antiken Theoretiker unterscheiden sklavische Nachahmung, die zwangsläufig hinter dem Vorbild zurückbleibt, von freier: Diese durchdringt es geistig, versucht es zu übertreffen, passt es den eigenen Absichten an und weiß es mit weiteren Modellen zu kombinieren. So entstehen Texte, die sich vor dem Vorbild nicht zu verstecken brauchen, etwas Neues darstellen und ein eigenes Gepräge tragen. Mitunter werden diese Einsichten in eindrückliche Bilder gefasst: Wie ein Maler verschiedene Farben zu einer neuen zusammenmischt, so soll es auch der Schriftsteller mit den Qualitäten seiner Vorbilder tun. Er muss die geistige Nahrung, die diese bieten, gut verdauen, dann geht sie ihm in Fleisch und Blut über und wird im vollen Sinne des Wortes sein eigen.[11]

Zu diesen allgemeingültigen Beobachtungen kommt im Falle der neulateinischen Literatur noch ein weiterer Punkt hinzu: Die antiken Modelle werden über eine historische Distanz von mehr als einem Jahrtausend hinweg aufgegriffen und in eine ganz andere Kultur verpflanzt als die, der sie entstammen. In dem neuen Zusammenhang, in den sie damit gestellt werden, wachsen ihnen zwangsläufig neue Bedeutungen zu. Dieses Miteinander verschiedener Epochen in ein und demselben Werk kann eine große Bereicherung bedeuten: Es entstehen Texte, die einerseits neue, zeitgenössische Befindlichkeiten zur Sprache bringen, andererseits ihre antiken Vorbilder durchschimmern lassen, auf diese Weise zusätzliche Bedeutungsebenen gewinnen und eine spannungs- und reizvolle Polyphonie entfalten.

Möchte man sich das an einem kleinen Beispiel veranschaulichen, kann man etwa den Beginn des ersten Elegienbuches des Petrus Lotichius Secundus (1528–60) betrachten, in dem der junge Dichter berichtet, wie er 1546/47 als Teilnehmer auf protestantischer Seite im Norden Deutschlands, fern seiner hessischen Heimat, den Schmalkaldischen Krieg erlebt hat. Die ersten Verse des Buches lauten:

Me tenet hiberno sub sidere Moenalis ursae
Proxima Vandalico terra, Micylle, solo,
Flavus ubi torquens infidas Albis arenas
Labitur, Arctoas maximus inter aquas.

Mich, Micyllus, hält unter den Wintersternen der mänalischen Bärin das Land fest, das dem Boden der Vandalen benachbart ist, dort, wo der gelbbraune Elbstrom dahingleitet und tückischen Sand aufwirbelt, der Größte unter den Flüssen des Nordens.[12]

Der unfreiwillige Aufenthalt im Norden, im Land unter dem Großen Bären, ein berüchtigtes Barbarenvolk ganz in der Nähe, ein gewaltiger Strom, der trüb dahinfließt, schließlich die briefartige Anrede an einen Freund und das elegische Distichon – all das evoziert sofort ein ganz bestimmtes Vorbild: den von Augustus ans Schwarze Meer verbannten Ovid, der in den elegischen *Epistolae ex Ponto* («Briefe vom Schwarzen Meer») zahlreichen Freunden in Rom seinen arktischen, von mordlustigen Geten umzingelten Verbannungsort Tomi knapp südlich des Donaudeltas in den finstersten Farben schildert. Dieser Anschluss an den großen römischen Dichter ist keine Schaustellung müßiger Gelehrsamkeit, sondern bereichert den frühneuzeitlichen Text wesentlich: Er vertieft das Mitleid des Lesers mit dem Dichter, der schon in jungen Jahren erleiden muss, was Ovid erst in reifem Alter widerfuhr, und weckt eine bange Spannung – wird auch Lotichius wie sein antikes Vorbild im hohen Norden sterben? Der Schluss des Buches, wo der Autor über das Ende des Krieges und seine Heimkehr jubelt, wirkt dann umso mehr wie eine Erlösung. Gleichzeitig zeigt der Rekurs auf Ovid aber auch, dass Lotichius mit seinem Schicksal nicht alleine dasteht.

An der Ohnmacht des Einzelnen, der in die Fänge der großen Politik gerät, so der bittere Befund, hat sich seit eineinhalb Jahrtausenden nichts geändert, mag der Kaiser, der einem übel mitspielt, nun Augustus oder Karl V. heißen.

Neue Formen: Emblem, Jesuitendrama, Utopie

Die ‹Überblendung› von Altertum und Gegenwart brachte aber nicht nur faszinierende Einzelwerke hervor. In manchen Fällen entstanden auf diese Weise gleich neue literarische Gattungen und Textsorten, und es kamen zeitgenössische Sachverhalte und Ideen zur Sprache, die davor nicht Gegenstand der Literatur gewesen waren. Drei derartige neue Formen seien im Folgenden kurz vorgestellt: das Emblem, das Jesuitendrama und die Utopie.

Um 1520 verfasste der norditalienische Jurist und Humanist Andrea Alciato ein Büchlein Epigramme in elegischen Distichen. Die einzelnen Kurzgedichte beschrieben jeweils eine bildliche Darstellung, die ihrerseits eine im Titel angegebene Weisheit zum Ausdruck bringen sollte. Nach Alciatos Vorstellung sollte das Buch Kunsthandwerkern Anregungen zu ihren Arbeiten liefern. Eine wichtige Inspirationsquelle war ihm die *Anthologia Palatina*, eine große Sammlung griechischer Epigramme, die in vielen Fällen Kunstwerke beschreiben und von denen Alciato selbst eine Teilübersetzung herausgebracht hatte. 1531 wurde sein Epigrammbuch von Heinrich Steyner in Augsburg gedruckt. Dabei ließ dieser zwischen Titel und Text jeweils einen Holzschnitt einfügen, der die beschriebene Darstellung realisierte: Das Emblem in seiner kanonischen dreiteiligen Form aus Lemma (Titel, Motto), Icon (Bild) und Epigramm war geboren (Abb. 10). Seinen Namen bezog es vom griechisch-lateinischen *emblema*, das zunächst «Mosaik» oder «Entarsie», dann auch einfach «Einlage» bedeuten konnte.[13]

Alciatos Buch wurde ein gewaltiger Erfolg. Schon zu Lebzeiten seines Autors wurde es mehrfach in erweiterter Form neu herausgegeben, bis 1700 erschienen rund 140 Neuauflagen sowie zahlreiche volkssprachliche Übersetzungen. Bald wurde die Idee von anderen Autoren aufgegriffen, variiert und in die Volkssprachen übernommen; insgesamt sind vom 16. bis zum 18. Jahrhundert über 600 Verfasser von Emblembüchern bekannt. Des Weiteren entwickelte sich eine ausgedehnte Theorie des Emblems. Die neue Form entsprach dem frühneuzeitlichen Verständnis der Natur als les- und deutbarem Buch Gottes, dem Geschmack an der Allegorie und dem hohen Stellenwert moralischer Unterweisung ebenso wie dem schlichten Vergnügen an Bildern und Rätseln. Embleme wurden in eigenen Enzyklopädien gesammelt und regten schließlich – ganz in Alciatos Sinne – das Kunsthandwerk und die bildende Kunst an: Emblematische Darstellungen zierten, allerdings meist reduziert auf Icon und allenfalls Lemma, Tapeten wie Trinkpokale, Kachelöfen wie Kanonen, Münzen wie Stuckdecken der Epoche und spielten auch in der Malerei eine wichtige Rolle. Erst als die Allegorie seit dem 18. Jahrhundert in den Ruf pedantischer, gefühlskalter Künstelei geriet, ging auch das Zeitalter des Emblems zu Ende.

Ein Ort, wo die Emblematik ebenfalls wirkungsvoll zum Einsatz kam, war die Bühne des Jesuitentheaters. Im frühen 16. Jahrhundert hatten vor allem reformatorisch gesinnte Humanisten im Drama ein wirkungsvolles Mittel erkannt, Schüler mit gesprochenem Latein vertraut zu machen und selbst zum Lateinsprechen anzuregen. Seit Mitte des 16. Jahrhunderts übernahm die 1540 gegründete Gesellschaft Jesu, die sich gerade als der katholische Schulorden schlechthin zu etablieren begann, den Usus des Theaterspielens und machte ihn zu einer Säule ihres Schulwesens.[14]

Dabei fühlte man sich von Anfang an weder zu enger Anlehnung an die antiken Vorbilder verpflichtet (deren erotische Stoffe und heidnischer Hintergrund ohnehin bedenklich erschienen) noch an die strenge Theorie des Dramas gebunden, die Aristoteles und Horaz vertraten. Vielmehr entwickelte man eine große Vielfalt dramatischer Formen: Neben den Heiligen-, Märtyrer- und Historiendramen, die das Gros der Produktion ausmachten, entstanden Festspiele, Huldigungsstücke, Unterrichtskomödien, Mysterienspiele, Meditationsdra-

Abb. 10
Emblem aus der Erstausgabe von Alciatos *Emblematum liber*. Die Überschrift lautet: «Mächtigster aller Affekte ist die Liebe», das Epigramm (das nicht in jedem Punkt zum Bild passt): «Sieh, wie auf dieser Gemme der Liebesgott, der kleine Bub, als Wagenlenker die unbesiegbaren Kräfte des Löwen besiegt, wie er mit dieser Hand die Peitsche hält, mit jener die Zügel anzieht und wie reizend das Gesicht des Knaben ist. Schreckliche Krankheit, bleib uns fern! Wer ein solches Tier zu besiegen vermag, wird der wohl von uns seine Hände lassen?»

men, dramatisierte Dialoge und anderes mehr. Die meisten Stücke verwendeten den jambischen Trimeter (x–◡– x–◡– x–◡x) oder seine freiere römische Variante, den jambischen Senar, doch auch Prosa und (in den Chorliedern) die verschiedensten lyrischen Maße kamen zur Anwendung.

Die Aufführungen konnten überaus prächtig gestaltet sein: Weil alle Schüler der betreffenden Klassen eingebunden werden sollten, wirkten manchmal mehrere hundert Schauspieler mit. Musik, Tanz, prächtiges Bühnenbild und ausgefeilte Bühnentechnik ließen mitunter ein opernhaftes Gesamtkunstwerk entstehen (Abb. 11). Eine große Aufführung zeichnete in der Regel den Beginn, später eher das Ende des Schuljahres im Herbst aus. Daneben konnten auch während des Jahres Stücke aufgeführt werden, etwa zu bestimmten Zeiten im Kirchenjahr (Weihnachts-, Fastnachts-, Osterspiele) oder zu festlichen Anlässen, beispielsweise Besuchen hochgestellter Persönlichkeiten oder Fürstenhochzeiten. In der Regel wurde für jede Aufführung ein neues Stück verfasst und einstudiert, meist vom Lehrer der Rhetorikklasse. Wiederaufführung war ebenso die Ausnahme wie

Drucklegung; nur die Werke außergewöhnlich berühmter Dramatiker wurden gelegentlich gedruckt. Auf diese Art entstanden innerhalb von gut 200 Jahren geschätzte 100 000 Stücke, von denen heute allerdings die meisten verloren sind. Eine Vorstellung von vielen untergegangenen Dramen vermitteln aber noch die sogenannten Periochen, meist volkssprachliche oder bilingue Zusammenfassungen, die als Heftchen an das zahlreich versammelte, nicht zur Gänze lateinkundige Publikum verteilt wurden.

Dieses reichte weit über den Kreis der stolzen Eltern hinaus und konnte einen guten Teil der Stadtbevölkerung umfassen. Die emotionale Wirkung der Stücke war oft gewaltig, sogar von Spontanbekehrungen wird berichtet. All das machte das Jesuitentheater über seine didaktische Funktion hinaus zu einem vormodernen ‹Massenmedium› und einem wichtigen Propagandainstrument. Der Orden setzte es ein, um gegen die Reformation Stellung zu beziehen und die eigene Bedeutung herauszustreichen; später konnten auch bürgerliche Tugenden propagiert und sogar (in Maßen) aufklärerische Inhalte vermittelt werden. Bis zur europaweiten Einrichtung fester Hof- und Stadttheater in der Aufklärungszeit blieb das Theater der Jesuiten das am weitesten verbreitete und wirkmächtigste des Kontinents. In den katholischen und gemischtkonfessionellen Gebieten Europas bestimmte es den öffentlichen Diskurs maßgeblich mit. Anders als vielfach angenommen, stand es bis in die zweite Hälfte des 18. Jahrhunderts in ungebrochener Blüte. Erst das päpstliche Verbot des Ordens 1773 machte ihm ein jähes Ende.

Emblem und Jesuitendrama sind heute Geschichte. Quicklebendig ist dagegen die Utopie geblieben, die Thomas Morus mit seiner *Utopia* (1516) aus der Taufe hob. Das Werk traf einen Nerv der Zeit und wurde ein durchschlagender Erfolg. Es rief zunächst eine vorwiegend neulateinische Tradition ins Leben, als deren prominenteste Vertreter Joseph Halls *Mundus alter et idem* («Eine andere Welt – und doch dieselbe», um 1605), Johann Valentin Andreaes *Christianopolis* («Christenstadt», 1619), Tommaso Campanellas *Civitas solis* («Sonnenstaat», 1623, italienische Erstfassung 1602), Francis Bacons *Nova Atlantis* («Neues Atlantis», 1638) und Ludvig Holbergs *Iter subterraneum* («Unterirdische

Abb. 11
Frontispiz der Ausgabe Köln 1674 der Stücke des Jesuitendramatikers Nicolaus von Avancini. Gut zu erkennen sind die große Zahl an Schauspielern, die aufwendigen Kostüme, die tiefe bzw. illusionistisch gestaltete Bühne und der Einsatz einer Flugmaschine.

Reise», 1741) gelten können. In der Folge ging das Genre in die Volkssprachen über, ersetzte räumliche Entlegenheit durch zeitliche Ferne (zuerst bei Louis-Sébastien Mercier, *L'an 2440*, 1771), ging eine enge Verbindung mit der Science Fiction ein und griff auf nichtliterarische Medien aus, vor allem auf den Film. Gleichzeitig entstanden verschiedene Untergattungen, insbesondere die Dystopie, die in Werken wie George Orwells *1984* die Zukunftsängste der Moderne zum Ausdruck bringt. Der durchgreifende und anhaltende Erfolg utopischen Erzählens lässt sich vielleicht am besten daran ablesen, dass der Begriff «Utopie» in der trivialisierten Bedeutung «unerfüllbarer Wunschtraum» längst in die Umgangssprache eingegangen ist.[15]

Lateinische Wiegenlieder: Pontanos Naeniae

Die bis hierher besprochenen Beispiele haben hoffentlich gezeigt, dass die neulateinische Belletristik literatur- und geistesgeschichtlich bedeutsam war: Sie hat Gattungen hervorgebracht und Denkformen in die Welt gesetzt, von denen manche bis heute nachwirken. Doch die meisten Leser, die einen Roman oder einen Gedichtband zur Hand nehmen, wollen nicht ein wichtiges Buch lesen – sie wollen amüsiert, überrascht, bezaubert, erschreckt, gerührt werden. Sie lesen, weil sie das Lesen selbst genießen. Hat die neulateinische Literatur Texte zu bieten, die man noch heute mit Genuss lesen kann? Ist sie es wert, als Literatur gekannt und geliebt zu werden?

Ja, in jeder Hinsicht. Von der spannenden Phantastik des eben erwähnten Ludvig Holberg bis zum galligen Spott der *Dunkelmännerbriefe*, von der Finesse und dem Witz eines Marco Girolamo Vida über das erotische Pathos eines Janus Secundus bis hin zur religiösen Ergriffenheit und zur schwindelerregenden Virtuosität eines Jacob Balde, dessen vielgestaltiges Œuvre eine poetische Welt für sich darstellt, gibt es kaum ein Register, in dem neulateinische Autoren nicht Großartiges geleistet und Texte geschaffen hätten, die ihre Leser begeistern, bezaubern und betroffen machen. Das Problem dabei ist, dass all diese Schönheiten lateinische Schönheiten sind. Im Original können sie heute nur mehr wenige lesen und genießen, in Übersetzung ist der größte Teil des Reizes dahin (zumindest bei der Dichtung, die Prosa lässt sich besser übertragen).

Zum Abschluss dieses Kapitels sei deshalb eine kleine Gruppe von Texten vorgestellt, deren Latein so einfach, lautmalerisch und klangschön ist, dass sie hoffentlich auch Lesern mit rudimentären Lateinkenntnissen direkt zugänglich sind. Ihr Autor ist der in Neapel ansässige Humanist Giovanni Pontano, einer der größten Dichter der italienischen Renaissance. 1461 heiratete Pontano Adriana Sassone, die ihm in den nächsten Jahren die Töchter Aurelia, Eugenia und Lucia Marzia und schließlich den Sohn Lucio schenkte. Die beiden scheinen bis zu Adrianas Tod 1490 eine glückliche Ehe geführt zu haben.

Die Geschichte dieser Ehe, von der Hochzeit Giovannis und Adrianas bis zur Hochzeit der beiden Töchter Aurelia und Eugenia, spiegelt sich in den drei Elegienbüchern *De amore coniugali* («Die Liebe in der Ehe»), die postum 1505 in Neapel erschienen.[16] Mit dieser Sammlung griff Pontano die antike Liebeselegie auf, deren kanonische Vertreter Tibull, Properz und Ovid waren, nahm am Grundkonzept dieser Gattung aber einschneidende Änderungen vor: Die antiken Elegiker verweigerten sich der Ehe und suchten ihr Glück in der ausschließlichen Hingabe an eine Geliebte (*domina*), erlitten damit aber stets Schiffbruch. Indem Pontano programmatisch das Eheglück feierte, stellte er das elegische Weltbild und die zugrunde liegende Werthaltung auf den Kopf, bereicherte aber gerade dadurch die elegische Tradition um eine neue, zeitgemäße Variante, die im 16. Jahrhundert eine ganze Reihe von Nachfolgern fand. Wenn die Mentalitätsgeschichte die Emotionalisierung und Idealisierung des Ehelebens erst mit dem 17./18. Jahrhundert beginnen lässt,[17] kann das nicht ganz stimmen.

Der neuartigste und zugleich entzückendste Teil der drei Elegienbücher sind die zwölf *Naeniae* («Wiegenlieder») am Ende des zweiten Buches. Wie sehr sie schon Pontanos Zeitgenossen gefielen, zeigt der Umstand, dass sie zeitgleich mit der Publikation der gesamten Sammlung nochmals separat gedruckt wurden. Im Mittelpunkt dieser kurzen Elegien steht Pontanos Sohn Lucio, den wir uns vielleicht ein Jahr alt vorstellen müssen. Als Sprecher treten Pontano selbst, vor allem aber Mutter und Amme des Säuglings auf: Der Kleine soll einschlafen, nicht schreien, brav trinken, sich nicht mit seinem Milchbruder streiten usw. Die Lieder stehen wie alle anderen Gedichte von *De amore coniugali* im elegischen Distichon, verbinden diese antike Form aber mit Charakteristika, die man am liebsten aus – nicht mehr greifbaren – volkssprachlichen Wiegenliedern herleiten möchte: einfachem Wortschatz, schlichtem Satzbau, Koseformen, Wortwiederholungen, Kehrversen, der Häufung weicher Konsonanten wie *l*, *m* und *n* und einer Fülle weiterer Klangeffekte. Das Ergebnis ist von einer Süße und Intimität, zu der sich nicht leicht ein Gegenstück finden lässt.[18]

So schmeichelt der Vater seinem Sohn in der zwölften und letzten *naenia*:

Pupe meus, pupille meus, complectere matrem
Inque tuos propera, pupule care, sinus!
Pupe bone, en cape, care, tuas, mi pupule, mammas,
Pupule belle meus, bellule pupe meus.
Suge, canam tibi naeniolam. Nae... naenia nonne
Nota tibi, nate, est, naenia, naeniola?
Pupe meus, pupille meus, nae... naenia nonne
Nota tibi, nate, est, naenia, naeniola?
Somniculus tibi iam lassis obrepit ocellis,
Dum tibi, nate, placet naenia nota nimis.
Pupe meus, dormisce meus! Nae... naenia, nostro
Da noctem nato, naenia, somniferam!

Mein Bub, mein Büblein, umarm deine Mutter, eil an den Busen, der dir gehört, liebes Büblein! Guter Bub, lieber Bub, hier nimm deine Brüste, mein Büblein, mein süßes Büblein, Süßer, mein Bub. Saug, ich sing Dir ein Liedlein. Das Lie... Liedlein, ist's nicht dir bekannt, Lieber, das Lied, das Liedlein? Mein Bub, mein Büblein, das Lie... Liedlein, ist's nicht dir bekannt, Lieber, das Lied, das Liedlein? Schon schleicht ein Schläflein dir über die müden Äuglein, während dir, Lieber, das bekannte Lied nur allzu gut gefällt. Mein Bub, meiner, schlummere ein! Lie... Liedlein, gib meinem Lieben, Lied, schlafbringende Nacht.

Das hilflose Gestammel der Übersetzung kann hier eigentlich nur *e contrario* verdeutlichen, welche Kunst in diesen lateinischen Versen steckt. Sie sind aber weit mehr als nur ein sprachliches Bravourstück. In ihnen spricht sich vielleicht zum ersten Mal in der Geschichte die Beziehung eines Vaters zu seinem Kleinkind in einer Weise aus, die uns erst im Laufe der letzten Jahrhunderte selbstverständlich geworden ist. Wenn große Literatur sich dadurch auszeichnet, dass sie neue Wirklichkeit zur Sprache und damit zu Bewusstsein bringt, dann ist das große Literatur.

4

GESCHICHTE, GESCHICHTSSCHREIBUNG, GESCHICHTSBILD

Humanistische Historiographie

«Geschichte» kann sich im Deutschen auf dreierlei beziehen: einen Komplex vergangener Ereignisse (lateinisch *res gestae* oder *historiae*), die Erzählung dieser Ereignisse (*historia*) und die Wissenschaft, die sich mit ihnen befasst. Für die Humanisten waren zunächst nur die beiden erstgenannten Aspekte von Interesse, die allerdings nahmen sie sehr ernst.[1] Wie bereits erwähnt, zählte die *historia* zu den fünf *studia humanitatis*, den Kernfächern des humanistischen Bildungskanons. Seit dem 16. Jahrhundert begann sie sogar an den Universitäten Fuß zu fassen. Im Anschluss an Cicero, der sie als *magistra vitae* («Lehrmeisterin für das Leben», *De oratore* 2,36) bezeichnet hatte, und Livius (*Ab urbe condita, praefatio* 11) sah man in ihr einen Weg zu praktischer Lebensklugheit und eine Quelle vorbildlicher und warnender Beispiele. Darüber hinaus sei die Kenntnis der Vergangenheit an und für sich erstrebenswert und die großen Historiker der Antike seien als stilistische Vorbilder nicht zu verachten. Leonardo Bruni gibt die *communis opinio* wieder, wenn er Battista da Montefeltro, der klugen und gebildeten Frau des Condottiere Galeazzo Malatesta, das Studium der Geschichte mit folgenden Worten ans Herz legt:

> *Placet ergo ad studia illa, de quibus supra dixi, in primis historiae cognitionem adiungere, rem studiosis hominibus nullo modo negligendam. … Dirigit enim prudentiam et consilium praeteritorum notitia exitusque similium coeptorum nos pro re nata aut hortantur aut deterrent. Praeterea exemplorum copia, quibus ple-*

rumque illustrare dicta nostra oportet, non aliunde quam ab historia commodius sumetur.

Es erscheint mir also sinnvoll, zu den Studien, über die ich zuvor gesprochen habe, insbesondere die Kenntnis der Geschichte hinzuzufügen, etwas, das lernbegierige Menschen keinesfalls vernachlässigen dürfen. ... Das Wissen um vergangene Ereignisse lenkt nämlich unsere Klugheit und unser Planen und der Ausgang von Unternehmen, die den unseren ähneln, spornt uns je nach Lage der Dinge an oder schreckt uns ab. Außerdem wird man die Fülle an Beispielen, mit denen wir unsere Worte in den meisten Fällen schmücken sollen, nirgendwoher bequemer als aus der Geschichte beziehen.[2]

Die Humanisten begnügten sich aber nicht damit, die antiken Historiker nur zu lesen. Sie begannen ihnen nachzueifern und nach ihrem Muster selbst Geschichtswerke zu verfassen. Die beliebtesten Vorbilder waren Sallust, Livius und Tacitus, daneben auch Caesar und Florus, der unter Hadrian einen knappen Abriss der römischen Geschichte veröffentlicht hatte. Durch den Rückgriff auf diese Autoren setzten sich die frühneuzeitlichen Geschichtsschreiber sprachlich wie konzeptionell von der Historiographie des Mittelalters ab, deren dominierende Form die Chronik gewesen war. Bot eine solche typischerweise eine zeitlich geordnete Abfolge einzelner Einträge ohne höheren literarischen Anspruch und ohne den Versuch, Kausalzusammenhänge herauszuarbeiten, so entstanden nun durchgehende, stilistisch ausgefeilte Erzählungen, die über die Ereignisse hinaus auch die dahinter stehenden Ursachen aufzeigen wollten. Obwohl der Gebrauch des Lateinischen dabei nicht zwingend war und von Anfang an auch bedeutende Werke in den Volkssprachen entstanden, spielte die lateinische Historiographie bis in die Zeit um 1700 die führende Rolle. Die Geschichtsschreibung etablierte sich als eines der beliebtesten Betätigungsfelder neulateinischer Autoren, und es kam ein Schrifttum von gewaltigen Ausmaßen zusammen, das eine Vielzahl an Gattungen und Richtungen abdeckte.[3]

Hinsichtlich Umfang und Anlage entstanden auf der einen Seite vielbändige Wälzer in der Nachfolge des Livius und des Tacitus, die ihre Erzählung häufig wie diese Vorbilder annalistisch, das heißt nach

Kalenderjahren, gliederten. Auf der anderen wurden historische Monographien verfasst, deren Autoren auf knapperem Raum ein klar eingegrenztes Ereignis behandelten und sich in die Tradition Sallusts stellten (S. 40–41).

Was die Art der erzählten Ereignisse betrifft, so hatten die mittelalterlichen Chroniken in der Regel Kirchliches und Weltliches in einem Atemzug abgehandelt. In der Reformationszeit dagegen gewann neben der Säkular- auch die Kirchengeschichte, die schon in der Spätantike (3.–6. Jahrhundert) geblüht hatte, wieder ein eigenständiges Profil.[4] Wie zu erwarten, bezogen die betreffenden Werke häufig polemisch Position für oder gegen die Reformation. So antwortete etwa, um nur die zwei prominentesten Beispiele zu nennen, der Kardinal Cesare Baronio mit seinen zwölfbändigen *Annales ecclesiastici* («Kirchengeschichte Jahr für Jahr», 1588–93) auf die von einem Autorenkollektiv unter Mathias Flacius Illyricus verfassten dreizehn Bände der *Centuriae Magdeburgenses* («Jahrhunderte [der Kirchengeschichte] aus Magdeburg», 1559–74).

Betrachtet man das Spektrum in chronologischer Hinsicht, so fällt auf, dass unter denjenigen Werken, die sich auf einen bestimmten Zeitabschnitt konzentrierten, die antike Geschichte ausgespart blieb: Sie glaubte man bis etwa 1700 von den antiken Historikern selbst unübertrefflich behandelt, weshalb man sich mit der Kommentierung der alten Meister begnügte. Das Mittelalter nahm als Erster der päpstliche Kanzleisekretär Flavio Biondo in seinem *Ab inclinatione Romanorum imperii* («Vom Niedergang des Römischen Reiches an», um 1440, gedruckt 1483) ausführlich in den Blick. Weitaus am populärsten war jedoch die Zeitgeschichte. Höchst erfolgreich wurden etwa die monumentalen *Historiae sui temporis* («Geschichtliche Ereignisse der eigenen Zeit») des französischen Politikers Jacques-Auguste de Thou; das Werk, das die französischen Religionskriege in der zweiten Hälfte des 16. Jahrhunderts schildert, erschien zwischen 1604 und 1733 in einem Dutzend verschiedener Fassungen und Auflagen und wurde danach noch ins Französische übersetzt.

Der Raum schließlich, der in den Blick genommen wurde, konnte eng umgrenzt sein, so etwa bei Regional- und Stadtgeschichten wie

Leonardo Brunis berühmter *Historia populi Florentini* («Geschichte des Volkes von Florenz», S. 40). Daneben standen geographisch weiter ausgreifende Genres: Landesgeschichten wie die nach dem Vorbild des Livius eingeteilten *Rerum Hungaricarum decades* («Ungarische Geschichte in Teilen zu zehn Büchern», beendet 1498) des italienischen Humanisten Antonio Bonfini und weltgeschichtliche Kompendien wie das höchst erfolgreiche *Chronicon Carionis* (1558), Melanchthons lateinische Bearbeitung einer deutschen Chronik des Johannes Carion.

Stadt- und Landesgeschichten entstanden häufig im Auftrag der Regierenden und zu deren Ruhm. Ähnliches galt auch für Geschichten anderer Institutionen und Personenverbände von Klöstern und Orden bis hin zu Herrschergeschlechtern. An vielen Höfen beschäftigte man eigene Hofhistoriographen. In dieser Funktion sollte etwa Jacob Balde zur höheren Ehre Maximilians I. von Bayern wirken, doch scheiterte dies wie bei vielen seiner Vorgänger und Nachfolger an den Diskrepanzen zwischen seinem Streben nach historischer Wahrheit und den Vorstellungen seines Arbeitgebers.[5]

Der Wandel des Geschichtsbildes

Der formale Unterschied zwischen einer mittelalterlichen Chronik und einem humanistischen Geschichtswerk darf nicht darüber hinwegtäuschen, dass zwischen beiden vorderhand eine Reihe grundsätzlicher Kontinuitäten besteht. In beiden Fällen haben wir es mit einer vormodernen Vorstellung von Geschichte zu tun, die sich in wesentlichen Punkten von dem unterscheidet, was wir heute darunter verstehen: Geschichte war in einen theologischen Rahmen eingespannt, speiste sich aus narrativen Quellen, denen man gutgläubig gegenüberstand, war selbst narrativ, also im Wesentlichen auf Ereignisgeschichte beschränkt, und verstand sich als Literatur. Ein historisches Bewusstsein im engeren Sinne existierte nicht: Die Menschen vergangener Epochen stellte man sich als Zeitgenossen vor, die nur zufällig zu einer anderen Zeit gelebt hatten; nur so wird etwa die Unmittelbarkeit von Petrarcas Beziehung zu den antiken Autoren verständlich, die «mit uns leben, zusammenwohnen, sich unterhalten» (*nobiscum vivunt, cohabitant, colloquuntur*).[6]

Zwischen dem Beginn der humanistischen Historiographie im 15. Jahrhundert und der Aufklärung, als Latein allmählich aus der Geschichtsschreibung verdrängt wurde, geriet der eben skizzierte Vorstellungskomplex in Bewegung und durchlief einen dramatischen Wandel.[7] Die betreffenden Verschiebungen führten zwar noch nicht das herbei, was man als das moderne Geschichtsbild bezeichnen könnte, schufen aber entscheidende Voraussetzungen dafür. Im Folgenden seien anhand eines kursorischen Durchgangs durch verschiedene Gebiete der neulateinischen Historiographie drei zentrale Aspekte dieses Wandels beleuchtet: eine neue, weltliche Periodisierung der Geschichte, die Ausweitung der Quellenbasis auf nichtliterarische Dokumente im Antiquarianismus und die Entstehung der Quellenkritik. Zwei in diesem Zusammenhang zentrale Texte, Lorenzo Vallas Schrift über die Konstantinische Schenkung und Jean Mabillons *De re diplomatica*, sollen die genannten Entwicklungen exemplarisch veranschaulichen.

Neue Epochen[8]

Ein gebildeter Mann aus dem hohen oder späten Mittelalter hätte auf die Frage, in welcher Zeit er lebe, vermutlich geantwortet: «Im sechsten Zeitalter.» Augustins Einteilung der Weltgeschichte in sieben Zeitalter, die den sieben Tagen des biblischen Schöpfungsberichtes entsprachen (*De civitate Dei* 22,30), war die verbreitetste Epochengliederung der Zeit. Das sechste Zeitalter, die Jetztzeit, reichte von der Geburt Christi bis zu seiner Wiederkunft, daran würde sich das siebte in Gestalt des ewigen Sabbat anschließen. Alternative Periodisierungen wie die Vier-Reiche-Lehre (Reiche der Babylonier, Perser, Alexanders und der Römer) oder die Vorstellung von drei Zeitaltern vor dem mosaischen Gesetz, unter dem Gesetz (bis Christi Geburt) und unter der Gnade (seither) teilten mit der Weltenwoche den biblischen Ursprung und stellten die Geschichte wie diese in einen theologischen Rahmen. Damit gaben sie ihr zugleich einen klar bestimmten Anfang, die Schöpfung, einen linearen, unwiederholbaren Verlauf, und ein Ende, das Jüngste Gericht. Die sieben Weltalter und die vier Weltreiche bestimmten ganz konkret die Art mit, in der Geschichte, zumindest Weltgeschichte, geschrieben wurde: An jenen orientierte sich im Gefolge der mittelalterlichen Chroniken noch ein humanistisch geprägtes Werk wie die *Schedelsche Weltchronik* (1493), diese gliederten vor allem im deutschen Sprachraum Überblickswerke bis ins 18. Jahrhundert hinein.

Mit der Begeisterung der italienischen Humanisten für Sprache, Kultur und Politik des Altertums trat nun neben diese göttlich fundierten Gliederungen eine weitere, die ihren Vorgängerinnen schließlich den Rang ablaufen sollte. Das Bestreben, unmittelbar an die Größe der Antike anzuknüpfen, führte nämlich dazu, dass man sich des Abstandes, der einen von ihr trennte, erst richtig bewusst wurde und die seither verflossenen Jahre als eine unfruchtbare Zwischenzeit wahrnahm. Ähnlich stellte sich wenig später aus protestantischer Sicht die Kirchengeschichte dar: Urchristentum – Verfall unter der Herrschaft der Päpste – Wiederherstellung durch die Reformation. In Ansätzen lässt sich ein dreigliedriges Geschichtsmodell schon bei Petrarca und anderen Frühhumanisten fassen. Im Laufe der folgenden Jahrhunderte entwickelte sich allmählich eine Begrifflichkeit für diese neue Periodisierung, insbesondere für die zweite Epoche, die man auf die eine oder andere Art als «mittleres Zeitalter» bezeichnete: *medium tempus*, *media antiquitas*, *media aetas*, *medium aevum*. Allerdings blieben die damit verbundenen Vorstellungen vorerst vage, sachlich unterschiedlich akzentuiert und chronologisch widersprüchlich. An der Wende zum 18. Jahrhundert verhalf schließlich der Hallenser Professor Christoph Cellarius einer Vorstellung von Antike, Mittelalter und Neuzeit zur Herrschaft, die in groben Zügen der heutigen entsprach. Verantwortlich für ihren Erfolg waren in erster Linie pragmatisch-didaktische Gründe: Cellarius' dreibändige Überblicksdarstellung

Historia universalis, breviter ac perspicue exposita, in antiquam et medii aevi et novam divisa («Knapp und klar dargestellte Universalgeschichte, eingeteilt in antike, mittelalterliche und neuzeitliche», 1702–04) machte deutlich, wie gut sich das neue System dazu eignete, Geschichte zu lehren und zu lernen. In dem Maße, in dem es sich durchsetzte, verblasste der theologische Horizont, in dem die Geschichte bislang gestanden hatte: Sie wurde mehr und mehr zu einer rein weltlichen Angelegenheit.

Neue Quellen: der Antiquarianismus und die Hilfswissenschaften[9]

Bis an die Wende zur Neuzeit basierte Geschichtsschreibung fast ausschließlich auf Geschichten, mündlichen oder schriftlichen Erzählungen, in erster Linie auf älteren Geschichtswerken. Das änderte sich grundlegend mit der Bewegung, die heute als Antiquarianismus bekannt ist: Man entdeckte die nichtliterarischen Hinterlassenschaften der Vergangenheit von Inschriften über Münzen bis hin zu Ruinen als historische Quellen.

Das Interesse an diesen Altertümern entstand in der Frührenaissance in Italien, wo man auf Schritt und Tritt über alte Artefakte stolperte. Die Faszination, die Reste der materiellen Kultur der Antike auf die Humanisten ausübten, war unter diesen Umständen sozusagen ein natürliches Gegenstück zu ihrer literarischen Antikebegeisterung. Sie lässt sich schon bei Petrarca nachweisen und zog rasch immer weitere Kreise. Ein frühes, faszinierendes Beispiel bietet die Entdeckung zweier riesiger Schiffe, die, wie man heute weiß, Kaiser Caligula zur Erprobung neuer Techniken hatte konstruieren lassen, im Nemisee unweit von Rom. Flavio Biondo berichtet davon in seiner *Italia illustrata* («Italien ans Licht gebracht», ca. 1448–58, gedruckt 1474):[10] Nachdem Kardinal Prospero Colonna von den Schiffen erfahren hatte, bat er Leon Battista Alberti um Hilfe bei der Bergung und Untersuchung:

Qui vasa vinaria multos colligata in ordines ea ratione in lacu disposuit, ut de ipsis tamquam pontibus hincinde penderent machinae, quibus per harpagones ferreos densioribus appensos rudentibus captam mordicus navem fabri peritiores lignarii attraherent. Et a Genua urbe maritima mercede conducti aderant piscibus quam hominibus similiores nonnulli, quorum partes fuerunt in lacus profundiora natando descendere et quanta esset navis quamque integra sentire et demissos funibus harpagones in morsum capturamque applicare. Tandem capta ligataque ad proram navis, cum integra non sequeretur, fracta est et eius particula trahentes harpagones est secuta. Spectaculo fuit omnibus Romanae curiae nobilioris ingenii viris particula navis, quam hac ratione fabricatam fuisse apparet: Navis tota lariceis asseribus trium digitorum crassitudine compacta, bitumine extrinsecus delibuta fuit, quod bitumen, ut etiam nunc apparet, croceum purpureumve contexuit continuitque velamen …

Dieser ließ Weinfässer in vielen Reihen zusammenbinden und ordnete sie auf dem See so an, dass von ihnen wie von Pontons beiderseits Bergungskräne übers Wasser hinausragten. Von diesen aus sollten erfahrene Zimmerleute eines der Schiffe mit eisernen Enterhaken, die an recht dicken Tauen hinabgelassen wurden, fest packen und heraufziehen. Und aus Genua, einer Seestadt, waren einige um Geld angeworbene Leute da, die Fischen ähnlicher sahen als Menschen: Ihre Aufgabe war es, in die tieferen Regionen des Sees hinabzutauchen, in Erfahrung zu bringen, wie groß und wie gut erhalten das Schiff sei, und die an Seilen heruntergelassenen Enterhaken so anzubringen, dass sie fest in das Schiff bissen und es packten. Schließlich wurde das Schiff am Bug erfasst und Taue darum geschlungen; da es nicht als Ganzes dem Zug folgte, brach es auseinander und ein kleiner Teil folgte den Enterhaken, die es zogen. Dieser kleine Teil des Schiffes war eine Sehenswürdigkeit für alle Männer der römischen Kurie von edlerer Sinnesart. Das Schiff war, wie ersichtlich, folgendermaßen konstruiert: Es war ganz aus Lärchenbrettern von drei Fingern Dicke zusammengefügt und außen mit Erdpech bestrichen. Dieses Erdpech bedeckte, wie es auch jetzt noch ersichtlich ist, eine orangerote Deckschicht und hielt es zusammen …

Spielten bei diesem Abenteuer wohl noch Entdeckerfreude und Sensationslust die Hauptrolle, so entwickelten sich antiquarische Studien in der Folgezeit zu einer ernsthaften Tätigkeit seriöser Gelehrter. Nur wenige Jahre, nachdem er den eben zitierten Bericht verfasst hatte, schuf Biondo selbst mit der *Roma triumphans* («Rom im Triumph», 1459, Erstdruck ca. 1473/75) ein frühes Standardwerk der antiquarischen Forschung. Viele Gelehrte betonten nun, materielle Relikte seien verlässlicher als literarische Berichte. Der Antiquarianismus verbreitete sich von Italien aus über ganz Europa und differenzierte sich entsprechend seinen unterschiedlichen Objekten aus. Seit dem späten 16. Jahrhundert wurden einzelne Zweige, häufig in monumentalen ‹Gründungswerken›, als eigene Wissenschaften etabliert: Der große Philologe und Altertumskundler Joseph Justus Scaliger hob in *De emendatione temporum* («Korrektur der Zeitangaben», 1583) und im *Thesaurus temporum* («Schatzkammer der Zeiten», 1606) die antike Chronologie aus der Taufe.[11] Die wichtigste Materialbasis der Epigraphik blieben lange Zeit die *Inscriptiones antiquae* («Inschriften des Altertums», 1603) des Jan Gruter. Ihre methodischen Grundlagen wurden erstmals in der postum erschienenen *Ars critica lapidaria* («Die Kunst, [Inschriften-]Steine zu beurteilen», 1765) des aus Verona gebürtigen Literaten und Gelehrten Scipione Maffei formuliert.[12] Noch Ende des 18. Jahrhunderts wurde der österreichische Jesuit Joseph Hilarius Eckhel mit seiner achtbändigen *Doctrina numorum veterum* (1792–98) zum «Vater der wissenschaftlichen Numismatik».[13]

Schon in einem frühen Stadium dieser Entwicklung erkannten einige Historiker dabei die Notwendigkeit, den Antiquarianismus nicht einfach neben der Geschichtsschreibung klassischen Zuschnitts herlaufen zu lassen, sondern ihn in diese zu integrieren: Bereits 1561 forderte der französische Jurist François Baudouin in seinem Traktat *De institutione historiae universae* («Etablierung einer umfassenden Geschichte») eine *historia integra* («vollständige Geschichte»), die sich ebenso auf antiquarische und juristische Quellen stützen sollte wie auf die alten Historiker.[14] Institutionell erfüllt wurde diese Forderung schließlich zweihundert Jahre später durch den Göttinger Professor Johann Christoph Gatterer (1727–99), der die antiquarischen Disziplinen zu den Historischen Hilfswissenschaften zusammenfasste und unter diesem Namen an der Universität etablierte.

Quellenkritik

Der Antiquarianismus speiste sich nicht nur aus der schieren Freude an greifbaren Resten des Altertums: Er war zugleich eine Reaktion auf immer weiter um sich greifende Zweifel, ob es denn überhaupt möglich sei, die Geschichte vergangener Zeiten aufzuhellen und zu schreiben. Die Verbreiterung der Quellenbasis und der Rekurs auf dokumentarische Quellen, die mit den Ereignissen, auf die sie sich bezogen, zeitgenössisch waren und auch sonst verlässlicher schienen als die durch Parteilichkeit und literarischen Ehrgeiz gefärbten Nachrichten der Schriftsteller, sollten helfen, die Skepsis gegenüber der Geschichte zu entkräften.

Diese Skepsis entsprang unterschiedlichen Motiven: Schon im Mittelalter sah man sich mit einer Fülle gefälschter Urkunden und unter falschen Namen umlaufender literarischer Texte konfrontiert. In der Renaissance begann man dann gerade auf literarischem Gebiet bewusst und gezielt zu fälschen. Berühmt wurde der Dominikanermönch Annius von Viterbo (ca. 1432–1502), dem es in seinen *Antiquitates variae* («Verschiedene Altertümer», 1498) gelang, durch die Fälschung von Schriften des babylonischen Priesters Berossos (um 300 v. Chr.) und anderer verschollener Autoren eine ganz neue Version der Frühgeschichte der Welt in Umlauf zu setzen.[15] Mit dem Stichwort «Frühgeschichte» ist ein weiterer problematischer Bereich benannt: Mangel an Zeugnissen und dubiose Legenden – stammten die Franzosen wirklich von einem Francus, die Briten von einem Brutus ab? – waren ebenso wenig dazu angetan, Vertrauen zu erwecken, wie die schon erwähnte Parteilichkeit vieler Autoren. Letzteres galt insbesondere für die Hofhistoriographie und für die Kirchengeschichte, um deren richtige Deutung die Konfessionen im 16. Jahrhundert zu ringen begannen, wobei sie jeweils erfolgreicher darin waren, die Entwürfe der Gegenseite zu zerpflücken, als selbst ein überzeugendes Bild zu entwerfen. Im selben Jahrhundert wandte sich die pyrrhonische Skepsis (nach Pyrrhon von Elis, 4./3. Jahrhundert v. Chr.), die durch lateinische Übersetzungen des Sextus Empiricus

(2. Jahrhundert n. Chr.) in Mode gekommen war, auch gegen die Historie. In der Barockzeit verlangte das kartesische Wissenschaftsideal nach mathematischer Präzision und unmittelbarer Evidenz: Angesichts solcher Forderungen trat der literarische, unwissenschaftliche Charakter der klassisch-humanistischen Geschichtsschreibung, die etwa ihren Protagonisten eingestandenermaßen erfundene Reden in den Mund zu legen pflegte, umso offener zutage.

Immer mehr Begebenheiten und Dokumente, denen man früher unbesehen Glauben geschenkt hatte, kamen nun unter Verdacht: Homer und selbst die Bibel gerieten, was ihre historische Verlässlichkeit betraf, ins Zwielicht. Ende des 17. Jahrhunderts konnte sich der französische Jesuit Jean Hardouin (1646–1729) zu der Behauptung versteigen, fast die gesamte pagane und christliche Literatur der Antike sei das Werk einer mittelalterlichen Fälscherbande. Diese Verschwörungstheorie trug zweifellos paranoide Züge, verlieh aber trotzdem, wenn auch in krass überzeichneter Form, einer Unsicherheit im Hinblick auf die Vergangenheit Ausdruck, die das gesamte Zeitalter empfand.

Parallel zu solchen pauschalen Verdächtigungen entwickelten sich nun auch die Versuche, das historische Wissen auf einen vernünftigen Grad an Gewissheit zu heben. Der wichtigste dieser Versuche neben dem Antiquarianismus (und in enger Verflechtung mit ihm) war die systematische Quellenkritik.[16] Bereits im Humanismus war, wie wir bald sehen werden, das Rüstzeug erarbeitet worden, mit dem man schriftliche Quellen grob nach Alter und Herkunft klassifizieren konnte. Nun begann man systematisch über Kriterien nachzudenken, nach denen sich ihre Glaubwürdigkeit abschätzen ließ. Jean Bodin etwa benannte in seiner einflussreichen *Methodus ad facilem historiarum cognitionem* («Methode zur leichten Erkenntnis der geschichtlichen Begebenheiten», 1566) einige solcher Kriterien: Ist ein Autor in einem Konflikt, von dem er erzählt, selbst Partei? Möchte er unterhalten? Verfolgt er andere Eigeninteressen?[17] Als der belgische Jesuit Jean Bolland ein knappes Jahrhundert später, 1643, den ersten Band seiner als Sammlung aller Viten katholischer Heiliger angelegten *Acta Sanctorum* publizierte, unterschied er in der Einleitung vier Klassen von Quellen nach der Nähe ihres Autors zu den berichteten Ereignissen, vom Augenzeugen bis zum Kompilator älterer Berichte. Danach diskutierte er schwierigere Fälle: Wie hat der Historiker mit mündlichen Überlieferungen umzugehen, die erst lange Zeit später aufgezeichnet wurden, wie mit häretischen Quellen, mit wohlmeinenden Fälschungen zu moralischen Zwecken, wie kann er Interpolationen, also spätere Texteinschübe, erkennen?[18] Bollands Nachfolger, die sogenannten Bollandisten, arbeiteten in seinem Sinne an den *Acta* weiter, die auf diese Weise zu einem frühen Musterbeispiel systematischer Geschichtsforschung wurden.

So bildete sich in Theorie und Praxis allmählich eine spezifisch historische Methodik des Umgangs mit Quellen heraus. Mit immer besserem Recht konnte die Geschichtsforschung behaupten, wenn schon nicht eine Wissenschaft im strengen Wortsinn, so doch eine *ars*, eine Technik mit einem Fundus eigener Methoden, zu sein. In der Tat wurde dieser Anspruch schon früh erhoben: Die Produktion theoretischer Schriften nahm im 16. Jahrhundert dramatisch zu, und bereits 1579 führte eine vom Pfälzer Juristen Johann Wolff herausgebrachte Sammlung von achtzehn Texten dieser Art den Titel *Artis historicae penus*, «Arsenal der historischen Technik».[19]

Lorenzo Valla und die Konstantinische Schenkung

Um die skizzierten Entwicklungen zu veranschaulichen, sei zunächst ein Text vorgestellt, der schon zu einem frühen Zeitpunkt antiquarische und quellenkritische Tendenzen brennglasartig bündelte: Lorenzo Vallas um 1440 entstandene Schrift *De falso credita et ementita Constantini donatione* («Die fälschlich für echt gehaltene, erlogene Schenkung Konstantins»).[20]

Gegenstand von Vallas Schrift war eines der wichtigsten Dokumente des Mittelalters überhaupt: das *Constitutum Constantini* («Bestimmung Konstantins»), heute besser als Konstantinische Schenkung bekannt. In dieser Urkunde legt Kaiser Konstantin (reg. 306–37) zunächst ein Glaubensbekenntnis ab und berichtet, wie Papst Silvester I.

(reg. 314–35) ihn durch ein Taufbad vom Aussatz geheilt hat. Im zweiten Teil, der eigentlichen Schenkung, überträgt er dem Bischof von Rom den Primat über alle anderen Bischöfe sowie die Herrschaft über Italien und das gesamte Westreich, während er selbst seinen Sitz nach Konstantinopel verlegt. Aus heutiger Sicht eine Fälschung der Zeit um 800, wurde die Urkunde vom Heiligen Stuhl das ganze Mittelalter hindurch und darüber hinaus verwendet, um die eigene Herrschaft über den Kirchenstaat zu rechtfertigen und die Vorrangstellung in der Christenheit, vor allem gegenüber dem Patriarchen von Konstantinopel, zu begründen.

In mancher Hinsicht tat Valla mit seiner Schrift, die sich übrigens nur gegen den zweiten Teil des *Constitutum* richtete, nichts grundsätzlich Neues. Über die Echtheit von Urkunden war schon seit längerem diskutiert worden. Bereits Petrarca hatte etwa im Auftrag Kaiser Karls IV. das sogenannte *Privilegium maius* untersucht, das den Stammlanden der Habsburger innerhalb des Heiligen Römischen Reiches einen Sonderstatus einräumen sollte, und es für eine Fälschung erklärt (*Epistolae seniles* 16,5). Was das *Constitutum Constantini* selbst betraf, so hatte Nicolaus Cusanus schon 1433 in *De concordantia catholica* («Umfassende [kirchliche] Eintracht») seine Unechtheit nachgewiesen. In den folgenden Jahren scheint diese Tatsache zumindest einigen hochrangigen Kirchenvertretern bekannt gewesen zu sein: Zur Zeit des Basler Konzils stießen Fakten, die an der Autorität des Papstes kratzten, generell auf Interesse.

Worin also liegen die Neuheit und die Bedeutung von Vallas nochmaligem Beweis? Zwei Punkte fallen ins Auge. Der erste ist der Ton der Schrift: das Selbstbewusstsein, mit dem Valla auftritt, die Art, in der er sich als unerschrockenen Kämpfer für Wahrheit und Recht gegen die Übermacht der päpstlichen Gewalt darstellt, und vor allem die rhetorische Vehemenz seiner Attacke. Nicht umsonst stilisiert Valla seinen Essay als Rede vor einer Versammlung von Königen und Fürsten (*in contione regum et principum*, 62,9) und nennt ihn auch in einem Brief an seinen alten Griechischlehrer Giovanni Aurispa eine «Rede, die rednerischer ist als alles andere, was ich je geschrieben habe» (*orationem …, qua nihil magis oratorium scripsi*).[21]

Der zweite, noch wichtigere Aspekt betrifft die Art von Vallas Beweisführung. Während Cusanus im Wesentlichen das Fehlen alter Belege für die Schenkung hervorhob und die Urkunde nur am Rande in den Blick nahm, konzentriert sich Valla auf das fragliche Dokument selbst. Er kommentiert es Satz für Satz und unterzieht es aus den unterschiedlichsten Perspektiven einer detaillierten Echtheitskritik. Das kann er deshalb tun, weil er für seine Zeit über stupende philologische und altertumskundliche Kenntnisse verfügt, zu denen er sich auch ohne falsche Bescheidenheit bekennt: *Nemo ... ex tanta hominum copia, ex tanta vetustate nos fugit* («Niemand ... entgeht uns, trotz der Vielzahl an Menschen und obwohl sie vor so langer Zeit gelebt haben», 89,4–5), bemerkt er einmal zur Prosopographie der Antike. Die Epoche scheint für ihn keine Geheimnisse zu bergen.

Am wohlsten fühlt sich der Autor der *Elegantiae*, wenn er die Sprache der Urkunde zerpflücken und als mittelalterlich erweisen kann. Als er beispielsweise den Fälscher dabei ertappt, wie er kaiserliche Beamte mit dem unklassischen Ausdruck *satrapes* bezeichnet, fährt er ihn an (103,1–4):

> *Quid, quod vis interfuisse* satrapes*? O caudex, o stipes! Sic loquuntur Cesares? Sic concipi solent decreta Romana? Quis unquam satrapes in consiliis Romanorum nominari audivit?*
>
> Was soll ich dazu sagen, dass du willst, es seien *Satrapen* dabei gewesen? Du Klotz, du Holzkopf! So reden die Kaiser? So werden gewöhnlich römische Dekrete abgefasst? Wer hat jemals gehört, dass in den Beschlüssen der Römer von Satrapen die Rede wäre?

Valla beschränkt sich aber keineswegs auf philologische Argumente, sondern greift vielmehr auf jedes Wissensgebiet zurück, das ihm etwas zu bieten hat, vom Kirchenrecht bis zur Numismatik und Epigraphik, von der Medizin bis zur Chronologie und zur Institutionengeschichte: Die Übertragung der Herrschaft auf den Papst kann nicht stattgefunden haben, da Silvester sie nie angenommen hätte und man niemandem gegen seinen Willen etwas schenken kann (86,6 *beneficium in invitum non confertur* nach *Digesten* 50,17,69). Weshalb finden sich so viele antike Münzen, die von Kaisern nach Konstantin im Westreich geprägt wurden, aber keine von Päpsten (91,12–92,7)? Weshalb hat Konstantin die Schenkung nicht inschriftlich verewigt (99,24–100,7)? Und wer soll ihrer Datierung auf den 30. März seines vierten Konsulats Glauben schenken? Schließlich entwickelt sich Aussatz langsam, sodass Konstantin beim Antritt des Konsulats, der nach römischem Brauch auf den 1. Januar fiel, schon von der Krankheit gezeichnet gewesen wäre – ein aussätziger Konsul ist aber ein Ding der Unmöglichkeit!

Noch nie zuvor war ein Dokument von der Autorität des *Constitutum Constantini* in so detaillierter und schlagender Argumentation seines Anspruchs entkleidet und der Lächerlichkeit preisgegeben worden. Was Valla mit *De donatione* unternahm, war mehr als nur ein Kabinettstück historischer Argumentation: Es war eine Machtdemonstration, ein Anspruch auf Deutungshoheit über die Relikte der Vergangenheit, gleichgültig, wie ehrfurchtgebietend sie daherkommen mochten. Ein Manifest einer neuen historischen Wissenschaft allerdings war das Werk nicht, sondern eine verblüffende Darbietung eines einzelnen Genies. Der Leser kann keinen Augenblick vergessen, dass es Lorenzo Valla ist, der da zu ihm spricht – unsystematisch, launisch, selbstherrlich und stets darauf aus, ihn mit einer brillanten Idee nach der anderen zu beeindrucken. Die wissenschaftsgeschichtliche Wirkung, die *De donatione* entfaltete, blieb denn auch vorderhand bescheiden. Bis Vallas Feuerwerk scharfsinniger Aperçus in ein Programm übersetzt war, das Generationen geduldiger Gelehrter zur methodisch disziplinierten Erforschung der Vergangenheit anleitete, sollten noch einige Jahrhunderte ins Land gehen.

Mabillon, De re diplomatica

Im späten 17. Jahrhundert entstand in Frankreich ein *opus magnum*, das sich als ein vorläufiger Endpunkt der Entwicklung verstehen lässt, die durch Texte wie *De donatione* angestoßen worden war, und dabei in seiner ganzen Anlage das genaue Gegenteil von Vallas Kampfschrift ist: Jean Mabillons *De re diplomatica* («Das Urkundenwesen», 1681, ²1709) stellt in der Reihe der großen Werke, die eigene historische Teildisziplinen begründeten, das vielleicht eindrucksvollste Beispiel dar. Das Buch, das keinem Geringeren als Jean-Baptiste Colbert, dem Finanzminister Ludwigs XIV., gewidmet war, rief die nach seinem Titel benannte Diplomatik ins Leben und legte nebenher die Fundamente der Paläographie, der Lehre von den alten Schriftarten, die noch für längere Zeit eng mit der Diplomatik verbunden bleiben sollte.[22] (Ihren Namen verdankt sie Mabillons Schüler Bernard de Montfaucon und seiner *Palaeographia Graeca*, 1708.)

Der gelehrte Benediktinermönch Mabillon (1632–1707) war der größte Repräsentant der Mauriner, einer 1621 gegründeten Reformkongregation, die bald durch ihre monumentalen Forschungsprojekte zu Geschichte und Kirchengeschichte von sich reden machte. Arbeiten wie die Kirchengeschichte Frankreichs (*Gallia Christiana*, 16 Bde., 1715–1865) traten gleichwertig neben die *Acta Sanctorum* der Bollandisten und setzten wie diese Standards, was Quellenkritik, historische Akkuratesse, Teamwork und langen Atem betraf. Interessanterweise waren es gerade die *Acta Sanctorum*, die Mabillon den Anstoß zur Abfassung von *De re diplomatica* gaben: In einer einleitenden Abhandlung zum zweiten Aprilband der *Acta*, die der Echtheitskritik von Urkunden gewidmet war, hatte der bedeutende Bollandist Daniel Papebroch im Jahr 1675 die These aufgestellt, aus der Merowinger- und Karolingerzeit seien kaum mehr echte Urkunden vorhanden; bei dem, was unter diesem Namen kursiere, handle es sich mit wenigen Ausnahmen um Fälschungen. Mabillon hielt das zu Recht für ein hyperkritisches Pauschalurteil. Er packte das Problem an der Wurzel und unternahm den groß angelegten Versuch, die Beurteilung von Urkunden generell auf eine wissenschaftliche Basis zu stellen.

Sieht man von diversen Widmungen, Vorworten, Appendizes usw. ab, so gliedert sich *De re diplomatica* in sechs Bücher. Das erste führt die Grundbegriffe ein und behandelt dann Beschreibstoffe und Schriften. Das zweite befasst sich mit Stil, Formeln, Arten der Beglaubigung (Siegelung, Zeugen, Unterschriften) und Datierung. Buch drei widerlegt die Ansichten Papebrochs und einiger anderer

Vorläufer und widmet sich danach den Kopialbüchern, den Sammlungen von Urkunden-Abschriften, wie sie Klöster und andere Institutionen anzulegen pflegten. Im vierten Buch werden die Pfalzen der fränkischen Herrscher aufgezählt, in denen Urkunden ausgestellt wurden. Das fünfte bietet anhand von Schriftproben eine Einführung in die Paläographie, das sechste und letzte druckt, zum Teil mit kurzem Kommentar, über zweihundert Beispiele von Urkunden ab.

Bahnbrechend waren an *De re diplomatica* vor allem zwei Aspekte, deren zweiter direkt vom ersten abhängig ist: Zum einen griff Mabillon im Gegensatz zu seinen Vorgängern, die ihre Ansichten lediglich anhand eines oder einiger weniger Dokumente entwickelten, auf eine breite Materialbasis zurück: Aufgrund seiner guten Verbindungen als Ordensmann und Gelehrter standen ihm die kirchlichen Archive Frankreichs offen, an erster Stelle das Archiv der Königsabtei Saint-Denis, und er nutzte die sich daraus ergebenden Möglichkeiten nach Kräften. Zum anderen gewann er durch den Vergleich einer großen Zahl von Urkunden die grundlegende Erkenntnis, dass sich die Usancen im Urkundenwesen vom Beschreibstoff bis zur Siegelung im Laufe der Zeit wandelten und dass man diese zeittypischen Urkundenstile zur Grundlage der Klassifikation und der Beurteilung nehmen musste. Schon im Widmungsschreiben an Colbert stellt er diesen Punkt heraus:

> *Propterea quasdam regulas proponimus non ex mero arbitrio confictas, sed ex variis diplomatum formulis erutas pro temporum varietate, ut in veris distinguendis a falsis deinceps iuventur studiosi.*

> Deshalb schlage ich gewisse Regeln vor, die nicht nach reinem Gutdünken aufgestellt, sondern aus den Formularen der Urkunden gewonnen sind, die sich nach der Verschiedenheit der Abfassungszeiten voneinander unterscheiden, damit die Gelehrten in Zukunft eine Hilfe bei der Unterscheidung der echten von den falschen haben.

Im Text selbst schlägt sich diese Erkenntnis dann in einer Fülle von Einzelbeobachtungen wie der folgenden nieder (2,2,13, S. 65B):

> *Porro etsi* Archiepiscopi *nomen iam inde a saeculo iv. receptum apud Orientales ad Occidentalesque transierit saeculo v. saepiusque legatur apud Francos saeculo vi., semel quidem in Concilio Matisconensi itemque in epistola Floriani ad Nicetium Trevirensem et in testamento S. Caesarii usque quater, paucissimos tamen invenias, qui hoc vocabulum sibi tribuerint ante saeculum nonum.*
>
> Obwohl ferner die Bezeichnung «Erzbischof», die im Osten schon seit dem 4. Jahrhundert üblich war, im 5. Jahrhundert in den Westen kam und bei den Franken im 6. Jahrhundert häufiger zu lesen ist, einmal in den Akten des Konzils von Mâcon, ebenso im Brief des Florianus an Nicetius von Trier und volle vier Male im Testament des Hl. Caesarius, wird man doch nur ganz wenige finden, die sich dieses Wort vor dem 9. Jahrhundert selbst beigelegt haben.

Gleichzeitig ist Mabillon wohl bewusst, dass Diplomatik keine ‹harte› Wissenschaft sein kann. Immer wieder betont er die vielen Ausnahmen, die es von jeder Regel gibt, und warnt davor, diese mechanisch anzuwenden. Aufgrund einzelner Aspekte ein Urteil über Echtheit oder Unechtheit eines Dokuments zu fällen, wäre verfehlt. Nur sein Habitus als Ganzes kann Grundlage einer aussagekräftigen Bewertung sein, wie er in einem Grundsatzkapitel zu Ende des dritten Buches festhält (3,6, Regel 4, S. 241DE):

> *Non ex sola scriptura neque ex uno solo characterismo, sed ex omnibus simul de vetustis chartis pronuntiandum. Neque enim unum est in uno saeculo unave provincia scripturae genus, sed varia, ut de nostro experiri licet …*
>
> Nicht aufgrund der Schrift allein und nicht aufgrund eines einzigen Charakteristikums, sondern nur aufgrund aller zusammen darf man ein Urteil über alte Dokumente fällen. Es existiert nämlich nicht nur eine Art zu schreiben in einer Epoche oder einer Region, sondern verschiedene, wie man sich anhand unseres eigenen Zeitalters überzeugen kann …

Dem sorgfältigen Abwägen verschiedener Faktoren und der Suche nach einem ausgewogenen Gesamturteil entspricht ein Ton, der demjenigen Vallas diametral entgegengesetzt ist. Obwohl Mabillon sich seiner Pionierleistung durchaus bewusst ist – *Novum antiquariae artis genus aggredior*, «Ich mache mich an eine neue Art antiquarischer Wissenschaft», lautet der erste Satz seines Werkes –, stellt er weder die eigene Person in den Mittelpunkt noch ergeht er sich in Polemik gegen Vorläufer und Gegner. In seinen Augen wäre das nicht nur unchristlich, sondern vor allem wissenschaftlich kontraproduktiv: Die Erforschung der Vergangenheit ist eine ernste, schwierige Sache, die die Kräfte jedes Einzelnen übersteigt. Nur die *res publica litteraria* als Ganze ist ihr gewachsen, und als ein Mitglied dieses Gelehrtenkollektivs tritt der Autor dem Leser entgegen.

Mabillons Verbindung von wissenschaftlichem Ethos und sachlicher Argumentation beeindruckte bereits seine Zeitgenossen, jedenfalls die, auf die es ankam. Was an Kritik laut wurde, basierte im Wesentlichen auf Ignoranz. Papebroch dagegen, Mabillons bedeutendster und sachkundigster Opponent, gestand unumwunden ein, *De re diplomatica* habe ihn eines Besseren belehrt.

Ausblick: zum Historismus

Die Umwälzungen des Geschichtsbildes, die von Werken wie *De re diplomatica* angestoßen wurden, kamen mit dem allmählichen Niedergang der neulateinischen Tradition im 18. Jahrhundert nicht zum Erliegen. Sie hatten längst eine Eigendynamik entwickelt, die nicht mehr zu bremsen war und im Historismus des 19. Jahrhunderts diejenigen Vorstellungen von Geschichte zur Herrschaft brachte, die uns im Wesentlichen noch heute geläufig sind.[23] Die Säkularisierung der Geschichte vollendete sich, als die historische Kritik auch die Bibel erfasste, ihr ihren Sonderstatus nahm und sie zu einer unzuverlässigen und widersprüchlichen Quelle unter anderen machte. Damit wurde der Weg frei für den Anschluss der Humangeschichte an Erd- und Urgeschichte und für ihre Verlängerung in eine unbestimmte Zukunft hinein. Die von den Antiquaren erschlossenen Quellengattungen warfen Licht auf Aspekte der Vergangenheit, die zuvor im Schatten der Ereignisgeschichte gestanden hatten, und regten damit die Entwicklung neuer Arten von Geschichte an, die prinzipiell jeden Bereich der menschlichen Existenz abdecken konnten: von Kultur und Wissenschaft, wie sie schon die *historia litteraria* des 17./18. Jahrhunderts in den Blick nahm, über Wirtschaft, Gesellschaft und Mentalität bis hin zur Kleidermode und zur Kartoffel. Geschichtlichkeit trat als eine Grundbefindlichkeit des Menschen schlechthin ins Bewusstsein, der Glaube an eine überzeitliche menschliche Natur wurde nachhaltig erschüttert. Die Historie büßte ihre Rolle als Quelle lehrreicher Exempla ein, die bereits vorhandenes theologisches, moralisches und anthropologisches Wissen bestätigten und bekräftigten. Stattdessen vermittelte sie nun eine spezifisch historische Einsicht, die sich nicht punktuell an bestimmten Handlungen und Ereignissen ablesen ließ, sondern sich erst aus dem Gesamtzusammenhang des geschichtlichen Geschehens ergab. *Last, not least* wandelte sich auch die Geschichte als menschliche Tätigkeit von Grund auf: War ein Historiker alter Schule ein Schriftsteller gewesen, der vergangene Ereignisse spannend erzählen konnte, so verstanden sich seine Nachfolger als Gelehrte, die Quellen aufstöberten, verglichen und auswerteten. Was eine literarische Gattung gewesen war, wurde zu einer wissenschaftlichen Disziplin.

5

VOM GLAUBENSSTREIT ZUR TOLERANZ: RELIGION

Religion war im vormodernen Europa kein abgegrenzter Lebensbereich, aus dem man sich gegebenenfalls heraushalten konnte, sondern eine Realität, die alle Aspekte des gesellschaftlichen und privaten Lebens durchdrang. An der Schwelle zur Neuzeit geriet allerdings zunächst die katholische Kirche durch innere Spannungen unter Druck, die sich schließlich in der Reformation entluden. Bald darauf sahen sich alle Konfessionen gemeinsam mit Entwicklungen wie der Entstehung einer weltlichen Intelligenz im Humanismus, dem Aufstieg des Staates, der schwer kontrollierbaren Verbreitung neuer Ideen durch den Buchdruck und der Aufklärung konfrontiert, die zu guter Letzt zur säkularen Gesellschaft der Gegenwart führten.

Die katholische Kirche hatte Latein seit jeher mit Selbstverständlichkeit als ihre Sprache angesehen. Zusammen mit den reformierten Kirchen blieb sie lange Zeit hindurch die wichtigste Trägerin des lateinischsprachigen höheren Schul- und Bildungswesens. Zudem führten einige der eben erwähnten Tendenzen zwar langfristig zum Aufstieg der Volkssprachen, steigerten aber zunächst kurz- und mittelfristig Quantität und Qualität der lateinischen Produktion. Die religiöse Konkurrenz, die Probleme des sich wandelnden Umfeldes und wiederum der Buchdruck führten zu einem gewaltigen Anschwellen des schriftlichen Ausstoßes. Gleichzeitig ließen es die neuen sprachlichen Standards geraten erscheinen, das bisherige Kirchenlatein, das hauptsächlich auf der *Vulgata* basierte, durch ein humanistisches Idiom zu ersetzen. Auch wenn sich das nicht in allen Fällen als praktikabel erwies – Kirchenrecht und Scholastik behielten zumindest teilweise ihre hochfunktionalen Sondersprachen, und bei Neuübersetzungen der Bibel fühlte man sich weiterhin dem Duktus der *Vulgata* verpflichtet –, setzte sich auf den meisten Gebieten ein klassizistisches Latein durch. Im katholischen Bereich wurde dafür der ciceronianische Monumentalstil der Kurie richtungsweisend, im protestantischen der Schulterschluss von Reformation und Humanismus.[1]

Religiöses Schrifttum: Umfang, Vielfalt, Wirkmacht

Unter diesen Umständen verwundert es nicht, dass das religiöse Schrifttum innerhalb der lateinischen Literatur der Neuzeit eine dominierende Position einnimmt. In seiner Gesamtheit stellt es ihr weitaus größtes Einzelsegment dar. Um das nur an zwei Beispielen zu illustrieren: Im ersten Katalog der Frankfurter Buchmesse (1564) machen *libri theologici* beider Konfessionen rund 38 Prozent der verzeichneten lateinischen Titel aus (die ihrerseits 73 Prozent der Gesamttitelzahl ausmachen). Von den 7271 lateinischen Werken, Drucken wie Handschriften, die im Zuge eines Projekts zur mittelalterlichen, vor allem aber neuzeitlichen Latinität des historischen Tirol verzeichnet wurden, sind 2324 (rund 32 Prozent) religiösen Inhalts.[2] Es mag mit dem Repräsentationsbedürfnis der Konfessionen seit der Reformation zusammenhängen, dass dieses Material gerne zu monumentalen Corpora versammelt wurde: So umfassen etwa die *Acta Sanctorum*, die autoritative Sammlung katholischer Heiligenviten, die 1643 von Jean Bolland begründet und 1925 unvollendet abgebrochen wurden, 69 Bände. Das *Corpus Reformatorum* (1834 ff.) präsentiert in derzeit 108 Bänden die großteils lateinischen Schriften Melanchthons, Zwinglis und Calvins. Immerhin 33 Bände nehmen die *Acta synodalia sacrosancti Concilii Oecumenici Vaticani II* («Sitzungsakten des hochheiligen Zweiten Vatikanischen Konzils der Weltkirche», 1970–99) ein. Die Publikationsdaten dieser Sammlungen deuten auch schon an, dass der kirchlich-religiöse Bereich zu den langlebigsten Teilgebieten der neulateinischen Literatur zählt. Lateinische Werke bildeten an vielen Fakultäten bis in die zweite Hälfte des 20. Jahrhunderts die Grundlage des Unterrichts. Jeder katholische Geistliche, der vor dem Zweiten Vaticanum ausgebildet worden war, verfügte über gewisse aktive Lateinkompetenzen.[3]

Auch formal und inhaltlich ist das religiöse Schrifttum ein weites Feld: Ganz abgesehen davon, dass es in alle möglichen anderen Sachgebiete eindringt, wofür die thematischen Kapitel dieses Buches zahlreiche Beispiele bereithalten, deckt es sämtliche Bereiche des kirchlichen und allgemein religiösen Lebens ab.[4]

Die Stellung der Kirche in der Welt wurde durch das Kirchenrecht geregelt. Die grundlegende Sammlung auf diesem Gebiet, das sogenannte *Decretum Gratiani*, entstand bereits im 12. Jahrhundert. Im Jahr 1582 ließ Gregor XIII. es zusammen mit weiteren Sammlungen als *Corpus iuris canonici* («Corpus des kanonischen Rechts», nach der Bezeichnung für einen einzelnen Rechtssatz, *canon*) publizieren. Diese Kompilation blieb dreieinhalb Jahrhunderte lang maßgeblich, bis Benedikt XV. sie 1917 durch den einheitlicher konzipierten *Codex iuris canonici* ersetzte, der in überarbeiteter Form bis heute in Geltung ist. In Auseinandersetzung mit diesen Gesetzbüchern bildete sich die Disziplin der Kanonistik heraus, die als kirchliches Gegenstück zur Wissenschaft vom weltlichen Recht eine umfangreiche Literatur hervorbrachte.

Der Kernbereich des religiösen Schrifttums, die Theologie, umfasste eine Fülle von Inhalten, die man heute etwa den Fächern Bibelkunde, Patristik, Dogmatik (Trinitätslehre, Christologie, Ekklesiologie, Sakramentenlehre, Soteriologie, Eschatologie usw.), Pastoral, Liturgik, Aszetik und Ethik zuordnen würde. Ein Teil der betreffenden Werke, beispielsweise konfessionelle Streitschriften, wandte sich an die gebildete Öffentlichkeit, der andere war für den Unterricht an den theologischen Fakultäten gedacht. Was die grundsätzliche Herangehensweise betrifft, so stand dem *Sola-scriptura*-Prinzip der Protestanten, die nur die Bibel als Autorität anerkannten, auf katholischer Seite der Respekt vor der kirchlichen Lehrmeinung gegenüber, wie er insbesondere die spanische Spätscholastik mit ihrer starken Anlehnung an Thomas von Aquin prägte. Der Denkstil dieser Schule blieb die ganze frühe Neuzeit hindurch einflussreich und erlebte im Neuthomismus, den Leo XIII. in der Enzyklika *Aeterni patris* (1879) als Heilmittel gegen die philosophischen Irrtümer der Moderne propagierte, nochmals einen Aufschwung.

Auf dem Gebiet der Seelsorge sei als Erstes die Predigtlehre (Homiletik) hervorgehoben. Die Predigt gewann in der Reformationszeit durch Luther, der sie ins Zentrum des Gemeindelebens rückte, und durch die Versuche der katholischen Kirche, die diesbezüglichen Defizite ihrer Priester zu beheben, stark an Bedeutung und verlangte nach einer neuen theoretischen Grundlage. Eine solche lieferte die Homiletik, wobei sie viele ihrer Kategorien der antiken Rhetorik entlehnte. Da sich die betreffenden Werke an den Klerus richteten, blieben sie lange Zeit lateinisch, während die Predigten selbst meist in der Volkssprache gehalten wurden.[5]

Ein weiteres Genre, das durch die Glaubensspaltung und das Bedürfnis, Einheit in den eigenen Reihen zu erzielen, einen großen Aufschwung nahm, war der Katechismus. Während protestantische Katechismen von vornherein volkssprachlich waren, setzte die katholische Kirche weiterhin auf Latein. Ihr bedeutendster Katechismus war der zu Handen der Geistlichkeit verfasste *Catechismus Romanus*, der von 1566 bis 1989 rund 550 Auflagen im lateinischen Original und 350 in landessprachlichen Übersetzungen erlebte. In den 1990er-Jahren wurde er vom *Catechismus Catholicae Ecclesiae* abgelöst, der zwar natürlich sofort in alle wichtigen modernen Sprachen übertragen wurde, dessen maßgebliche Ausgabe jedoch nach wie vor die lateinische ist. Eine ebenfalls lehrhafte, aber im Gegensatz zum Katechismus anlassbezogene Textsorte, die sich in der frühen Neuzeit entwickelte und dabei die neuen Möglichkeiten des Buchdrucks nutzte, war das kirchliche Rundschreiben. Auch dieses lebt in seinen verschiedenen Spielarten, beispielsweise der Enzyklika und dem bischöflichen Hirtenbrief, bis heute fort.

Schließlich sei noch kurz darauf hingewiesen, dass religiöse Botschaften auch im Medium der schönen Literatur transportiert wurden. Zwei wichtige Genera, die in der frühen Neuzeit tiefgreifende

Wandlungen durchliefen, sind der Hymnus und die Hagiographie.[6] Letztere war im Mittelalter, wie etwa die um 1260 verfasste *Legenda aurea* («Goldene Legende») des Dominikaners Jacobus de Voragine zeigt, eine Spielwiese der Fabulierlust gewesen, wurde nun jedoch nach massiver Kritik seitens der Reformatoren von den Bollandisten und anderen nach den Maßstäben kritischer Geschichtsschreibung umgestaltet.

Der Textmasse, generischen Breite und inhaltlichen Vielfalt dieses ganzen Schrifttums entspricht die Wirkmacht, die es entfaltete. Nicht immer war dieser Einfluss zum Guten: Gerade unter den wichtigsten Büchern finden sich durchaus abschreckende Beispiele. Ein solches ist etwa der *Malleus maleficarum* («Hexenhammer», 1486) des aus dem Elsass stammenden Dominikaners und Inquisitors Heinrich Kramer, der in scholastischer Argumentation die Realität des Hexenwesens nachzuweisen sucht und detaillierte Instruktionen dazu gibt, wie ein Hexenprozess zu führen sei. Obwohl Kramer bei der Abfassung und Publikation dieses Buches ohne offizielles Mandat agierte, wurde der *Malleus* über die konfessionellen Grenzen hinweg bis ins 17. Jahrhundert nachgedruckt und nahm unheilvollen Einfluss auf die ohnehin heillose Praxis der Hexenverfolgungen.[7]

Eine im Einzelfall weniger grauenhafte, aber noch wesentlich breitere Wirkung entfalteten die Römische Inquisition und die Indexkongregation mit dem *Index librorum prohibitorum* («Index der verbotenen Bücher»), dem bestorganisierten, internationalsten und langlebigsten unter den zahlreichen Zensurprojekten der frühen Neuzeit.[8] Die erste Fassung dieses Verzeichnisses, das unter anderem durch die Einsicht in die Wirksamkeit des Buchdrucks bei der Verbreitung der Reformation motiviert war, erschien 1559 und umfasste etwa 1000 Einträge, die letzte, auf über 6000 Titel angeschwollene, 1962. Abgeschafft wurde der *Index* schließlich 1966, auch deshalb, weil die Bücherflut mittlerweile einfach unüberschaubar geworden war. In den 400 Jahren seines Bestehens gaben sich auf seinen Seiten die großen Köpfe Europas von Erasmus über Galilei bis Sartre ein Stelldichein.

Der Einfluss des kirchlichen Schrifttums auf das zeitgenössische Gesellschafts- und Geistesleben war aber beileibe nicht immer nur verderblich und lähmend, sondern in vielen Fällen auch fördernd und zukunftsweisend: Zahlreiche Konzepte, Kategorien und Denkformen, die dort geprägt wurden, gingen später ins weltliche Denken über und befruchteten dieses. So war etwa von der Bedeutung der Bollandisten und Mauriner für die Entstehung der modernen Geschichtswissenschaft bereits die Rede. Das Kirchenrecht nahm inhaltlich massiven Einfluss auf die Entwicklung des weltlichen Rechtes und diente auf einer grundsätzlicheren Ebene dem Staat als Vorbild für ein von einer Zentralinstanz dekretiertes Recht überhaupt.[9] Die Spätscholastiker können Anspruch darauf erheben, als «‹founders› of scientific economics» zu gelten. Im Rahmen ihrer Moraltheologie entwickelten sie unter anderem eine Wohlfahrtsökonomik, eine Preistheorie und (in Auseinandersetzung mit dem kirchlichen Zinsverbot) eine Zinstheorie, die wesentliche Erkenntnisse der klassischen und neoklassischen Nationalökonomie des 18. und 19. Jahrhunderts vorwegnahmen.[10] Von ihrer Bedeutung für die Entwicklung des politischen Denkens wird noch zu reden sein. Die Hinwendung der protestantischen Theologie zur Bibel als einem Text, der nach Luther *sui ipsius interpres* («sein eigener Ausleger») ist und zu seinem Verständnis weder der Tradition noch des mehrfachen Schriftsinns bedarf, war über Autoren wie Melanchthon und Johann Conrad Dannhauer (1603–66) entscheidend an der Herausbildung der modernen Hermeneutik beteiligt.[11]

Der Toleranzgedanke

Ein weiteres, besonders schönes Beispiel für die Entstehung zukunftsweisender Vorstellungen im Medium der religiösen Literatur sei nun noch etwas genauer beleuchtet: der Toleranzgedanke.[12] Der Ausdruck *tolerantia* wurde zu einem wichtigen Schlagwort zuerst im antiken Christentum, wo er sich auf das geduldige Ertragen widriger Umstände und lästiger Mitmenschen bezog. In der frühen Neuzeit verstand man darunter praktisch ausschließlich religiöse Toleranz. Erst spät wurde das Konzept auf die Duldung von Denk- und Handlungsweisen, die von den eigenen abwichen, im Allgemeinen ausgeweitet. Die Genese der modernen Toleranzidee war ein langwieriger Prozess, in dem theologische Faktoren mit philosophischen, politischen und juristischen in Wechselwirkung traten und der seinerseits mit der Geschichte der tatsächlich praktizierten Toleranz interagierte, ohne jedoch mit ihr zusammenzufallen. Entsprechend breit gefächert ist das Spektrum der einschlägigen Quellen, das Gesetzestexte und Verwaltungsschrifttum ebenso einschließt wie literarische Werke. Im Folgenden seien kurz drei Gruppen religiöser Texte vorgestellt, die der Diskussion neue Impulse gaben und für drei aufeinanderfolgende Phasen dieser Diskussion stehen können.

Die Anfänge des Religionsgesprächs als literarischer Gattung[13] reichen bis in die Antike zurück, bis zu Ciceros *De natura deorum* («Über die Natur der Götter») und zum um 200 n. Chr. verfassten *Octavius* des Minucius Felix, in dem ein gebildeter Heide sich von einem Christen bekehren lässt. Im Mittelalter entstanden auf Latein, aber auch in den Volkssprachen und auf Arabisch hunderte derartiger Werke, in denen sich Christen, Juden und Muslime sowie konfessionell nicht festgelegte Philosophen über ihre religiösen Ansichten unterhalten. Ein berühmtes Beispiel ist etwa der *Dialogus inter philosophum, Iudaeum et Christianum* («Dialog zwischen einem Philosophen, einem Juden und einem Christen», 1141/42) des Frühscholastikers Abaelard.

Innerhalb dieser Tradition lassen sich zwei Linien unterscheiden: Gespräche mit lediglich zwei Teilnehmern tendieren zur Polemik und enden regelmäßig mit einem klaren Sieg desjenigen Diskutanten, welcher den Glauben des Verfassers teilt. Unterhalten sich dagegen drei oder mehr Sprecher, so ist die Atmosphäre meist entspannt und der Ausgang kann offenbleiben. In diese Kategorie gehört neben den Dialogen Ciceros und Abaelards auch Nicolaus Cusanus' *De pace fidei* («Der Glaubensfriede», 1453).[14]

Wie Cusanus zu Beginn erklärt, verdankt das Werk seine Entstehung dem Schock, den die Eroberung Konstantinopels in der christlichen Welt auslöste: Ein *quidam vir* («gewisser Mann»), in dem wir unschwer den Autor selbst erkennen können, wird durch dieses Ereignis so erschüttert, dass er sich in inbrünstigem Gebet an Gott wendet und ihn anfleht, er möge den Glaubensstreitigkeiten, die auf der Welt so viel Unheil anrichten, ein Ende setzen. Einige Tage später wird er in einer Vision in den Himmel entrückt und erlebt dort eine Versammlung mit, die zu ebendiesem Zweck einberufen wird: Unter der Leitung des Verbum, also der zweiten Person der Heiligen Dreifaltigkeit, des Petrus und des Paulus diskutieren 17 Philosophen, die verschiedene Religionen (Westkirche, Ostkirche, Judentum, Islam) und Weltgegenden (zum Beispiel Frankreich, Deutschland, Persien, Armenien) repräsentieren, über das genannte Problem. Dabei stellt sich heraus, dass sie alle, mögen sie es wissen oder nicht, hinsichtlich der grundlegenden Glaubenswahrheiten einig sind: Alle sind Monotheisten und glauben an die Trinität und die Menschwerdung Gottes. Unter diesen Umständen können unterschiedliche Formen des Gottesdienstes durchaus toleriert werden, ja in ihrer Vielfalt sogar zur höheren Ehre Gottes beitragen – ein Resultat, das gleich zu Beginn auf die Formel *religio una in rituum varietate* («eine einzige Religion in der Verschiedenheit der Riten») gebracht wird. Ein irdisches Weltkonzil, das in Jerusalem einberufen wird, soll diese Glaubenseinheit und den daraus hervorgehenden Weltfrieden besiegeln.

Toleranz in Glaubensfragen im modernen Sinne ist es natürlich nicht, was Cusanus in diesem Himmelsdialog verkündet: Die Annahme einer bereits existierenden Eintracht, die wunderbarerweise mit den Vorstellungen der katholischen Kirche übereinstimmt und nur noch argumentativ herausgearbeitet werden muss, beseitigt vielmehr mit der Möglichkeit eines sachlichen Dissenses auch die Notwendigkeit echter Toleranz. Man darf aber auch nicht übersehen, was Cusanus dadurch gewinnt: Indem er diese grundsätzliche Ebene scharf von der des Rituals trennt, kann er großzügig über die *rituum varietas* hinwegsehen und beseitigt damit tatsächlich einen wesentlichen Anstoß für religiöse Konflikte. Vor allem aber beeindruckt die Art der Gesprächsführung: Nicht nur verläuft die Debatte, wie schon bei Abaelard und anderen, ausgesprochen friedlich, Cusanus zeigt auch eine erstaunliche Fähigkeit, den Horizont seiner Herkunftskultur zu überschreiten und die europäische Christenheit mit den Augen der restlichen Welt zu sehen. So macht etwa der Perser den weltweiten – allerdings, wie sich später herausstellt, nur scheinbaren – Konsens über die Unmöglichkeit der Inkarnation mit den Worten klar: *Negamus enim hoc paene omnes, paucis in Europa demptis* («Das bestreiten wir nämlich alle, sieht man von einigen wenigen in Europa ab»). Und der Mongole entsetzt sich vor dem Abendmahl: Es sei «allzu scheußlich – sie verschlingen ja den, den sie verehren» (*abhominabilius: devorant eum, quem colunt*).

Mit der Reformation erfuhren die Bemühungen um eine grundlegende Glaubenseinheit, wie sie in den Religionsgesprächen Ausdruck fanden, eine doppelte Umwandlung: Zum einen traten die Differenzen zwischen den verschiedenen Religionen in den Hintergrund angesichts des viel drängenderen Problems, das in sich zerstrittene Christentum in Mittel- und Westeuropa wieder zu einen. Während man die Meinungsverschiedenheiten zwischen West- und Ostkirche zuvor zwar zur Kenntnis genommen hatte, daran aber nicht verzweifelt war, erschütterte der Verlust der Glaubenseinheit im Westen das christliche Selbstverständnis zutiefst. Zum anderen – und das war der eigentliche Fortschritt – wurde nun zumindest einigen aufgeklärten Köpfen klar, dass man es mit gleichberechtigten Streitparteien zu tun hatte. In Fortführung von Cusanus' Argumentation den Protestanten zu erklären, sie seien ja eigentlich ohnehin Katholiken, oder umgekehrt die Katholiken von ihrem grundsätzlichen Einverständnis mit den Anliegen der Reformation zu überzeugen, war kein gangbarer Lösungsweg mehr.

Ein frühes und herausragendes Beispiel der Literatur zur Überwindung der Kirchenspaltung im Abendland war Erasmus' Traktat *De sarcienda ecclesiae concordia* («Die Wiederherstellung der kirchlichen Eintracht», 1533).[15] Dass Erasmus mit dieser Schrift den Nerv der Zeit traf, belegen zehn Nachdrucke sowie Übersetzungen ins Deutsche, Niederländische, Dänische, Englische und Französische, die alle innerhalb weniger Jahre nach der Erstpublikation erschienen.

Das Werk ist als Kommentar zu Psalm 83 (nach heutiger Zählung 84) angelegt, der die Schönheit von Gottes Heiligtum preist, und verfolgt damit eine Strategie, die heute seltsam anmuten mag, in vormoderner Zeit aber häufig angewandt wurde: Der Autor trägt sein Anliegen nicht in eigenem Namen vor, sondern liest es aus einem autoritativen Text heraus. Gleich der erste Satz macht das deutlich:

> *Psalmum octogesimum tertium ob id selegimus enarrandum, quod in eo spiritus sanctus multis argumentis magnaque tum evidentia tum vehementia nobis speciosam illam et beatam eccclesiae concordiam commendat.*
>
> Psalm 83 habe ich deshalb zur Interpretation ausgewählt, weil der Heilige Geist uns in ihm mit vielen Argumenten und ebenso offensichtlich wie nachdrücklich jene schöne und glückliche Eintracht der Kirche ans Herz legt.

Nach einer langen, gelehrten Auslegung der dreizehn Psalmenverse, in denen das Problem der Glaubensspaltung nur andeutungsweise zur Sprache kommt, löst sich Erasmus erst zwanzig Seiten vor Schluss vom Bibeltext und wendet sich seinem eigentlichen Thema zu. Dabei steckt er sich bewusst ein bescheidenes Ziel: Er will die zahlreichen Streitfragen, die zwischen Katholiken und Protestanten offen sind, nicht etwa selbst beantworten und dadurch die Glaubenseinheit wiederherstellen. Ihm geht es nur darum, dass die Parteien so lange Frieden halten, bis ein gemeinsames Konzil einberufen werden kann, das dann hoffentlich die Lösung bringen wird. Zu diesem Zweck weist Erasmus die Leser einerseits an, sich mehr um die eigenen Fehler als um die ihrer Nächsten zu kümmern und im Umgang mit abweichenden Vorstellungen Zurückhaltung zu üben, andererseits hebt er hervor, dass das Christentum in erster Linie eine Sache der inneren Einstellung ist: Ob jemand Gott und seine Mitmenschen in der rechten Weise liebt, ist viel wichtiger als seine Meinung zu schwierigen dogmatischen Fragen und seine Präferenzen hinsichtlich des Ritus. Beide Ideen sind an sich christliches Allgemeingut, aber indem Erasmus sie auf die wichtigsten aktuellen Streitpunkte – Willensfreiheit, Heiligenverehrung, Beichte, Messe, Kommunion, Fasten usw. – anwendet, gelingt es ihm, alle diese Fragen als minder bedeutsam, um nicht zu sagen belanglos, erscheinen zu lassen. So reduziert sich etwa der Streit um Vollzug und Verständnis der Beichte auf Folgendes:

> *Praecipua cura sit, ut quod admissum est detestemur et in pristinum remigremus affectum. Illud omnium caput est, sic instituere vitam, ut non incidamus in ullum crimen letale. Id qui potest, liber est ab onere confitendi.*
>
> Unsere wichtigste Sorge sei es, zu verabscheuen, was wir begangen haben, und unseren Gemütszustand vor der Sünde wiederzuerlangen. Das ist die Hauptsache von allem: unser Leben so einzurichten, dass wir auf keine Todsünde verfallen. Wer das kann, ist frei von der Last des Beichtens.

Als dann zehn Jahre nach Erasmus' Tod endlich ein großes Konzil in Trient einberufen wurde, war es eine rein katholische Angelegenheit, und seine Ergebnisse hätten Erasmus grausam enttäuscht: Es schrieb katholische Rechtgläubigkeit fest, indem es sie scharf von den protestantischen Positionen abgrenzte, und besiegelte den Bruch zwischen den Konfessionen, statt ihn zu kitten. Trotzdem fanden sich weiterhin Idealisten, die gegen die Kirchenspaltung anschrieben, so etwa der katholische Theologe Georg Cassander mit seiner in kaiserlichem Auftrag verfassten *De articulis religionis inter catholicos et protestantes controversis consultatio* («Gutachten über die zwischen Katholiken und Protestanten strittigen Glaubensartikel», 1577) oder Hugo Grotius, der dieses Werk zusammen mit einer Reihe weiterer Texte unter dem Titel *Via ad pacem ecclesiasticam* («Weg zum Kirchenfrieden», 1642) neu herausgab und kommentierte.

Die tatsächliche Entwicklung ging jedoch in eine andere Richtung: Da die lange Serie von Religionskriegen immer neues Leid mit sich brachte, ließ bei den politisch Verantwortlichen allmählich die Bereitschaft nach, religiöse Einheit um den Preis innerer Stabilität zu erzwingen. 1573 bekannte sich Polen-Litauen in der Konföderation von Warschau als erster europäischer Staat offiziell zur Religionsfreiheit. In diesem Zusammenhang bildete sich nun auch das moderne Konzept der religiösen Toleranz heraus: Das Ziel der Wiedervereinigung der Konfessionen trat allmählich in den Hintergrund. Stattdessen kam die Idee auf, der Glaube sei grundsätzlich Sache des Einzelnen und dürfe das friedliche Zusammenleben in einem Gemeinwesen nicht beeinträchtigen. Jeder habe die diesbezüglichen Vorstellungen seiner Mitmenschen zu respektieren. In diesem Zusammenhang nahmen *tolerare* und *tolerantia* die technische Bedeutung an, die sie und ihre volkssprachlichen Entsprechungen – abgesehen von der Ausweitung auf persönliche Meinungen und Lebensstile im Allgemeinen – bis heute haben.

Im Medium der Utopie wurde der Grundgedanke schon erstaunlich früh ausgesprochen: Religiöse Toleranz kennzeichnete bereits 1516, ein Jahr vor Beginn der Reformation, den Idealstaat des Thomas Morus. Um 1590 verfasste ein Anonymus, möglicherweise der politische Denker Jean Bodin, einen geheimnisumwitterten Dialog, der aufgrund seiner Brisanz lange nur als Manuskript kursierte und erst 1857 gedruckt wurde, das *Colloquium heptaplomeres* («Siebenergespräch»):[16] In diesem Werk, das sich in die Linie der amikalen Religionsgespräche einreiht, unterhalten sich im vergleichsweise liberalen Venedig ein Katholik, ein Lutheraner, ein Calvinist, ein Jude, ein Moslem, ein Anhänger einer undogmatischen Vernunftreligion und ein religiöser Universalist. Sie beschließen ihr Gespräch ohne konkretes Ergebnis, aber einträchtig, und bemühen sich hinfort noch mehr um einen tugendhaften Lebenswandel.

Neben solchen Texten, die den Freiraum der Fiktionalität ausnützten und zumindest vorderhand nicht darauf abzielten, ihre Ideen tatsächlich umzusetzen, entstanden jedoch auch andere, die sich in konkreterer Weise auf die Realität bezogen und sie zu verändern suchten. Zwei Beiträge dieser Art seien zum Abschluss noch kurz vorgestellt.

Als Jean Calvin 1553 in Genf den Arzt und Gelehrten Michel Servet wegen dessen antitrinitarischer Ansichten verbrennen ließ, wandte sich sein ehemaliger Weggefährte, der aus Savoyen stammende Humanist Sebastian Castellio, in der pseudonym publizierten Schrift *De haereticis, an sint persequendi* («Ob man die Häretiker verfolgen soll», 1554) gegen dieses Vorgehen.[17] Das Buch präsentiert sich bescheiden als Stellensammlung aus anerkannten Autoritäten, die sich gegen die Todesstrafe für Ketzer aussprechen, von Johannes Chrysostomos bis – Calvin selbst. Lässt der Autor jedoch im Hauptteil die Tradition für sich sprechen, so formuliert er in der Einleitung die Position der religiösen Toleranz in eigenem Namen und in bisher ungekannter Schärfe. Er bestreitet die Möglichkeit, den Begriff des Ketzers vernünftig zu bestimmen («Nachdem ich oft danach geforscht habe, wer ein Ketzer sei, habe ich nichts anderes herausgefunden, als dass der für einen gehalten wird, der mit unseren Meinungen nicht übereinstimmt»), und gibt zum Schluss eine Beschreibung einer Ketzerverbrennung, die in einem empörten Aufschrei gipfelt:

> *Haeccine tu, Christe, iubes et probas? Hine sunt vicarii tui, qui haec sacrificia faciunt? Ad hancne tu viscerationem vocatus ades et humana carne vesceris? Si tu, Christe, haec vel facis vel fieri iubes, quidnam faciendum diabolo reliquisti?*
>
> Das, Christus, befiehlst und billigst du? Das sind deine Stellvertreter, die diese Opfer darbringen? Zu diesem Gemetzel kommst du, wenn man dich ruft, und nährst dich von Menschenfleisch? Wenn du, Christus, das tust oder befiehlst, dass es geschieht, was hast du dann dem Teufel zu tun übrig gelassen?

Als Calvin eine erzürnte Gegenschrift verfasste, verteidigte sich Castellio mit dem Traktat *Contra libellum Calvini* («Gegen die Schrift Calvins», gedruckt erst 1612 in den Niederlanden). In ihr brachte er seinen Standpunkt auf eine Formel, die klassisch geworden ist: *Hominem occidere non est doctrinam tueri, sed est hominem occidere* («Einen Menschen töten heißt nicht eine Lehre verteidigen, es heißt einen Menschen töten»).

Weniger leidenschaftlich, dafür systematischer äußerte sich eineinhalb Jahrhunderte nach Castellio John Locke in seiner *Epistola de tolerantia* («Brief über Toleranz», 1689), der bis zu seiner Zeit vielleicht klarsten Schrift zum Thema überhaupt.[18] Die Zeiten hatten sich geändert, zumindest in Nordeuropa wurden keine Ketzer mehr verbrannt, und die Publikationen, die den Ausdruck *tolerantia* im Titel führten, begannen sich zu häufen. Gerade die Niederlande, wo Locke die *Epistola* schrieb und publizierte, waren schon recht liberal. Immerhin hielt es auch Locke noch für geraten, sich hinter der (in ihrer Bedeutung rätselhaften) Abkürzung *P.A.P.O.I.L.A.* zu verbergen und seinen Adressaten, den Theologieprofessor Philipp van Limborch, nur als *T.A.R.P.T.O.L.A.* aufs Titelblatt zu setzen.

Locke geht sein Thema mit kühler Sachlichkeit an. Auf die Diskussion von Glaubensinhalten lässt er sich so wenig ein wie Castellio.

Die Frage nach dem wahren Glauben, den ohnehin niemand mit Sicherheit kenne, tut er gleich zu Beginn in Form einer knappen Parenthese ab, nach der «jeder in seinen eigenen Augen rechtgläubig ist» (*sibi quisque orthodoxus est*). Was ihn interessiert, ist der religiöse Friede im Staat. Dieser ist seiner Natur nach streng von der Kirche getrennt, besitzt das Gewaltmonopol und zielt ausschließlich auf das weltliche Allgemeinwohl ab: *Legum ferendarum modus et mensura est publicum commodum* («Maß und Maßstab der Gesetzgebung ist das Allgemeinwohl»). Die Kirche ihrerseits ist in Lockes Augen einfach ein Verein von Menschen ähnlicher religiöser Überzeugung zum Zwecke des gemeinsamen Gottesdienstes. Man wird in sie nicht hineingeboren, sondern tritt freiwillig ein und freiwillig aus. Zwang ist in Glaubensfragen vollkommen sinnlos – man kann eben niemanden zwingen, an etwas zu glauben, ja nicht einmal den eigenen Glauben durch einen Willensakt bestimmen: *Ut hoc vel illud verum esse credamus, in nostra voluntate situm non est.*

Die Konsequenzen dieser Prämissen sind klar: Die staatliche Obrigkeit hat kein Recht, den Menschen einen bestimmten Glauben aufzunötigen. Sie muss alle Glaubensrichtungen tolerieren, nicht nur die verschiedenen christlichen Konfessionen, sondern auch Judentum und Heidentum. Wenn Locke für die Atheisten eine Ausnahme macht, dann nicht, weil er ihren Unglauben, wie er das tatsächlich tut, für falsch hält, sondern weil in seinen Augen nur der Glaube an irgendeine göttliche Macht garantiert, dass sich jemand an die Grundregeln des bürgerlichen Zusammenlebens hält.

Locke fordert Toleranz im Namen aufklärerischer Grundwerte ein: *utilitas* und *bonum commune*, Nützlichkeit und Gemeinwohl. Das impliziert zugleich eine Auffassung, welche die Interessen des Staates als Wächter des Wohlergehens auf Erden wenn nicht ausdrücklich, so doch *de facto* über die Interessen der Kirche stellt. Davon mehr im nächsten Kapitel.

6

ZWISCHEN STAATSRÄSON UND UTOPIE: POLITIK

Der Aufstieg des Staates

Büßte die Kirche trotz der ungeheuren Macht, die sie in der frühen Neuzeit besaß und bis weit in die Moderne hinein behauptete, letzten Endes an Einfluss auf das Leben der Menschen ein, so war der Staat die große aufsteigende Institution der Epoche.[1] Ereignisse wie die Erhebung Heinrichs VIII. zum Oberhaupt der englischen Kirche 1534 oder die Etablierung des Grundsatzes *Cuius regio, eius religio* («Wessen Herrschaftsgebiet, dessen Religion») im Augsburger Religionsfrieden 1555 zeigen beispielhaft, dass sich die Gewichte in Richtung der weltlichen Macht zu verschieben begannen.

Tatsächlich hatten sich schon seit dem späteren Mittelalter Entwicklungen angebahnt, die auf eine Stärkung von Staat und Staatlichkeit hinausliefen. Vielerorts entstanden neuartige, effiziente politische Einheiten: in Nord- und Mittelitalien republikanische, später zunehmend monokratische Stadtstaaten, in der Schweiz und in den Niederlanden föderale, vergleichsweise freiheitliche Staatswesen, in England und Polen-Litauen Monarchien mit parlamentarischen Anteilen, in Frankreich eine zentralistische Herrschaft mit außergewöhnlicher Machtfülle des Königs.

Gleichzeitig begann sich das Wesen politischer Organisation an sich zu wandeln: Herrschaft wurde versachlicht, professionalisiert und immer effizienter organisiert. Hatten politische Bindungen im feudalistischen Personenverbandsstaat des Mittelalters die Form persönlicher Abhängigkeiten gehabt, so bestimmte sich im nun entstehenden Territorialstaat die politische Zugehörigkeit danach, in welchem Gebiet jemand ansässig war. Loyale Fürstendiener wurden durch eine Beamtenschaft ersetzt, die eine ausgedehnte Bürokratie zu etablieren begann: An die Stelle der Kanzlei trat das Sekretariat, das Urkundenwesen wurde von einer immer höher anschwellenden Aktenflut abgelöst. Man versuchte, die Staatsfinanzen in geordnete Bahnen zu lenken, ein Bestreben, das letztlich zum modernen Steuerstaat führte, monopolisierte Rechtschöpfung und Rechtsprechung, nahm sich des Kriegswesens an und schuf stehende Heere unter staatlicher Kontrolle. Indem politische Einheitlichkeit und Regelungsdichte innerhalb der Herrschaftsgebiete laufend zunahmen, fanden die Regierungen immer mehr Möglichkeiten, auf ihre Untertanen zuzugreifen und sie sich für ihre Zwecke nutzbar zu machen, und gewannen nach außen hin größeren Handlungsspielraum. Waren die Akteure auf der politischen Bühne des Mittelalters Einzelpersonen und Adelsgeschlechter gewesen, so standen nun zunehmend ganze Staaten einander gegenüber.

Begleitet wurde diese Entwicklung von der Entstehung einer neuartigen politischen Mentalität. Der Untertan verinnerlichte zumindest teilweise die zahlreichen neuen Anforderungen, die der Staat an ihn stellte, und unterwarf sich halb freiwillig, halb gezwungen einer strengen Ethik der Disziplin, des Fleißes und der Effizienz – ein Vorgang, den Gerhard Oestreich als «Sozialdisziplinierung» bekannt gemacht hat.[2] Gleichzeitig entstanden vielerorts Vor- und Frühformen des modernen Nationalismus:[3] In den republikanischen Kommunen Italiens manifestierte sich ein Wir-Gefühl, das als «Bürgerhumanismus» (*civic humanism*) bekannt wurde.[4] Für Italien insgesamt spielte diesbezüglich die gemeinsame römische Vergangenheit eine wichtige Rolle. Im deutschen Sprachraum begann man, gedanklich eine deutsche Nation zu konstruieren, die seit etwa 1500 auch als Namenszusatz zum Heiligen Römischen Reich auftauchte. In Spanien, England und Frankreich konnte man sich im Glanz der erreichten Großmachtstellung sonnen, während die Bürger der Eidgenossenschaft und der Niederlande auf ihre gegen äußere Übermacht erkämpfte Freiheit stolz waren.

Politischer Diskurs

Die geistigen Folgen des Wandels von Staatlichkeit beschränkten sich jedoch nicht auf allgemeine, meist unartikulierte Befindlichkeiten wie die eben genannten. Vielmehr bildete sich – auch unter dem Eindruck zahlreicher realpolitischer Katastrophen von den Italienischen und den Hugenottenkriegen über den Spanisch-Niederländischen und den Dreißigjährigen Krieg bis zum Englischen Bürgerkrieg – ein neuartiger politischer Diskurs heraus, der im Laufe der frühen Neuzeit eine stürmische Entwicklung durchlief.[5]

Freilich entstanden die Kategorien, deren sich dieser Diskurs bediente, und die Fragen, die verhandelt wurden, nicht aus dem Nichts, sondern wurden zu einem guten Teil aus antiken und spätmittelalterlichen Autoren übernommen. Unter jenen ist an erster Stelle Aristoteles mit seiner *Politik* zu nennen, daneben Platon, Cicero, Seneca sowie Historiker wie Livius und Tacitus, die man als Beispielsammlungen für richtiges und falsches politisches Handeln auswertete. Zu den scholastischen Denkern, denen man (aller humanistischen Polemik gegen die Scholastik zum Trotz) wesentliche Impulse verdankte, zählen Marsilius von Padua mit seinem *Defensor pacis* («Verteidiger des Friedens», 1324), der Jurist Bartolus de Saxoferrato (1313–57) und der Theologe Jean Gerson (1363–1429). Die häufig übersehenen Kontinuitäten zwischen Mittelalter und früher Neuzeit sind im politischen Denken vielleicht noch deutlicher erkennbar als auf anderen Gebieten.

Dennoch war der politische Diskurs der frühen Neuzeit etwas qualitativ Neues – schon insofern, als er, wie wir bald genauer sehen werden, als Diskurs *sui iuris* wahrgenommen wurde. Das einschlägige Schrifttum schwoll so hoch an, dass zur Orientierung immer neue Florilegien, Zusammenfassungen, Thesauri und bibliographische Übersichten erscheinen mussten; ein prominentes Beispiel ist die *Bibliographia politica* (1633) von Kardinal Mazarins Bibliothekar Gabriel Naudé.[6] Bis gegen Ende des 17. Jahrhunderts erschien ein Großteil der einschlägigen Texte auf Latein oder zumindest *auch* auf Latein: Vor allem Schlüsselwerke wurden entweder aus den Volkssprachen ins

Lateinische übersetzt oder umgekehrt, um den beiden großen Leserkreisen gerecht zu werden, an die sie sich wandten – den Angehörigen der Höfe, die frühe Zentren volkssprachlicher Kultur darstellten, und den Mitgliedern der internationalen *res publica litteraria*.[7]

Allerdings lässt sich das politische Schrifttum der Zeit noch schlechter eingrenzen als das religiöse, mit dem wir uns im letzten Kapitel beschäftigt haben. Einerseits haben politische Vorstellungen wie religiöse die Tendenz, unerwartet an den verschiedensten Orten aufzutauchen. Andererseits war das damalige politische Denken im Gegensatz zum religiösen noch in keiner Weise institutionalisiert. Die Autoren, die etwas dazu zu sagen hatten, kamen aus allen möglichen Gebieten und betrachteten den Gegenstand aus ganz unterschiedlichen Perspektiven. Politische Fragen konnten aus der Sicht von Disziplinen wie Geschichte, Recht und Theologie und in literarischen Gattungen vom Gedicht über das Drama, den Roman und den philosophischen Dialog bis hin zum Kommentar diskutiert werden. Nur ein Teil der betreffenden Texte bediente sich traditionell einschlägiger Formen wie des politischen Traktats oder des Fürstenspiegels, also der Mahn- und Lehrschrift an einen bestimmten Herrscher,[8] oder erschien unter Titeln, die das jeweilige Werk auf den ersten Blick als politisch auswiesen.

Im Folgenden sei ein Ausschnitt aus dieser Literatur vorgestellt, der drei zentrale Themen und Tendenzen der damaligen politischen Diskussion repräsentiert: die Stellung des Monarchen, die rechtlichen Grundlagen politischen Handelns und die Eigengesetzlichkeit des Politischen.

Die Stellung des Monarchen

Die Frage nach der Position des Herrschers im Staatswesen, aufgrund der Tatsache, dass die meisten Staaten nach wie vor monarchisch regiert wurden, ohnehin ein Dauerbrenner, gewann in den konfessionellen Auseinandersetzungen des 16. Jahrhunderts zusätzliche Brisanz:

Durfte ein Fürst seinen Untertanen den Glauben seiner Wahl aufzwingen? Waren diese ihm unter allen Umständen zum Gehorsam verpflichtet, oder hatten sie gegebenenfalls das Recht oder gar die Pflicht zur Rebellion?

Für eine starke Stellung des Herrschers argumentierte etwa der französische Jurist Jean Bodin in seinem Traktat *De la république* (1576), dessen definitive, vom Autor selbst überarbeitete Fassung 1586 als *De re publica* erschien. Das, wie wir noch sehen werden, gleich in mehrerer Hinsicht bahnbrechende Buch legte unter anderem das theoretische Fundament des Absolutismus, also einer Staatskonzeption, innerhalb derer der König ausdrücklich *legibus absolutus*, von den Gesetzen nicht gebunden ist.[9]

Auf der Gegenseite standen in erster Linie calvinistische Autoren, die bei ihren Gegnern als *monarchomachi* («Monarchenbekämpfer») verschrien waren.[10] Sie proklamierten, wie das schon Calvin selbst getan hatte, ein Widerstandsrecht gegen ungerechte Herrschaft und waren nach dem Trauma der Bartholomäusnacht (1572) sogar von der Legitimität des Tyrannenmordes überzeugt. Das galt beispielsweise für George Buchanan, bei dem sich religiöse Überzeugungen mit dem Wunsch nach einer starken Stellung Schottlands gegenüber der englischen Krone paarten. In seinem Dialog *De iure regni apud Scotos* («Das Recht des Königtums bei den Schotten», 1579) betonte er die Souveränität des Volkes und dessen Recht, gegen einen unbotmäßigen Herrscher Maßnahmen bis hin zu Absetzung und Exekution zu ergreifen. Seine *Rerum Scoticarum historia* (1582) untermauerte mit einer tendenziösen Darstellung der schottischen Geschichte die im Dialog vertretenen Positionen.[11] Noch radikaler als Buchanan verfocht das Selbstverteidigungsrecht der Untertanen gegenüber einem König, der göttliches und weltliches Recht mit Füßen trete, der Verfasser der pseudonym publizierten *Vindiciae contra tyrannos* («Verteidigung gegen Tyrannen», 1579, 169–70):

> *Hoc ius si quis vi dolove rumpere temptet, quia societatem, cui debet omnia, violat, quia in patriam cuniculos agit, cui natura, cui legibus, cui sacramento devincti sumus, ei omnes resistere tenemur, adeo ut, si negligamus, proditores patriae, desertores societatis humanae, iuris contemptores vere simus. Ut vero nos adversus hosce tyrannos*

> *iura naturae, gentium, civilia arma capere iubent, ita nec ulla omnino ratio dehortari potest. Non intervenit iusiurandum, non pactum ullum, non ulla obligatio neque publica neque privata. Itaque vel privato cuilibet tyrannidem huiusmodi, si intrudatur, depellere licet.*

> Wenn jemand dieses Recht mit Gewalt oder List zu brechen sucht, so sind wir alle gehalten, ihm Widerstand zu leisten, weil er die Gemeinschaft, der er alles verdankt, verletzt, weil er das Vaterland, dem wir von Natur aus, durch Gesetze, durch Eid verbunden sind, unterminiert. Vernachlässigen wir diese Pflicht, so sind wir wahrhaftig Vaterlandsverräter, Fahnenflüchtige aus der menschlichen Gemeinschaft, Verächter des Rechts. Und wie uns gegen diese Tyrannen das Natur-, das Völker- und das bürgerliche Recht zu den Waffen zu greifen befehlen, so kann uns überhaupt kein Grund davon abbringen, das zu tun. Nichts tut hier zur Sache ein Eid, nichts irgendeine Abmachung, nichts irgendeine Verpflichtung, weder öffentlich noch privat. Deshalb ist es sogar einem beliebigen Privatmann erlaubt, eine solche Tyrannei, wenn sie sich Bahn zu brechen sucht, gewaltsam abzuschmettern.

Überraschender ist, dass auch ein katholischer und einem katholischen König unterstellter Autor wie der spanische Jesuit Juan de Mariana die Macht des Monarchen entschieden beschnitten wissen wollte. Sein *De rege et regis institutione* («Der König und seine Erziehung», 1599)[12] enthält eine ausgearbeitete Theorie der Staatlichkeit und der politischen Macht insgesamt, die letztlich vom Volk ausgehe und an den Herrscher nur delegiert werde. Missbraucht dieser sie, findet auch Mariana seine Absetzung und sogar Tötung legitim – Vorstellungen, aufgrund derer man ihn später persönlich für den Gunpowder Plot (1605) und den Mord an Heinrich IV. von Navarra (1610) verantwortlich machen sollte.

Rechtliche Grundlagen

Wie schon die berufliche Herkunft von Autoren wie Bartolus und Bodin oder Buchanans *De iure regni* erahnen lässt, war das Recht seit jeher eine wichtige Quelle politischen Denkens und politischer Argumentation. Häufig wurde Politik im Medium juristischer Literatur diskutiert. Die wichtigste Frage betraf dabei die rechtliche Begründung von Herrschaft. In besonderem Maße tat sich auf diesem Gebiet die sogenannte Schule von Salamanca hervor, der unter anderem der eben erwähnte Juan de Mariana angehörte. Wie man bereits an seinem Beispiel erkennen kann, vertraten ihre Exponenten in ihren formal dem strengen scholastischen Denkstil verpflichteten Traktaten und Disputationssammlungen Positionen, die den Mächtigen durchaus unbequem werden konnten. Die bedeutendsten juristisch-politischen Werke dieser Art, Domingo de Sotos *De iustitia et iure* («Gerechtigkeit und Recht», 1556), Luis de Molinas gleichnamiges Opus (1609) und Francisco Suárez' *De legibus ac deo legislatore* («Die Gesetze und Gott als Gesetzgeber», 1613), leiteten Herrschaft aus einer freiwilligen, zum allgemeinen Besten erfolgten Übereinkunft (*consensus*) der Gesellschaft in ihrem Urzustand her. Aus dieser Prämisse, die im Ansatz die spätere Theorie des Gesellschaftsvertrags vorwegnahm, folgte unter anderem die zuvor referierte Theorie des Rechts auf Widerstand gegen tyrannische Herrschaft. Sie wurde auch auf die neu entdeckten Völker Amerikas angewandt, deren Behandlung durch die Spanier damals ein kontrovers diskutiertes Thema war. Besonders entschieden verteidigte die indigene Bevölkerung gegen Gewalt und Versklavung Francisco de Vitoria (ca. 1483–1546) in seinen Vorlesungen *De Indis recenter inventis* («Die kürzlich entdeckten Inder») und *De iure belli* («Das Kriegsrecht»).[13]

Unbequem, nämlich in erster Linie für den Kaiser, waren auch die Schlussfolgerungen, zu denen einige reichsdeutsche Juristen gelangten, indem sie bestehendes Recht auf aktuelle politische Streitfragen anwandten. So konfrontierte etwa der kursächsische Rechtsgelehrte und Diplomat Gregor Brück 1530 Karl V. mit dem Gutachten *Iudici procedenti iniuste an licitum sit resistere* («Darf man sich einem ungerecht vorgehenden Richter widersetzen?»), in dem er den Lutheranern mithilfe des ursprünglich privatrechtlichen Begriffs der Notwehr (*vim vi repellere*) ein Widerstandsrecht gegen den Kaiser zusprach.[14] Wenig später führte den Freiburger Juristen Ulrich Zasius seine Untersuchung des mittelalterlichen Feudalrechts (*In usus feudorum epitome*, 1538) zu dem Ergebnis, der Kaiser sei im Reich kein Herrscher im eigentlichen Sinne, sondern nur ein oberster Lehnsherr, habe also eine wesentlich schwächere Stellung. Im späteren 16. und 17. Jahrhundert mündeten solche Überlegungen in den breiten Strom der sogenannten Reichspublizistik, die um ein angemessenes Verständnis der eigenartigen politischen Struktur des Alten Reiches rang und in Samuel von Pufendorfs *De statu Imperii Germanici* («Der Zustand des deutschen Reiches», 1667) kulminierte.

Schließlich erschlossen manche Juristen über die Untersuchung des Bestehenden hinaus neue Rechtsbereiche, die in die Zukunft wirken und Spielregeln künftigen politischen Handelns vorgeben sollten. Ein Paradebeispiel hierfür ist Hugo Grotius mit seinem Buch *De iure belli ac pacis* («Kriegs- und Friedensrecht», 1625), in dem er die Konsequenzen aus dem schon erwähnten Umstand zog, dass Einzelpersonen als politische Akteure zusehends von Staaten abgelöst wurden: Er behandelte Staaten wie Personen und leistete damit einen wesentlichen Beitrag zu den Grundlagen des modernen Völkerrechts. Dieses wurde in der Folge von Autoren wie Pufendorf (*De iure naturae et gentium,* «Natur- und Völkerrecht», 1672) und Christian Wolff (*Ius naturae,* «Naturrecht», 1740–48) weiterentwickelt und regelt heute die Verhältnisse zwischen den Staaten als Völkerrechtssubjekten.[15]

Die Eigengesetzlichkeit des Politischen

Fundamentaler noch als die Diskussionen um die Stellung des Herrschers und die Bedeutung des Rechts war die Entdeckung, dass politische Handlungen und Vorgänge eigenen Gesetzen unterlagen, die sich nicht direkt aus den Prämissen etablierter Disziplinen herleiten ließen.

Einen ersten wichtigen Schritt auf diesem Weg setzte Machiavelli in seinem 1513 verfassten, 1532 gedruckten *Principe*, der seit 1560, dem Jahr der ersten lateinischen Ausgabe, europaweit in dieser Sprache gelesen wurde: Er erklärte offen, Politik könne und dürfe sich grundsätzlich nicht vollständig an die herkömmliche Moral halten. Zwar löste er damit einen Sturm der Entrüstung aus, doch schon bald begannen zahlreiche Autoren, in vorsichtigerem Ton, etwa unter Berufung auf die illusionslose Weltsicht des Tacitus, Vergleichbares zu sagen. Als besonders geeignetes Format, solche Positionen zu vertreten, erwies sich der Kommentar: Der Diplomat Carlo Pasquale beispielsweise legte seine Ansichten in Form von *Observationes* («Beobachtungen», 1581, ²1600) zu den ersten vier Büchern der taciteischen *Annalen* nieder. Auf diese Weise wurde die konventionelle Ethik in der Politik allmählich durch das Konzept der Staatsräson (*ratio status*) zurückgedrängt.[16]

In weiterer Folge emanzipierte sich das politische Denken als Ganzes von den Disziplinen, in deren Rahmen es sich bislang vollzogen hatte – philosophische Ethik in der Antike, Theologie, Recht, Pädagogik im Mittelalter und an der Wende zur Neuzeit. Auch wenn es sich weiterhin aus deren Gedankengut speiste, nahm es nun als ein Gebiet *sui iuris* Gestalt an. Als sein ureigener Gegenstand etablierte sich der Staat im modernen Sinne: ein abstrakter, weder mit dem Herrscher noch mit seinen Untertanen identifizierbarer, homogener Herrschaftsbereich. Diese Entwicklung lässt sich nicht zuletzt an der verwendeten Terminologie festmachen: Hatte man zuvor mit Fügungen wie *status principis* und *status regni* die Situation eines Herrschers bzw. den Zustand eines Reiches bezeichnet, so begann man *status* und seine volkssprachlichen Äquivalente im Laufe des 16. Jahrhunderts absolut zu gebrauchen.[17] Zwei Meilensteine auf dem Weg zur disziplinären Eigenständigkeit waren Jean Bodins schon erwähnter Traktat *De la république* bzw. *De re publica* und die *Politica methodice digesta* («Politik methodisch dargestellt», 1603) des westfälischen Calvinisten Johannes Althusius. Bodin etablierte unter der Bezeichnung *maiestas* (Buch 1, Kap. 8) das Konzept der politischen Souveränität und verwendete erstmals in eindeutiger und konsequenter Weise den abstrakten Staatsbegriff.[18] Althusius ist ebenso seiner methodischen Strenge wegen wie aufgrund der Entschiedenheit bemerkenswert, mit der er die Autonomie der Politik gegen jede Einmischung von philosophischer, juristischer und theologischer Seite verteidigte.

Die skizzierte Entwicklung führte allerdings auch in ein Dilemma: Einerseits war die Eigengesetzlichkeit des Politischen, einmal eingesehen, nicht mehr wegzudiskutieren, andererseits ließ sich die Politik, sofern sie in irgendeiner Form dem Gemeinwohl dienen sollte, nicht gänzlich aus der normalen Moral herauslösen. Zur Illustration dieses Dilemmas können zwei durchaus gegensätzliche Werke dienen: die *Politica* des Justus Lipsius und Thomas Morus' *Utopia*.

Staatsräson: Lipsius, Politica

Im Jahr 1589 erschienen in Antwerpen die *Politica* (etwa «Bemerkungen zur Politik») des flämischen Juristen Justus Lipsius.[19] Ihr Autor zählte zu den bedeutendsten Philologen und Antiquaren seiner Zeit, bekleidete Lehrstühle in Löwen und Leiden und blieb der Nachwelt als Herausgeber des Tacitus, Mitbegründer des staatlich organisierten Militärwesens, Protagonist der Wiederbelebung der antiken Stoa, des sogenannten Neustoizismus, und größter Briefschreiber der frühen Neuzeit nach Erasmus ein Begriff. Die *Politica* sind ein Schlüsseltext nicht nur aufgrund ihres Inhalts und ihrer breiten Wirkung, sondern auch deshalb, weil sie schon durch ihre literarische Form dokumentieren, wie prekär damals die Lage dessen war, der ernsthaft über Politik sprechen wollte.

Ihre Entstehungszeit fällt in die Anfangsphase des Achtzigjährigen Krieges, in dem der lose Staatenbund der nördlichen Niederlande gegen Spanien, das dort bisher geherrscht hatte, um sein Überleben kämpfte. Der in Lipsius' Augen nachteilige Föderalismus der jungen Republik stellt die Kontrastfolie für die in den *Politica* formulierten Ideen dar, die jedoch in allgemeinerer Form dargeboten werden und in ihrer Relevanz weit über den Anlassfall hinausreichen. Der vollständige Titel des Werkes erklärt, dass sich seine Ratschläge auf die Alleinherrschaft beziehen (*ad principatum maxime spectant*), und das Widmungsschreiben beginnt ohne übertriebene Bescheidenheit mit der Anrede *Imperator, reges, principes* («Kaiser, Könige, Herrscher»).

Lipsius hat beim Schreiben eine starke, absolutistische Monarchie vor Augen, die er als die beste Regierungsform voraussetzt.

Das Werk gliedert sich in sechs Bücher und weist zudem eine übergreifende Einteilung nach den beiden Herrscherqualifikationen *virtus* («Tugend») und *prudentia* («Klugheit») auf. Nach dem einleitenden ersten Buch behandelt das zweite die *virtus*, während die Bücher drei bis sechs der *prudentia* gewidmet sind; dabei geht es im dritten um den Sachverstand der Berater, mit denen sich der Herrscher umgeben soll, im vierten, fünften und sechsten um dessen eigene Klugheit in Frieden, Krieg und Bürgerkrieg.

Dieses Resümee deutet schon an, wo Lipsius seine Schwerpunkte setzt, und lässt erahnen, dass die Bande, die das politische Denken in den Schranken einer philosophischen Ethik zu halten pflegten, bei ihm schon stark gelockert sind. Lipsius versteht die Politik als ein heikles Geschäft, bei dem ständig die Gefahr des Scheiterns droht: Die Verderbtheit der menschlichen Natur und die Macht der Umstände können den Herrscher jederzeit zwingen, an die Grenzen der herkömmlichen Moral zu gehen und sie notfalls zu überschreiten. Worauf es dabei ankommt, ist, die nötigen Schritte mit Vernunft und Augenmaß zu setzen. In der Sache ist Lipsius damit nicht allzu weit von Machiavelli entfernt, auch wenn er dessen radikale Positionen in mancher Hinsicht abschwächt. Die Schwierigkeit, die er zu meistern hat, besteht darin, den nüchternen Realismus des Florentiners für die Analyse des politischen Geschehens fruchtbar zu machen, ohne sich dem Odium auszusetzen, mit dem der Machiavellismus behaftet ist.

Der Weg zur Lösung des Problems führt, wie bereits angedeutet, über die erstaunliche literarische Form des Werkes, die sich schon an seinem Druckbild ablesen lässt (Abb. 12): In die *Politica* sind 2669 Zitate aus 116 vorwiegend antiken, aber auch mittelalterlichen und frühneuzeitlichen Autoren eingeflochten, die entscheidend zum Fortschritt der Argumentation beitragen; der weitaus wichtigste Referenzautor ist dabei Tacitus. Dieses Format nimmt einerseits Anleihen beim seit der Spätantike bekannten Cento, dem aus Zitaten eines bestimmten Autors neu zusammengestellten Flickgedicht, und ist andererseits vom zeitgenössischen *commonplace-book* inspiriert, in das

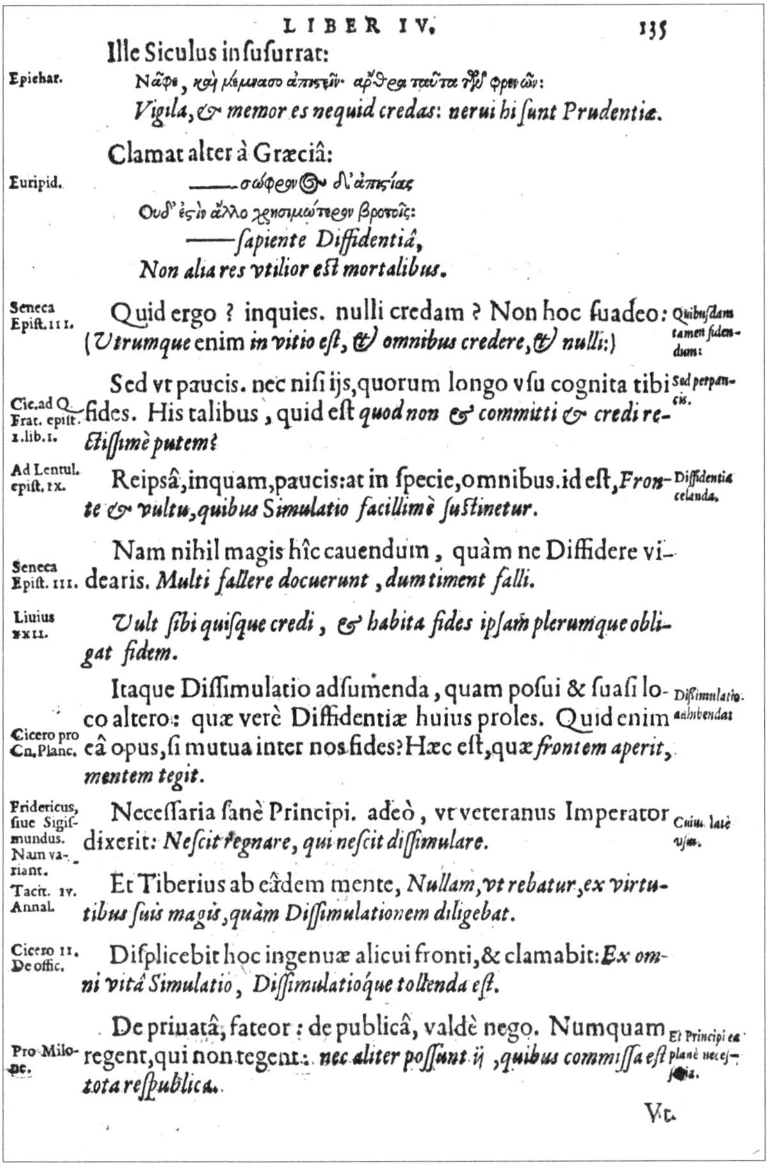

LIBER IV. 135

Ille Siculus insusurrat:

Epichar. Νᾶφε, καὶ μέμνασο ἀπιστεῖν· ἄρθρα ταῦτα τῶν φρενῶν:

Vigila, & memor es nequid credas: nerui hi sunt Prudentiæ.

Clamat alter à Græciâ:

Euripid. ——σώφρονος δ' ἀπιστίας

Οὐδ' ἔστιν ἄλλο χρησιμώτερον βροτοῖς:

——sapiente Diffidentiâ,

Non alia res vtilior est mortalibus.

Seneca Epist. III. Quid ergo? inquies. nulli credam? Non hoc suadeo: (*Vtrumque* enim *in vitio est, & omnibus credere, & nulli:*) Quibusdam tamen fidendum:

Cic. ad Q. Frat. epist. I. lib. I. Sed vt paucis. nec nisi ijs, quorum longo vsu cognita tibi fides. His talibus, quid est *quod non & committi & credi rectissimè putem?* Sed perpaucis.

Ad Lentul. epist. IX. Reipsâ, inquam, paucis: at in specie, omnibus. id est, *Fronte & vultu, quibus* Simulatio *facillimè sustinetur.* Diffidentia celanda.

Seneca Epist. III. Nam nihil magis hîc cauendum, quàm ne Diffidere videaris. *Multi fallere docuerunt, dum timent falli.*

Liuius XXII. *Vult sibi quisque credi, & habita fides ipsam plerumque obligat fidem.*

Cicero pro Cn. Planc. Itaque Dissimulatio adsumenda, quam posui & suasi loco altero: quæ verè Diffidentiæ huius proles. Quid enim eâ opus, si mutua inter nos fides? Hæc est, quæ *frontem aperit, mentem tegit.* Dissimulatio adhibenda.

Fridericus, siue Sigismundus. Nam variant. Necessaria sanè Principi. adeò, vt veteranus Imperator dixerit: *Nescit regnare, qui nescit dissimulare.* Cuius latè vsus.

Tacit. IV. Annal. Et Tiberius ab eâdem mente, *Nullam, vt rebatur, ex virtutibus suis magis, quàm Dissimulationem diligebat.*

Cicero II. De offic. Displicebit hoc ingenuæ alicui fronti, & clamabit: *Ex omni vitâ Simulatio, Dissimulatioque tollenda est.*

Pro Milone. De priuatâ, fateor: de publicâ, valdè nego. Numquam regent, qui non tegent: *nec aliter possunt ij, quibus commissa est tota respublica.* Et Principi ea planè necessaria.

Vt.

Abb. 12 Justus Lipsius, *Politica*, Ausgabe Antwerpen 1599, Buch 4, Kap. 14, S. 135. Lipsius' eigener Text ist recte, Zitate sind kursiv gesetzt. Die linken Marginalien identifizieren die Zitate, die rechten fassen die Argumentation zusammen.

schon Schüler ihre Lesefrüchte unter bestimmten Schlagworten (*loci communes*) eintrugen,[20] geht aber über beide Modelle hinaus: Anders als der Cento-Dichter schreibt Lipsius Prosa, exzerpiert zahlreiche Autoren, macht die Zitate typographisch als solche kenntlich, identifiziert sie durch Marginalien und verbindet sie mit eigenem Text. Im Gegensatz zu dem, der ein *commonplace-book* anlegt, stellt er die zitierten Passagen in den Dienst eines Gedankengangs, den er selbst bestimmt.

Dem heutigen Leser, dessen Literaturverständnis von romantischen Originalitätsvorstellungen geprägt ist, mag diese Form auf den ersten Blick irritierend und unliterarisch erscheinen, doch Lipsius selbst fand sie offenbar attraktiv und war stolz darauf: *Id vere opus alienum est et nostrum est, et e duplici ista mixtura vivet, cum ego non vivam* («Dieses Werk ist wirklich zugleich fremdes und mein Eigentum, und durch diese seine Doppelnatur wird es leben, wenn ich nicht mehr leben werde»), schrieb er an einen Freund.[21] Beifall erhielt er unter anderem von Montaigne, der die *Politica* als «gelehrtes Gewebe» («docte tissu», *Essais* 1,26) bezeichnete. Tatsächlich hat Lipsius eine kunstvoll polyphone Struktur geschaffen, deren verschiedene Stimmen sich zu einem Ganzen fügen, das einen ungewohnten Reiz besitzt.

Vor allem jedoch ermöglicht es diese neuartige Form dem Verfasser, seine problematischen Wahrheiten auszusprechen, ohne sich allzu sehr zu exponieren: Zum einen entsteht auf diese Weise ein dichter, facettenreicher und interpretatorisch offener Text, in dem jede Ansicht von verschiedenen Seiten beleuchtet und durch Gegenmeinungen relativiert wird. Zum anderen – und das ist die Hauptsache – wird die Verantwortung für allfällige Anstöße an die zitierten Autoren abgetreten. Das lässt sich gut anhand der abgebildeten Textseite zeigen, die zu einer der heikelsten Passagen der *Politica* gehört: Es geht darin um die Frage, ob der Herrscher, um seine Ziele zu erreichen, List und Verstellung anwenden darf. Die letzten fünf Absätze lauten in Übersetzung:

Cicero, *Pro Gn. Plancio*

Deshalb muss man Verstellung anwenden, die ich [nach dem Misstrauen] an die zweite Stelle gesetzt und empfohlen habe. Sie ist wahrhaftig das Kind dieses Misstrauens. Wozu wäre sie nämlich nötig, herrschte zwischen uns gegenseitiges Vertrauen? Sie ist es, die *die Stirn öffnet, den Geist zudeckt.*

Verstellung anzuwenden

Friedrich oder Sigismund, denn die Quellen sind uneins

Dem Herrscher ist sie wirklich notwendig, so sehr, dass ein altgedienter Kaiser gesagt hat: *Wer sich nicht zu verstellen weiß, weiß nicht zu herrschen.*

Ihr Nutzen reicht weit

Tacitus, *Annales* 4

Und Tiberius *liebte* im selben Geiste *keine seiner, wie er meinte, Tugenden mehr als die Verstellung.*

Cicero, *De officiis* 2

Einem offenherzigen Kopf wird das missfallen, und er wird ausrufen: *Aus dem ganzen Leben sind Vorspiegelung und Verstellung zu entfernen!*

Cicero, *Pro Milone*

Was das Privatleben betrifft, gestehe ich das zu, was das öffentliche betrifft, leugne ich es entschieden. Nie werden die regieren, die nichts verdecken; *und die, denen der ganze Staat anvertraut ist, können gar nicht anders.*

Und sie ist dem Herrscher schlicht notwendig

Während Lipsius scheinbar einfach die verschiedenen Meinungen der von ihm Zitierten wiedergibt und ihrer Autorität folgt, macht er sie in Wahrheit, indem er sie aus ihrem ursprünglichen Zusammenhang reißt, seinem eigenen Gedankengang dienstbar. So hat er etwa keine Skrupel, die Meinung des Kaisers Tiberius, dessen Charakter Tacitus in den schwärzesten Farben malt, als Beleg für seine These anzuführen. Cicero (von dem Lipsius generell nicht allzu viel hält) wird maliziöserweise so zitiert, dass seine dritte Aussage die zweite zu widerlegen scheint – nur dass es in der Stelle aus *Pro Milone* in Wirklichkeit um etwas ganz anderes geht! Lipsius praktiziert in seinem Text selbst die Verstellung, von der er spricht. In dieser Beziehung verhält er sich noch machiavellistischer als Machiavelli selbst, der zwar dem Herrscher zu List und Verstellung rät, in seinem eigenen Werk aber kein Blatt vor den Mund nimmt.

Damit aber noch nicht genug der Vorsichtsmaßnahmen: In einer *Monita* («Ermahnungen») betitelten Vorrede versucht Lipsius ganz offen, dem Leser vorzuschreiben, welche Haltung er den *Politica* gegenüber einzunehmen habe: Wer nicht *sermonis Latini bene peritus*, also ein guter Lateiner, und noch dazu sachkundig sei, solle das Buch besser gar nicht aufschlagen. Auch wer diese Voraussetzungen erfülle, müsse den Text mehrmals lesen und dabei auf alle Details bis hin zur Interpunktion achten. Falls er etwas trotzdem nicht verstehe, solle er die Schuld gefälligst bei sich selbst und nicht bei Lipsius suchen.

Auf den modernen Leser mögen diese Kautelen einen leicht paranoiden Eindruck machen, doch das weitere Schicksal der *Politica* zeigt, dass sie durchaus gerechtfertigt, ja letzten Endes nicht einmal ausreichend waren: Das Buch verwickelte Lipsius in eine Reihe von Kontroversen, landete auf dem *Index* und musste ab 1596 in entsprechend umgearbeiteter Form erscheinen. Seinem Erfolg tat dies allerdings keinen Abbruch: Es wurde bis 1760 immer wieder nachgedruckt, erschien – wohl zum Missfallen des Autors, der seine Verbreitung auf die lateinkundige Elite beschränkt wissen wollte – auch auf Englisch, Französisch, Niederländisch und Italienisch und übte auf das politische Denken der Epoche maßgeblichen Einfluss aus.

Utopie: Thomas Morus

Widmen Autoren wie Lipsius sich mit neuem Ernst den real existierenden politischen Gegebenheiten und tragen so dazu bei, das Politische als eigenes Diskursfeld zu etablieren, so verhält sich die Utopie komplementär dazu: Sie nimmt die moralischen Probleme der Politik ernst und gelangt zu radikalen Gegenentwürfen. Vielleicht lässt sich ihre Entstehung geradezu als durch den Kontakt mit fremden Kulturen im Zeitalter der Entdeckungen angeregter Ausbruch aus der Disziplinierung des politischen Denkens und aus dem deprimierenden Weltbild begreifen, das sich aus dessen Konzentration auf das faktisch Mögliche ergibt. Im Folgenden sei kurz das Werk besprochen, das die

Gattung begründete und ihr den Namen gab, nämlich Thomas Morus' Dialog *De optimo rei publicae statu deque nova insula Utopia* («Der beste Zustand des Gemeinwesens und die neuentdeckte Insel Utopia», 1516).[22]

Utopia gliedert sich in zwei Bücher. Schauplatz des Gesprächs ist der Garten von Morus' Wohnung in Antwerpen, wo dieser sich während einer diplomatischen Mission im Herbst 1515 tatsächlich aufhielt. Die Gesprächsteilnehmer sind Morus selbst, sein Antwerpener Freund, der Humanist und Drucker Petrus Aegidius, dem *Utopia* auch gewidmet ist, und eine erfundene Person, der portugiesische Seemann Hythlodaeus, ein Gefährte des Amerigo Vespucci. Im ersten Buch übt Hythlodaeus, dessen Ausführungen den weitaus größten Teil des Werkes ausmachen, Kritik an den politischen und sozialen Zuständen in Europa, teilweise indem er von einer früheren Diskussion am Hofe des John Morton, des Erzbischofs von Canterbury, berichtet. Zur Sprache kommen dabei unter anderem die Todesstrafe und die skrupellose Realpolitik an den Herrscherhöfen; andeutungsweise ist auch schon von den Utopiern die Rede, bei denen es ganz anders zugehe. Nach dem Mittagessen berichtet Hythlodaeus dann im zweiten Buch ausführlich von Gesellschaft und Staatswesen der Insel Utopia im Südatlantik, auf der er sich sieben Jahre lang aufgehalten haben will. Seine Darstellung behandelt nacheinander Landesnatur und Landwirtschaft, Städte, Regierung und Verwaltung, Handwerk, gesellschaftliches Leben, Verkehr mit dem Ausland, Philosophie und Literatur, Sklaverei, Kriegswesen und Religion der Utopier.

Es wird schnell klar, dass das zweite Buch als positives Gegenstück zu der Kritik konzipiert ist, die im ersten geübt wird: Die Verhältnisse bei den Utopiern entpuppen sich als ideales Gegenbild zu der Welt des Autors und seiner europäischen Leser. So ist Utopia politisch nicht als Monarchie, sondern als Republik organisiert: Seine 54 Städte und die Insel als Ganzes werden von gewählten Beamten regiert. Privateigentum ist unbekannt. Jeder Utopier arbeitet willig und effizient, aber nicht mehr als sechs Stunden pro Tag, und erhält dafür vom Staat Wohnung, Kleidung, Versorgung im Krankheitsfall und alles andere Lebensnotwendige. Männer und Frauen sind gleichberechtigt. Die

Mahlzeiten werden gemeinsam eingenommen. Geld ist unter diesen Umständen überflüssig und unbekannt. Um unter den Bürgern kein Verlangen nach Gold und Silber aufkommen zu lassen, haben sich die Utopier etwas Spezielles einfallen lassen:

> *His rebus uti occurrant, excogitavere quandam rationem, ut reliquis ipsorum institutis consentaneam, ita ab nostris (apud quos aurum tanti fit ac tam diligenter conditur) longissime abhorrentem eoque nisi peritis non credibilem. Nam cum in fictilibus e terra vitroque elegantissimis quidem illis, sed vilibus tamen edant bibantque, ex auro atque argento non in communibus aulis modo, sed in privatis domibus matellas passim ac sordidissima quaeque vasa conficiunt.*

> Um dem [eben der Gier nach Edelmetallen] vorzubeugen, haben sie ein Mittel erdacht, das mit ihren eigenen übrigen Einrichtungen in Einklang steht, sich aber von denen bei uns, bei denen das Gold so viel gilt und so sorgfältig aufbewahrt wird, wie Tag und Nacht unterscheidet und deshalb denen, die es nicht selbst erfahren haben, unglaublich erscheinen wird. Denn während sie aus Ton- und Glasgeschirr essen und trinken, das zwar höchst anmutig gestaltet ist, aber kaum einen Materialwert hat, fertigen sie nicht nur in den Gemeinschaftshallen, sondern auch in den Privathäusern aus Gold und Silber überall Nachttöpfe und alle Gefäße, die zum schmutzigsten Gebrauch bestimmt sind.

Es herrscht Schulpflicht, die liebste Freizeitbeschäftigung der Utopier besteht darin, bildende Vorträge ihrer Intellektuellen anzuhören. In seinen religiösen Ansichten ist jedermann frei, nur Atheismus wird nicht geduldet. Für den Fall eines feindlichen Angriffs ist man wohl gerüstet, doch man verabscheut den Krieg und lässt ihn, wenn irgend möglich, durch Söldner führen.

Morus musste *Utopia* nicht aus dem Nichts erschaffen, sondern konnte auf einer ganzen Reihe von Vorbildern aufbauen. Was die Darstellung eines idealen Staatswesens und die literarische Form betrifft, waren Platons Dialoge *Der Staat* und *Die Gesetze* die gegebenen Vorbilder. Für das Inselmotiv bot sich sein im *Timaios* und im *Kritias* geschildertes Inselreich Atlantis an. Darüber hinaus enthielten utopische Reiseromane des Hellenismus wie Euhemeros' *Heilige Aufzeichnung* und Iambulos' Erzählung von der Sonneninsel, die allerdings beide nur fragmentarisch überliefert sind, interessante Anregungen. Auch an die populäre mittelalterliche Geschichte von der Fahrt des Heiligen Brendan zur Insel der Seligen könnte man denken. Die zuletzt genannten Texte haben mit *Utopia* zudem den Zug gemein, dass sie die jeweilige Insel in großer Entfernung von der bekannten Welt lokalisieren, sodass sie nur in abenteuerlicher Seefahrt zu erreichen ist. In diesem Punkt treffen sie sich mit vielen mehr oder weniger realistischen Erzählungen, die im Zeitalter der Entdeckungen kursierten und auf die in Morus' Text schon die Gestalt des Amerigo Vespucci verweist, als dessen Gefährte Hythlodaeus auftritt.

Was *Utopia* dennoch zu etwas qualitativ Neuem macht, ist der pointierte Kontrast zwischen einer desaströsen politischen und gesellschaftlichen Wirklichkeit und einer Idealwelt, die bei aller räumlichen Ferne kein Wolkenkuckucksheim ist, sondern im Bereich des Menschenmöglichen zu liegen scheint. Diese Spannung zwischen Ist- und Sollzustand und der Appellcharakter, der sich aus ihr ergibt, machen verständlich, wie das Werk seine Vorgänger in den Schatten stellen und sich selbst als Ausgangspunkt eines neuen Diskurses etablieren konnte.

Aber ist diese Spannung in Wahrheit überhaupt vorhanden? In neuerer Zeit mehren sich Stimmen, die bezweifeln, dass Morus mit seinem Dialog einen ernstzunehmenden Gegenentwurf zu den Verhältnissen seiner Zeit vorlegen wollte. *Utopia* sei vielmehr gerade als Parodie auf utopistische Staatsmodelle zu verstehen, wie sie etwa Platon vorgelegt habe. Solche Lesarten sind zu einem guten Teil durch inhaltliche Anstöße angeregt, die der moderne westliche Leser an Hythlodaeus' Bericht nehmen kann; die Beseitigung des Privateigentums gehört da ebenso dazu wie der Konformismus, den der Staat der Utopier seinen Bürgern auferlegt. Um Morus von kommunistischen und totalitären Tendenzen freizusprechen, hat man auf eine Reihe von Ironiesignalen im Text der *Utopia* aufmerksam gemacht, die ihre vordergründige Aussage zu relativieren oder sogar ins Gegenteil zu verkehren scheinen. Tatsächlich findet sich diesbezüglich einiges, was stutzig macht: An mehreren Stellen tauchen innere Widersprüche auf, so etwa, wenn die Todesstrafe, die Hythlodaeus im ersten Buch kategorisch ablehnt, bei den Utopiern auf verschiedene Vergehen, beispielsweise auf wiederholten Ehebruch, Anwendung findet. Der Icherzähler Morus selbst äußert sich am Ende zwiespältig: Vieles von dem, was er gehört habe, bedürfe eigentlich einer gründlicheren Diskussion. Nicht allem könne er zustimmen, und von dem, was ihm gefalle, werde wohl vieles unter den gegebenen Umständen nicht zu verwirklichen sein. Schließlich mag auch die Namensgebung die Botschaft unterlaufen, die das Werk scheinbar verkündet: So ist, um nur die beiden wichtigsten Etymologien zu nennen, Utopia (schlechtes) Griechisch für «Nicht-Ort», der Name des Hythlodaeus leitet sich von ὕθλος (*hýthlos*, «Geschwätz») ab.

Ist *Utopia* also eine Dystopie, und beruht die neuzeitliche Utopie, die an das Werk anknüpft, auf einem – dann allerdings produktiven – Missverständnis? Diese Schlussfolgerung hieße das Kind mit dem Bade ausschütten, da sich die genannten Einwände ihrerseits stark relativieren lassen. Innere Widersprüche mögen sich zum einen schlicht aus der Schwierigkeit ergeben, eine perfekte Welt zu konstruieren, zum anderen wird nirgends im Werk behauptet, der Staat der Utopier sei in jeder Hinsicht vollkommen. Die Schlussworte des Erzählers stehen in der Tradition des platonischen Dialoges, der weniger unumstößliche Ergebnisse vermitteln als zum weiteren Nachdenken anregen möchte. Zugleich präsentiert Morus sich in ihnen selbstironisch als Kind seiner Zeit, dem es nicht leicht fällt, über den Horizont hinauszudenken, in den er nun einmal hineingeboren ist. (Denselben Kunstgriff verwenden auch andere neulateinische Utopien; so wird Niels Klim, der Icherzähler von Holbergs *Unterirdischer Reise,* als junger Naseweis gezeichnet, der in allen erdenklichen Vorurteilen seiner Epoche befangen ist.) Und Selbstironie dürfte auch hinter den anstößigen Namen in *Utopia* stehen: In ihnen nimmt Morus sozusagen die Reaktion seines Publikums und damit die Vergeblichkeit der eigenen Bemühungen vorweg: «Ein derartiges Land gibt es nirgends», werden die Leser sagen, «diese Erzählung ist reines Geschwätz.» Eine solche Einstellung verwundert nicht bei einem Mann, der für seinen Humor bekannt war und seinen eigenen Namen, Moore, ausgerechnet in einer Form gräzisierte, die «Narr» bedeutet. Dass Morus seinen Idealstaat mit leichter Feder skizzierte, heißt also nicht, dass es ihm damit in der

Sache nicht ernst gewesen wäre – so wenig, wie die sokratische Ironie den Inhalt von Platons Dialogen entwertet.

Lipsius' *Politica* und Morus' *Utopia* exemplifizieren eine Spannung, die das politische Denken bis heute prägt: hier die nüchterne Analyse des Istzustands samt Anleitung, sich darin bestmöglich einzurichten, dort die radikale Frage danach, wie es denn eigentlich sein soll, die über alle praktischen Probleme der Verwirklichung großzügig hinwegsieht. Jeder dieser beiden Ansätze kann verabsolutiert werden: In dieser Form haben sie katastrophale Folgen gezeitigt und tun das weiterhin. Ihr Gegensatz und ihr Zusammenspiel sind jedoch eminent fruchtbar. Was wir als politische und gesellschaftliche Normalität kennen, wäre ohne sie nicht denkbar.

7

DIE NATURWISSENSCHAFTLICHE REVOLUTION

Von allen Aspekten der neulateinischen Literatur, die in diesem Buch zur Sprache gekommen sind, widerlegt vielleicht keiner so schlagend das Vorurteil ihrer Epigonalität und Rückwärtsgewandtheit wie die Rolle, die sie bei der Entwicklung der Naturwissenschaften gespielt hat:[1] Das naturwissenschaftliche Weltbild und die darauf aufbauende technologische Beherrschung der Natur gehören fraglos zum Kernbestand dessen, was die Moderne ausmacht. Eine Literatur, die dazu Wesentliches beigetragen hat, kann man kaum als anachronistisches Überbleibsel einer versunkenen Welt ansehen.

Um 1500 setzte in Europa eine Entwicklung ein, die als naturwissenschaftliche Revolution bekannt ist und die bis zum 18. Jahrhundert die Grundlagen dessen legte, was wir gegenwärtig unter Naturwissenschaft verstehen.[2] Der Ausdruck «Revolution» wurde in jüngerer Zeit unter Verweis auf die unscharfe Abgrenzung, die lange Dauer und die Vielsträngigkeit des ganzen Vorgangs kritisiert, dass sich im betreffenden Zeitraum Grundlegendes geändert hat, ist aber unbestritten: Seit dem frühen 16. Jahrhundert erhöhte sich das Tempo, in dem neue wissenschaftliche Erkenntnisse zutage traten und durch den Buchdruck in Umlauf kamen.[3] Nicht nur das Verständnis einzelner Phänomene (etwa des freien Falls) wurde auf den Kopf gestellt, auch die Naturauffassung insgesamt wandelte sich: An der göttlichen Bedingtheit der Natur wurde zwar einstweilen kaum gerüttelt, ja mit der Physikotheologie entwickelte sich sogar eine Denkrichtung, die gerade aus ihren in immer größerer Zahl entdeckten Wundern emphatisch auf die notwendige Existenz eines Schöpfers schloss.[4] Der Naturbegriff selbst jedoch verschob sich nun von der Idee einer festgefügten Ordnung hin zu der eines gesetzmäßig ablaufenden Prozesses.

Gleichzeitig emanzipierte sich die Erforschung der Natur, die bisher als Teil der Philosophie gegolten hatte, von ihrer Mutterdisziplin. Terminologisch blieb sie dieser zwar als *philosophia naturalis* («Naturphilosophie») noch eine Zeit lang verhaftet, faktisch konstituierte sie sich aber immer mehr als eigengesetzliches Feld. Die einzelnen Disziplinen innerhalb dieses Feldes befanden sich ebenfalls in oft stürmischem Wandel. Manche, beispielsweise die Alchemie, gerieten aufs Abstellgleis oder nahmen einen völlig andersartigen Charakter an, andere wie die moderne Physik entstanden neu, stiegen auf und differenzierten sich vielfältig aus.

In methodischer Hinsicht trat die Interpretation autoritativer Texte (vorwiegend griechischen Ursprungs) allmählich in den Hintergrund. Im Gegenzug avancierten rationalistisch inspirierte Deduktion aus evidenten Prinzipien einerseits, induktive Entwicklung von Hypothesen aus Erfahrungsdaten andererseits zu wirkmächtigen Leitvorstellungen. Letzteres führte unter anderem zur gezielten Gewinnung neuer Informationen durch Feldforschung und Experiment und damit zu einem Schulterschluss des Wissenschaftlich-Spekulativen und des Handwerklich-Praktischen, zweier Sphären, die man früher streng voneinander geschieden hatte.

All dies ließ schon bei den Zeitgenossen selbst das Gefühl aufkommen, Zeugen unerhörter neuer Erkenntnisse zu sein. Das Wort *novum*, das früher eher an den Umsturz wohlbegründeter Ordnungsgefüge und an schlimme Nachrichten hatte denken lassen, gewann nun im wissenschaftlichen Diskurs eine positive Bedeutung, von der etwa seine Verwendung in Buchtiteln zeugt; Francis Bacon stellte sein 1620 erschienenes wissenschaftstheoretisches Hauptwerk als *Novum organum* polemisch dem aristotelischen Organon entgegen. Prioritätsstreitigkeiten wie diejenige zwischen Isaac Newton und Gottfried Wilhelm Leibniz um die Erfindung der Infinitesimalrechnung (der Technik der Differential- und Integralrechnung) sind ein weiteres Zeugnis für den hohen Wert, den man neuen Erkenntnissen beimaß, und für die Beschleunigung des Wissenschaftsbetriebs. Im Mittelalter war dergleichen ebenso unbekannt gewesen wie die Vorstellung des wissenschaftlichen Fortschritts, die sich nun zu etablieren begann.

Die wissenschaftliche Revolution wurde und wird unter den verschiedensten Gesichtspunkten intensiv erforscht – von den konzeptionellen Grundlagen bis zur Entwicklung der Einzelwissenschaften, von technischen und praktischen Aspekten bis hin zur Soziologie der neuen Wissenschaft und zu ihrer Interaktion mit anderen Feldern wie Religion, Politik und Kunst. Die Wissenschaftsgeschichte ist heute eine blühende akademische Disziplin und die frühe Neuzeit eines ihrer bevorzugten Forschungsgebiete.

Vergleichsweise geringes Interesse ziehen dabei allerdings die lateinischen Texte auf sich, in denen der größte Teil der neuen Informationen, Erkenntnisse und Theorien festgehalten und in Umlauf gebracht wurde. Zwar liegen manche bahnbrechende Werke in modernen Ausgaben oder Übersetzungen vor, doch für viele andere gilt das nicht, und über Aspekte wie Aufbau, Argumentationsstruktur oder Stil dieser Bücher scheint man sich kaum Gedanken zu machen.[5] Zum Teil mag das daran liegen, dass Naturwissenschaftler sich mehr für Inhalte als für Darstellungsformen interessieren, während Literaturwissenschaftler meist wenig von Naturwissenschaft verstehen. Auch dass man gerade in der Wende von der Buchgelehrsamkeit zur Untersuchung der wirklichen Welt ein wesentliches Charakteristikum der wissenschaftlichen Revolution sieht, dürfte eine Rolle spielen. Vollständig kann die Vernachlässigung der lateinischen Wissenschaftsprosa durch diese Faktoren aber nicht erklärt werden: Wie der Umstand nahelegt, dass zu ihrem volkssprachlichen Gegenstück seit beinahe hundert Jahren eine groß angelegte Überblicksdarstellung vorliegt,[6] dürften wieder einmal Vorurteile gegen die frühneuzeitliche Latinität und die schlichte Unfähigkeit, lateinische Texte zu lesen, eine wichtige Rolle spielen.

Tatsächlich war Latein die wichtigste Wissenschaftssprache der frühen Neuzeit. An ihrem Beginn, um 1500, war es in dieser Eigenschaft ohne ernsthafte Konkurrenz. In den folgenden Jahrhunderten wurde es von Italienisch, Französisch, Englisch und schließlich auch Deutsch allmählich zurückgedrängt – nicht ohne kritische Kommentare von Seiten der Wissenschaftler selbst: Johannes Kepler, der Galilei auf Italienisch nicht lesen konnte, soll diesen erzürnt des *crimen laesae humanitatis* («Verbrechen gegen die Mitmenschlichkeit») geziehen haben, und Albrecht von Haller klagte später über die Nachteile des mittlerweile entstandenen sprachlichen Wirrwarrs (S. 89). Trotzdem spielte Latein um 1800 im Wissenschaftsbetrieb immer noch eine gewisse, wenn auch vergleichsweise bescheidene Rolle. Universitäre Dissertationen mussten oft bis ins 20. Jahrhundert hinein in der alten Sprache verfasst werden. Obwohl sich das Lateinische etwa im Recht, in der Theologie und in manchen Geisteswissenschaften noch länger hielt als in den Naturwissenschaften, war es auch aus diesen lange Zeit hindurch nicht wegzudenken.[7]

Im Folgenden sei der Beitrag der neulateinischen Literatur zur Entstehung des modernen Bildes der physischen Welt kurz umrissen. Dabei sollen zwei Aspekte unterschieden werden, die in Wirklichkeit eng miteinander verzahnt sind: Erstens setzten neulateinische Texte bereits vorhandenes Wissen in Umlauf und machten es zur Weiterverwendung verfügbar. Zweitens erschlossen sie Neuland, indem sie zahlreiche wissenschaftliche Durchbrüche realisierten.

Verbreitung von Wissen

Der erste dieser beiden Punkte verweist zunächst noch einmal auf das Kapitel zu Übersetzung und Brief zurück: Diese beiden Gattungen spielten gerade bei der Verbreitung naturwissenschaftlichen Wissens eine entscheidende Rolle.

Übersetzungen waren nicht nur in den Fällen wichtig, wo es darum ging, zeitgenössische volkssprachliche Werke der europäischen Gelehrtenwelt zu erschließen, sondern spielten für die naturwissenschaftliche Revolution eine noch grundsätzlichere Rolle: Sie stellten schon im 15. und 16. Jahrhundert unabdingbare Voraussetzungen bereit, indem sie die griechische Naturwissenschaft wieder zugänglich machten, von deren Erkenntnissen die neuzeitliche Entwicklung ihren Ausgang nahm. Da auch die Gebildeten Griechisch in der Regel wesentlich schlechter beherrschten als Latein (von Texten, die nur mehr in arabischer Übersetzung vorlagen, ganz zu schweigen), wären die Erkenntnisse der Griechen andernfalls nicht oder erst mit großer Verzögerung wirksam geworden. Zwar existierten von vielen Werken bereits im späteren Mittelalter lateinische oder volkssprachliche Versionen, die häufig auf dem Umweg über das Arabische zustande gekommen waren. Gedruckt wurden und breiten Einfluss entfalteten jedoch in der Regel neulateinische Überarbeitungen dieser älteren Fassungen oder gleich Neuübertragungen, die häufig noch von einem Kommentar begleitet waren. In den meisten Fällen waren diese Übersetzungen die eigentlichen Erstausgaben; die griechischen Originale wurden oft erst wesentlich später publiziert.[8]

Auf dem Gebiet der Mathematik erschienen etwa Euklids *Elemente* erstmals 1482 in der überarbeiteten Fassung einer mittelalterlichen Übersetzung aus dem Arabischen. Auch Diophants Handbuch der Algebra, die *Arithmetika*, und die Sammlung geometrischer Probleme des Pappos von Alexandrien, die *Synagoge*, erlebten ihre Erstdrucke 1575 bzw. 1588 in lateinischer Übersetzung. Die mathematischen und physikalischen Werke des Archimedes kamen 1544 im griechischen Original mit einer lateinischen Übertragung der Zeit um 1450 heraus. Was die Astronomie betrifft, so war die lateinische Erstausgabe samt Kommentar des *Almagest*, des großen astronomischen Handbuchs des Ptolemaios (1515), das Werk eines anonymen Humanisten. Die *Geographie* desselben Autors war bereits 1474 in einer Übersetzung vom Beginn des Jahrhunderts erstveröffentlicht worden, das gleichnamige Werk Strabons sogar schon 1469. In der Medizin wurde das *Corpus Hippocraticum* erstmals 1525 in einer neulateinischen Übersetzung vollständig zugänglich. Galens *Opera omnia* erschienen nach zwei griechischen Gesamtausgaben im Jahr 1549 auch auf Latein. Das weitaus wichtigste antike Werk zur pharmazeutischen Botanik, die *Materia medica* des Pedanios Dioskurides, wurde schon 1478 in lateinischer Übersetzung gedruckt, fast vierzig Jahre vor dem griechischen Original.

Die überaus umfangreichen Briefwechsel, in denen sich die Naturwissenschaftler der frühen Neuzeit gegenseitig über neue Entwicklungen informierten, waren bereits Thema. Noch nicht diskutiert wurde dagegen der Umstand, dass dieser Briefverkehr auch einem weiteren Medium als Grundlage diente, das im 17. Jahrhundert neu entstand und neben anderen Disziplinen auch den Naturwissenschaften breiten Raum gab: der gelehrten Zeitschrift.[9] Die ersten derartigen Publikationsorgane, die in der Regel von einer gelehrten Gesellschaft getragen wurden, fußten zu einem wesentlichen Teil auf den Briefwechseln ihrer jeweiligen Herausgeber. Sie präsentierten sozusagen eine wissenschaftliche Blütenlese aus diesen Korrespondenzen, die bald gezielt um ihretwillen unterhalten wurden. Als Zwischenglied zwischen der sorgfältig ausgearbeiteten, aufwendigen und prestigeträchtigen Buchpublikation und der Informalität des brieflichen Austausches war ihnen ein großer Erfolg beschieden, der bis heute anhält: Aus dem modernen Wissenschaftsbetrieb sind sie nicht mehr wegzudenken.

Die beiden prestigeträchtigsten gelehrten Zeitschriften der frühen Neuzeit, das Pariser *Journal des sçavans* und die *Philosophical Transactions* der britischen Royal Society, erschienen freilich seit ihrer Gründung im Jahr 1665 in den jeweiligen Volkssprachen, ebenso wie im deutschen Sprachraum seit 1739 die *Göttingischen Gelehrten Anzeigen*. Immerhin dachte man im Falle der *Philosophical Transactions* zu Beginn über eine lateinische Ausgabe für die kontinentale Leserschaft nach, die aber nie zustande kam; dafür erschienen einige Jahre lang unautorisierte, minderwertige ‹Raubübersetzungen›.[10]

Andere Publikationen dieser Art bedienten sich jedoch von vornherein des Lateinischen, vor allem in denjenigen Teilen Europas, wo dieses im 17. und 18. Jahrhundert noch eine starke Stellung hatte, etwa in Deutschland, Skandinavien und Osteuropa. So blieben die vom Leipziger Professor Otto Mencke begründeten *Acta eruditorum* («Akten der Gebildeten», 1682–1782) ein volles Jahrhundert lang ein Aushängeschild der deutschen Wissenschaft. In Schweden erschienen die 1720 gegründeten *Acta litteraria Sueciae* («Gelehrte Akten Schwedens») immerhin bis 1739. Die *Commentarii Academiae Scientiarum Imperialis Petropolitanae* («Abhandlungen der Kaiserlichen Akademie der Wissenschaften zu St. Petersburg») kamen seit 1727 heraus und gingen erst an der Wende zum 19. Jahrhundert zum Französischen über; ihre ersten Bände wurden durch über 150 Beiträge des großen Mathematikers Leonhard Euler geadelt. Das vielleicht eindrucksvollste Beispiel einer lateinischen Zeitschrift stellen jedoch die medizinisch-naturwissenschaftlich orientierten *Miscellanea curiosa* («Vermischte Merkwürdigkeiten») dar. Bereits 1670 von der Schweinfurter *Academia Naturae Curiosorum*, der gegenwärtigen Deutschen Akademie der Naturforscher Leopoldina, gegründet, bestehen sie unter wechselnden Titeln bis heute fort, wobei sie bis Mitte des 19. Jahrhunderts zumindest teilweise lateinisch blieben.[11]

Eine letzte Textsorte, die maßgeblich dazu beitrug, Wissen über die Natur rasch und bequem verfügbar zu machen, waren schließlich Nachschlagewerke aller Art. Die explosionsartige Vermehrung des Wissens und das verbreitete Gefühl, in einer wahren Informationsflut zu ertrinken, führte zusammen mit den neuen Möglichkeiten des Buchdrucks dazu, dass Gattungen wie Wörterbücher, Lexika, Florilegien, Bibliographien und *historiae litterariae*, also Überblicksdarstellungen des gelehrten Wissens, einen großen Aufschwung erlebten: Ihre Zahl nahm ständig zu, und man bemühte sich nach Kräften, dem Leser ihre Benutzung durch Hilfsmittel wie übersichtliches Layout, alphabetische Ordnung, Inhaltsverzeichnisse, Marginalien, Indizes, Tabellen, Diagramme und Illustrationen zu erleichtern.[12] Gerade in den Naturwissenschaften blieb Latein bis weit ins 18. Jahrhundert hinein die gebräuchlichste Sprache für derartiges Schrifttum, das übersichtlich aufbereitetes Wissen aus zweiter Hand bot. Die meisten Nachschlagewerke entstanden in denjenigen Disziplinen, die ihrem Wesen nach besonders materialintensiv waren: der Medizin, der Pharmazie und der *naturalis historia*, die sich der Sammlung, Beschreibung und Klassifikation von Tieren, Pflanzen und Mineralien widmete. Ein gutes Beispiel sind etwa die prachtvoll illustrierten *Historiae naturalis libri* (1650–53) des Polen Jan Jonston, die in fünf Bänden einen Überblick über das damals bekannte Tierreich boten und bis Mitte des 18. Jahrhunderts das beliebteste Handbuch ihrer Art blieben. Ihr Erfolg stellte keinen Einzelfall dar: Viele andere Nachschlagewerke erlebten ebenfalls zahlreiche, immer weiter anschwellende Auflagen – ein klarer Hinweis darauf, dass sie ein dringendes Bedürfnis der Leserschaft befriedigten.

Neues Wissen

Die Rolle der neulateinischen Literatur im Rahmen der naturwissenschaftlichen Revolution beschränkte sich jedoch, wie bereits angedeutet, keineswegs auf die Verbreitung und Popularisierung anderweitig erarbeiteter Erkenntnisse. Vielmehr erblickten die meisten und wichtigsten neuen Einsichten das Licht der Öffentlichkeit in lateinischen Publikationen. Dies gilt zunächst einmal für zahlreiche Einzelentdeckungen. Um nur drei Beispiele anzuführen: Tycho Brahe widerlegte mit seiner Beschreibung der Supernova des Jahres 1572 die bis dahin herrschende Vorstellung von der Unveränderlichkeit des Fixsternhimmels (*De nova et nullius aevi memoria prius visa stella*, «Ein neuer, niemals zuvor gesehener Stern», 1573). Maria Sibylla Merian, eine Tochter des berühmten Verlegers Matthäus Merian, bot in ihrer prachtvoll illustrierten *Metamorphosis insectorum Surinamensium* (1705), der Frucht einer für damalige Verhältnisse unerhörten Forschungsreise nach Surinam, spektakuläre Einblicke in die noch weitgehend unbekannte Fauna Südamerikas; ihre präzisen Darstellungen der Entwicklungsstadien einzelner Insekten vermittelten der im Entstehen begriffenen Entomologie wesentliche Anregungen. Im Anschluss an verschiedene Vorläufer führte Leonhard Euler in seiner *Mechanica* («Mechanik», 1736) die nach ihm benannte Zahl *e* in die Mathematik ein, aus der sie heute nicht mehr wegzudenken ist.

Mitunter konnten solche Entdeckungen geradezu zum Ausgangspunkt neuer wissenschaftlicher Disziplinen werden. So publizierte etwa der englische Arzt William Harvey 1628 seine *Exercitatio anatomica de motu cordis et sanguinis in animalibus* («Anatomische Studie über die Bewegung des Herzens und des Blutes in Lebewesen»).[13] Das schmale Buch bot nicht nur die erste korrekte Beschreibung des Blutkreislaufes, sondern avancierte durch den Einsatz der Vivisektion und die genaue Beobachtung von Körperfunktionen am lebenden Organismus auch zu einem Schlüsselwerk in der Geschichte der modernen Physiologie. Der dänische Arzt und Naturforscher Nicolaus Steno entdeckte in seiner Abhandlung *De solido intra solidum naturaliter contento* («Festes, das von Natur aus in Festem enthalten ist», 1669) neben vielem anderen das sogenannte stratigraphische Prinzip – Sedimentschichten lagern sich übereinander ab, wobei die oberen jünger sind als die unteren – und wurde damit zum wichtigsten Vorläufer der Geologie.[14]

Beispiele wie diese leiten zu einer Gruppe von Schlüsselwerken über, deren Autoren ausdrücklich als Begründer neuer Wissenschaften oder gar Weltbilder auftraten oder zumindest im Nachhinein zu solchen stilisiert wurden.[15] Man kann die Reihe dieser bahnbrechenden Publikationen, die hier nur in knapper Auswahl Revue passieren können, mit gutem Recht im Jahr 1543 beginnen lassen: Damals erschienen praktisch gleichzeitig die *Humani corporis fabrica* («Der Bau des menschlichen Körpers») des flämischen Arztes Andreas Vesalius, welche die moderne Anatomie begründete,[16] und Nikolaus Kopernikus' *De revolutionibus orbium coelestium* («Die Kreisbahnen der Himmelskugeln»), das die Ablöse des geo- durch das heliozentrische Weltbild einleitete.[17] Wenig später brachte Georg Agricola mit *De natura fossilium* («Das Wesen der Dinge, die man aus der Erde gräbt», 1546) und *De re metallica* («Der Bergbau», 1556) eine Wissenschaft vom Unterirdischen auf den Weg, die sich später in Mineralogie, Geologie und Montanistik ausdifferenzieren sollte.[18] Als Grundlegung der modernen Optik gilt heute – trotz einer langen antiken, arabischen und mittelalterlichen Forschungstradition – Johannes Keplers *Astronomiae pars optica* («Optischer Teil der Astronomie», 1604) zusammen mit seiner *Dioptrice* («Brechungslehre», 1611).[19] Im Jahr 1687 erschien in London ein Buch, das nicht nur die Physik im heutigen Sinne des Wortes aus der Taufe hob, sondern darüber hinaus zum Inbegriff der neuen Wissenschaft überhaupt wurde, «das wichtigste Werk in der Geschichte der Wissenschaft und ... die wissenschaftliche Grundlage des modernen Weltbilds»: Isaac Newtons *Philosophiae naturalis principia mathematica* («Mathematische Prinzipien der Naturphilosophie»).[20] Von ähnlich fundamentaler Bedeutung ist Carl von Linnés *Systema Naturae*. Von der ersten, ganze 14 Seiten umfassenden Auflage aus dem Jahr 1735 bis zur zwölften und letzten, 2300 Seiten starken von 1758 stetig anschwellend, stellte es Botanik und Zoologie mit der Einteilung aller Lebewesen nach Klasse, Ordnung, Gattung, Art und Varietät auf die taxonomische, mit der Kombination von Gattungs- und Artnamen auf die terminologische Basis, die bis heute gültig geblieben ist. Als spätes *opus magnum* seien schließlich die *Disquisitiones arithmeticae* («Arithmetische Untersuchungen», 1801) genannt, mit denen der vierundzwanzigjährige Carl Friedrich Gauß die Zahlentheorie als eigenes Teilgebiet der Mathematik begründete.[21]

Naturwissenschaft als Literatur

Obwohl Werke wie diese wesentlich dazu beigetragen haben, die Art von Wissenschaft und die damit verknüpften Vorstellungen von Wissenschaftlichkeit hervorzubringen, die wir kennen, zeigen sie in ihrer Machart nicht nur Vorwegnahmen mittlerweile gebräuchlicher Darstellungsweisen, sondern auch Aspekte, die scharf vom heute Üblichen abstechen. Im Folgenden sei ein kurzer Blick auf diese Texte als Texte, auf ihren gedanklichen Duktus und sprachlichen Gestus geworfen.

Das aus moderner Sicht vielleicht auffälligste Charakteristikum frühneuzeitlicher Naturwissenschaft ist die Emotion, die in ihr immer wieder durchschlägt. Autoren wie Kopernikus, Kepler, Newton vermitteln ihren Lesern nicht einfach Informationen und Erkenntnisse, sondern lassen sie an einer intellektuellen Erfahrung teilhaben, die ergreift und begeistert.

Der Grund für diese heute befremdlich anmutende Verbindung von strenger Rationalität und Enthusiasmus liegt in der bereits unter dem Schlagwort «Physikotheologie» erwähnten Tatsache, dass die damalige Wissenschaft eine wichtige theologische Komponente besaß.

Gott war aus ihr noch nicht wegzudenken, vielmehr gehörte die Vorstellung, durch die Erforschung der Natur etwas zum besseren Verständnis seines Schöpfungsplanes beizutragen, zu den wichtigsten Triebkräften der wissenschaftlichen Revolution überhaupt. Prominenten Ausdruck findet diese Überzeugung beispielsweise in dem Psalmenvers, der als Motto das Titelblatt von Linnés *Systema* ziert: *O JEHOVA! Quam ampla sunt opera Tua! Quam ea omnia sapienter fecisti! Quam plena est terra possessione Tua!* («O HERR! Wie groß sind Deine Werke! Wie weise hast Du sie alle gemacht! Wie voll ist die Erde von Deinem Besitz!», Psalm 104,24). Newton wiederum präsentiert in dem sogenannten *Scholium generale* («Allgemeine Anmerkung»), das seit der zweiten Auflage von 1713 die *Principia* beschließt, folgenden kosmologischen Gottesbeweis:

> *Planetae sex principales revolvuntur circum solem in circulis soli concentricis, eadem motus directione, in eodem plano quamproxime. Lunae decem revolvuntur circa terram, Iovem et Saturnum in circulis concentricis, eadem motus directione, in planis orbium planetarum quamproxime. Et hi omnes motus regulares originem non habent ex causis mechanicis, siquidem cometae in orbibus valde eccentricis et in omnes coelorum partes libere feruntur. … Elegantissima haecce solis, planetarum et cometarum compages non nisi consilio et dominio Entis intelligentis et potentis oriri potuit.*
>
> Die sechs Hauptplaneten bewegen sich um die Sonne in Kreisen, die mit dieser konzentrisch sind, im selben Umlaufsinn und beinahe in derselben Ebene. Zehn Monde bewegen sich um Erde, Jupiter und Saturn in konzentrischen Kreisen, im selben Umlaufsinn und beinahe in den Ebenen der Planetenbahnen. Und all diese regelmäßigen Bewegungen haben ihren Ursprung nicht in mechanischen Ursachen, da ja auch die Planeten auf sehr exzentrischen Bahnen frei in alle Regionen des Himmels schweifen. … Diese höchst brillante Zusammenfügung von Sonne, Planeten und Kometen konnte nur dem Plan und der Herrschaft eines vernunftbegabten, mächtigen Wesens entspringen.

Man kann sich leicht vorstellen, was für ein metaphysischer Schauer Newtons zeitgenössischen Lesern bei solchen Überlegungen über den Rücken gelaufen sein muss.

Diese theologische Aufladung der Naturwissenschaft hatte wichtige Folgen auch für den Status der betreffenden Texte. Sie ließen sich nicht auf das reduzieren, was wir heute unter Fachprosa verstehen –

nüchterne, klare, präzise Ausführungen, deren sprachliche Form möglichst wenig eigene Aufmerksamkeit auf sich ziehen, sondern ganz auf ihren Gegenstand hin durchsichtig sein soll. Aus den Prämissen des damaligen Literaturverständnisses ergab sich in gewisser Hinsicht sogar das genaue Gegenteil: Nach vormoderner Auffassung, wie sie die antike Rhetorik ausformuliert und festgeschrieben hatte, war Literarizität in erster Linie eine Frage des Stils, die Stillage aber – hoch, mittel oder niedrig – richtete sich nach der Würde des Gegenstandes, der jeweils behandelt wurde. Wer so dachte, für den waren naturwissenschaftliche Werke nicht nur selbstverständlich Literatur, sondern sozusagen Literatur im höchsten Grade: Das sprachliche Niveau, das zu ihrer großartigen Thematik passte, war das *genus grande*, der große, erhabene Stil.[22]

Das sah man bereits in der Antike so, wie etwa Lukrez' poetische Darstellung der epikureischen Physik, *De rerum natura* («Über das Wesen der Dinge»), oder die *Naturales quaestiones* («Fragen zur Natur») des Seneca bezeugen. Auch in der neulateinischen Wissenschaftsliteratur finden sich immer wieder Passagen, die sich zu einer geradezu hymnischen Diktion aufschwingen. Ein Beispiel hierfür bietet etwa die Beschreibung, die Athanasius Kircher im dritten Kapitel der *praefatio* zu seinem phantasievollen geologischen Riesenwerk *Mundus subterraneus* («Unterirdische Welt», 1665, ²1678) vom Vesuvausbruch des Jahres 1638 gibt, den er vom Kraterrand aus beobachten konnte:

> *Hic prorsus ad inusitatum rei spectaculum attonitus inferorum domicilium me intueri credebam, in quo praeter daemonum horrenda phasmata nil adeo aliud deesse videbatur. Horrendi percipiebantur montis mugitus et fremitus, putor inexplicabilis, fumi subfuscis ignium globis mixti, quos ex undecim diversis locis tum fundus tum latera montis continuo eructabant, identidem me illud eructare cogebant:* «O altitudo divitiarum sapientiae et scientiae DEI, quam incomprehensibiles sunt viae tuae! *Si potentiam tuam tam formidandis naturae portentis contra praevaricantis humani generis malitiam ostendis, quid erit in illo novissimo die, quo terra ira furoris tui submersa elementa calore solventur?»*

Da war ich bei dem unerhörten Anblick, den die Sache bot, wahrhaftig wie vom Donner gerührt und glaubte, den Höllenpfuhl vor Augen zu haben –

> außer den schrecklichen Erscheinungen der Teufel schien gar nichts zu fehlen. Man nahm das schreckliche Brüllen und Brausen des Berges, unbeschreiblichen Gestank, mit düster glosenden Feuerbällen untermischte Rauchschwaden wahr, die sowohl der Boden als auch die Hänge des Kraters an elf Stellen ununterbrochen ausstießen – und mich zwangen, immer wieder Folgendes auszustoßen: «*O Höhe des Reichtums, der Weisheit und des Wissens GOTTES, wie unbegreiflich sind deine Wege!* [nach Römer 11,33] Wenn du deine Macht gegen die Bosheit und die krummen Wege des Menschengeschlechtes durch so schreckenerregende Wunder zeigst, was wird an jenem Jüngsten Tag geschehen, an dem die Erde im Zorn deines Rasens untergehen und die Elemente sich vor Hitze auflösen werden?»

Wie man sieht, stellen Wissenschaftlichkeit einerseits und stilistische Höhenflüge andererseits für Kircher keine Gegensätze dar. Die neue Hochschätzung der eigenen Erfahrung, der Autopsie und der Präzision passen vielmehr ausgezeichnet zur altbewährten rhetorischen Technik der Ekphrasis, der plastischen Beschreibung, die den Leser durch die Häufung anschaulicher Details sozusagen zum Augenzeugen des Beschriebenen macht. Zusätzliches Pathos erzielt der Autor, indem er den Ausbruch in physikotheologischem Geist als Ausdruck von Gottes Allmacht deutet und mit den eschatologischen Vorstellungen der Hölle und des Jüngsten Gerichtes überblendet.

Noch einen Schritt weiter als Kircher ging schließlich eine Reihe von Autoren insbesondere des 18. Jahrhunderts, die großteils wie er aus den Reihen der Jesuiten kamen und zum Teil selbst ausgewiesene Naturwissenschaftler waren: Sie unternahmen es, die neuen Erkenntnisse und Erfindungen der Epoche poetisch einzukleiden und zu Lehrepen lukrezischen Stils zu verarbeiten. Die Themen ihrer Gedichte reichten von Sonnen- und Mondfinsternissen (Rugjer Josip Bošković, *De solis ac lunae defectibus*, 1760) über Akustik (Bernardo Zamagna, *Echo*, 1764) und Elektrizität (Giuseppe Maria Mazzolari, *Electrica*, 1767) bis zur erst noch zu erfindenden Luftfahrt (Zamagna, *Navis aëria*, 1768).[23]

Neue Darstellungsweisen

Die Attraktivität von Passagen und Werken wie den eben zitierten trug gewiss maßgeblich zur Anziehungskraft, welche die neue Wissenschaft auf die gebildeten Zeitgenossen ausübte, und zu ihrem langfristigen Erfolg bei. Erschöpfen konnte sie sich in solchen Glanzstücken aber natürlich nicht. Vielmehr schwankte die wissenschaftliche Literatur der Zeit in einer Art, die einmal mehr an Lukrez erinnert, zwischen kürzeren Passagen im hohen Stil und technischen Abschnitten, die den überwiegenden Teil des jeweiligen Textes ausmachten. Dabei waren es letztere, in denen die eigentlichen inhaltlichen Fortschritte erzielt, aber auch Darstellungsweisen erprobt und weiterentwickelt wurden, die wir noch heute als typisch naturwissenschaftlich empfinden.

Die umfassendste darstellungstechnische Neuerung stellte die Ausbildung der wissenschaftlichen Fachsprachen, insbesondere der entsprechenden Nomenklatur dar. Gewiss, eigene Terminologien für Mathematik, Astronomie, Medizin und anderes mehr hatten schon die Griechen geprägt. In Spätantike und Mittelalter waren diese Begriffssysteme, oft auf dem Umweg über das Arabische, ins Lateinische übersetzt und dort weiterentwickelt worden. Doch seit dem 16. Jahrhundert vermehrte sich der Fachwortschatz der Naturwissenschaften dramatisch, wobei neben rein lateinischen Neologismen und der Belegung bereits existierender Ausdrücke mit neuen, spezifischen Bedeutungen in großem Umfang griechische und griechisch-lateinische Neubildungen zum Einsatz kamen. Gleichzeitig ging man daran, das überkommene Vokabular von als mittelalterlich-barbarisch empfundenen Termini, aber auch von Eindringlingen aus außereuropäischen Sprachen, vor allem aus dem Arabischen, zu reinigen, freilich nicht immer mit durchschlagendem Erfolg.[24] Schließlich gelang es mit Hilfe des Buchdrucks auch allmählich, die regionalen und persönlichen Unterschiede der Benennungen, die im Mittelalter geherrscht hatten, zurückzudrängen und für die verschiedenen Disziplinen europaweit halbwegs einheitliche Fachsprachen zu schaffen. Diese Einheitlichkeit war ebenso Voraussetzung wie Ergebnis der internationalen Zusammenarbeit zwischen den Gelehrten, die sich nun etablierte und die Naturwissenschaft zu einem gesamteuropäischen Projekt machte.

Eine Ahnung von Umfang und Tragweite dieses Prozesses lässt sich heute, da große Teile der neulateinischen Wissenschaftsterminologie schließlich in die Volkssprachen übergingen, anhand jedes beliebigen Fremdwörterbuches gewinnen. Sein genauer Verlauf in verschiedenen Regionen, Epochen und Disziplinen liegt noch weitgehend im Dunkeln und wäre zweifellos geeignet, Generationen von Wissenschaftshistorikern und Linguisten zu beschäftigen. Besser bekannt sind nur einige herausragende Einzelbeispiele, von denen das wohl berühmteste, Carl von Linnés Nomenklatur der Botanik und Zoologie, bereits erwähnt wurde. Hier sei nur noch auf einen weiteren wirkmächtigen Wortpräger unter den Wissenschaftlern der frühen Neuzeit hingewiesen, den wir ebenfalls schon kennengelernt haben, nämlich Andreas Vesalius.

Vesalius schrieb seine *Corporis humani fabrica* nicht nur in einem formvollendeten Latein, das ihm den Ehrentitel «Erasmus der Medizin» eintrug, sondern bemühte sich auch sehr um eine einheitliche, verständliche Benennung der verschiedenen Körperteile.[25] Im Mittelalter war, vor allem durch den bestimmenden Einfluss der arabischen Medizin, eine Mischnomenklatur entstanden, die neben lateinischen und griechischen auch arabische, hebräische, syrische und persische Elemente enthielt und noch dazu uneinheitlich gehandhabt wurde. Vesalius verbannte aus der *Fabrica* alle ‹barbarischen›, ja sogar den größten Teil der griechischen Termini und entwickelte eine fast rein lateinische Begrifflichkeit, die Rückgriffe auf die Mediziner der römischen Antike mit eigenen Neuprägungen und wo nötig mit Umschreibungen kombinierte. Bei den eigenen Prägungen vermied er es in der Regel, neue Wörter zu erfinden, und bemühte sich stattdessen um einfache Metaphern, in denen sich scharfe Beobachtung mit sprachlicher Treffsicherheit verband. Zwar war es von Vesalius bis zur heutigen Terminologie, die seit 1998 als *Terminologia Anatomica* kodifiziert ist, noch ein weiter Weg, auf dem insbesondere wieder mehr griechisches Wortgut in die Anatomie Eingang fand. Dennoch leuchteten viele seiner neuen Termini so unmittelbar ein, dass sie sich dauerhaft erhalten, ja sogar in Lehnübersetzung Eingang in die Volkssprachen gefunden haben. Unserer Metapher «Band» für die faserartige Verbindung zwischen zwei Knochen eines Gelenks liegt etwa das von Vesalius geprägte *ligamentum* zugrunde.

Neue Terminologie stellte einen sprachlichen Weg dar, die stetig wachsende Komplexität des Wissens in den Griff zu bekommen, auf dem Latein schon aufgrund seines Alters als Wissenschaftssprache einen lange Zeit uneinholbaren Vorsprung hatte. Andere Wege zum selben Ziel führten dagegen über die Sprache hinaus – und damit auch über einen Begriff von Wissenschaft und Erkenntnis, der im Humanismus noch untrennbar mit der Sprache verbunden gewesen war.[26] Auch in dieser Hinsicht spielten lateinische Werke noch eine Vorreiterrolle, die ihrer Bedeutung in den Naturwissenschaften generell entsprach. Die Bemühungen gingen grob gesagt in zwei entgegengesetzte, aber einander ergänzende Richtungen: Veranschaulichung und Abstraktion.

Schon in Antike und Mittelalter hatte man versucht, dem Leser die komplexen Inhalte wissenschaftlicher Texte durch Diagramme und Zeichnungen besser verständlich zu machen. Der Buchdruck und neue Techniken der Illustration wie Holzschnitt und Kupferstich, die sich in seinem Gefolge verbreiteten, hoben diese Praxis jedoch auf ein wesentlich höheres Niveau: Illustrationen unterschiedlichster Art wurden in der wissenschaftlichen Literatur der Zeit immer beliebter bzw. kamen neu auf – von Diagrammen über geometrische Zeichnungen (nach Kepler «die eigentliche Schrift der Geometer») und Landkarten bis hin zu Darstellungen von Experimenten und naturgetreuen Bildern von Tieren, Pflanzen und Mineralien.[27]

Als Musterbeispiel für den wirkungsvollen Einsatz von Illustrationen bietet sich noch einmal Vesalius' *Fabrica* an. Ihre Holzschnitte, das Werk eines unbekannten Künstlers, sind nicht nur aufgrund ihrer Qualität berühmt, sie arbeiten auch höchst effizient Hand in Hand mit dem Text und insbesondere mit seiner Terminologie: Die anatomischen Gegenstände, die er aufzählt und in langen Listen zusam-

Abb. 13 Erstausgabe von Vesalius' *Fabrica*, 214–15: die zweite Übersichtstafel zur Muskulatur samt Legende.

SECVNDAE MVSCVLORVM TABVLAE characterum Index.

SECVNDA tabula primæ, quod ad sectionem spectat, omnino correspondet, & in latus uersa, eosdem cum illa commonstrat musculos, unà cum ossium sedibus, in superficie prominentibus, quodammodoq; excarnibus. Facies itaq; propemodum uniuersa, & caput quoq;, quum paulo minus toto sit osseum, literis nisi paucissimis in hunc modum insignitur.

A Temporalis musculus. Quicquid autem supra semicirculum hunc, quo temporalis musculi exortus circumscribitur, consistit, prorsus excarne est.

B Os iugale. Foramen illud ad ossis huius terminum sese offerens, auditorius est meatus.

C Musculus, à mandendo mansorius præcipuè nuncupatus, & inter maxillam inferiorem mouentes secundus describendus.

D Musculus, buccarum motibus subseruiens, qui ex una maxilla in alteram pronascitur.

E Musculus sinister, ab inferiori maxilla in os υ referens productus.

F Musculus, à pectoris osse in os υ referens insertus.

G Musculus sinister, à superiori pectoris ossis sede principium ducens, & in humiliorem cartilaginis scuti imaginem repræsentantis regionem insertus. Is enim, quum sub musculo F insignito latitet, non prorsus in latere hîc conspectum fugit.

H,H Musculus à superiori scapulæ costa ad os υ imagini simile properans, qui ablato adipe, & iugulari externa hinc diligenter execta, iuxta humilius H est conspicuus. Deinde superius H indicat etiam glandulas, ad auris radicem & internam inferioris maxillæ sedem hîc repositas.

I A pectoris osse & clauicula principium ducens musculus, & in mamillarem temporis ossis processum insertus.

K,L Musculus scapulam mouentium secundus. ac K quidem notat superiorem ipsius partem, quæ scapulam sursum trahit. L uerò inferiorem, cuius beneficio scapula deorsum agitur. Ad dextrum latus L hîc quoq; dextri musculi portio sese ita offert, ut ad sinistram natem, dextram hac quoq; figura conspicimus. Verùm in nona musculorum tabula, utriusq; lateris musculus literis Γ & Δ est spectatissimus.

M Musculus brachium attollens, qui longè accuratiùs in quarta figura Ξ, & in decima Δ indicabitur. quod ideo additum uolui, ne quis hunc musculum multis donatum impreßionibus, plures esse ex uera hac integraq; delineatione sibi persuadeat, præcipuè quum hæ impreßiones, peritos sculptores pictoresq; ludant: quos non hîc solum, sed & in toto externo brachij latere uelim esse attentißimos, quòd malè musculum, quem iam N notabimus, ueluti in cubiti exteriora protrahant. Quanquam sanè difficile sit, musculorum initia, quæ ab externo humeri tubere, & linea ab ipso sursum ducta, seriatim oriuntur, in mortuis pulchrè exprimere: quòd uel leui solum inter excoriandum cubiti flexione & extensione, musculi ab illis capitibus educti, in cubiti flexus regione flaccescant, aliumq; inflexum in mortuis quàm uiuis ostendant. Unde etiam quum subsequentes aliquot musculos explico, abs te quoq; spectari uelim nonæ tabulæ dextrum brachium: uti & decimæ tabulæ brachia, cum secunda figura secundi huius libri Capitis: quòd scilicet in illis fœlicius Naturam, quàm in præsentis brachij musculorum S, T, U, X notandorum exortibus imitati fuerimus.

N Quanquam ex subsequentibus characteribus nonnullos in utroq; brachio repositos cernis, tantisper tamen sinistro duntaxat animum adhibebis, donec & dextri meminero. N itaq; notatur posterior cubitum flectentium, qui in uiuis altiùs supra brachium attollentis musculi insertionem enasci uidetur, quàm reuera principium ducit: licet hic non nimis inferiùs incipiat, sed (quod pictoribus animaduertendum est) fortaßis etiam elatiùs quàm deceat.

O Musculus cubitum extendens, qui ab humeri capitis scapulæ articulati ceruice principium adipiscitur.

P Musculus cubitum quoq; extendens, cuius origo ab inferiori scapulæ costa pendet.

Q Hac sede duo dicti nuper musculi cubitum extendentes, in unum coeunt, non amplius duplicis musculi imaginem repræsentantes. Quòd autem hîc insignius quàm reliquo progressu extuberant, præter ipsorum partem summè carnosam alius cubitum extendentium in causa est, qui hic sub illis occultatus, ab humero seu brachij osse pronascitur, in duodecima figura X, in decimatertia autem d indicandus.

R Hac parte cubiti extensionis autores in posteriorem ulnæ processum, & articuli ligamenta implantantur, nerueam suæ insertionis partem in triangularem hanc sedem porrigentes, quæ excarnis ulnæ est portio.

S Musculus ab humero enatus, qui in inferiorem radij appendicem insertus, radium in supinum ducit.

T Musculus, bicorni tendine brachiale extendens.

U Musculus indicem, medium, & anularem præcipuè extendens.

X Musculus, extensionis parui digiti primarius autor.

Y Musculus brachiale extendentium inferior.

menfasst, finden sich in der jeweiligen Illustration nicht nur abgebildet, sondern auch mit Buchstaben markiert und ihren Benennungen zugeordnet (Abb. 13). Die *Fabrica* exerziert so schon zu einem frühen Zeitpunkt ein Verfahren vor, das wir in ähnlicher Form anhand von Comenius' etwa hundert Jahre späterem *Orbis pictus* kennengelernt haben und das aus heutigen Fach- und Sachbüchern nicht mehr wegzudenken ist.

Vesalius' Einsatz von Buchstaben als Platzhaltern kann zugleich zu den neuen Methoden der Abstraktion überleiten, die nun eine immer wichtigere Rolle zu spielen begannen. Von kaum zu überschätzender Bedeutung war dabei insbesondere die Entwicklung der mathematischen Formelsprache. Freilich war das ein langwieriger und vielschichtiger Prozess, der sich in Europa mindestens bis zu Diophant, also wohl ins 3. Jahrhundert n. Chr., zurückverfolgen lässt, von außereuropäischen Traditionen wie der indischen ganz zu schweigen. Die Weichenstellungen, welche letztlich für die heutige Form der mathematischen Notation bestimmend wurden, erfolgten jedoch in der frühen Neuzeit.

Den wohl größten Durchbruch stellte der Einsatz von Buchstaben für Variablen dar, den der französische Rechtsanwalt und Mathematiker Franciscus Vieta im Anschluss an Diophant in seiner *In artem analyticen isagoge* («Einführung in die Lösungs-Kunst», 1591) initiierte.[28] Vietas Notation, die er selbst *logistice speciosa* (etwa «Rechnen mit Symbolen») nannte, war zwar im Detail noch etwas umständlicher als die heutige Schreibweise: Was wir zum Beispiel als

$$ax^2 + bx + c = d$$

schreiben, hätte er etwa als

B in A quad. + C in A + D aequetur F

ausgedrückt.[29] Gegenüber früheren Schreibweisen stellte die *logistica speciosa* aber einen entscheidenden Fortschritt dar. Sie machte es nicht nur viel einfacher, mathematische Probleme und Lösungen in allgemeingültiger Form zu formulieren. Indem Vieta es offenließ, ob seine Symbole für arithmetische oder geometrische Gegenstände, also für

Zahlen oder etwa für Streckenlängen, stehen sollten, und sich auf ihre kunstgerechte Manipulation konzentrierte, trug er auch wesentlich zur Überwindung der Kluft bei, die damals noch zwischen Arithmetik und Geometrie bestand. (Man denke nur daran, dass diese heutigen Teilgebiete der Mathematik im Quadrivium noch als zwei verschiedene Disziplinen aufschienen.) Vietas Arbeiten bereiteten den Boden für ihre Zusammenführung in der analytischen Geometrie des 17. Jahrhunderts und für die folgenden Entwicklungen, aus denen erst die Mathematik als einheitliche Wissenschaft im heutigen Sinne hervorging.

Zu schlechter Letzt ging es mit der neulateinischen Literatur auf dem Gebiet der Naturwissenschaften genauso zu Ende wie in allen anderen Bereichen, in denen wir sie kennengelernt haben. Aber bevor es so weit kam, hatte sie nicht nur mitgeholfen, das Verständnis der Natur zu revolutionieren, sondern auch maßgeblich dazu beigetragen, die Vorstellung davon umzugestalten, was Wissen überhaupt ist und wie man dazu gelangt.

AUSBLICK

Die lateinische Literatur der Neuzeit wird gerne mit einem versunkenen Kontinent verglichen. Dieses Bild trifft trotz des Aufschwungs, den ihre Erforschung in den letzten Jahrzehnten genommen hat, noch immer zu einem guten Teil zu. Der Kontinent hat sich zu heben begonnen, aber im Augenblick tauchen gerade erst die Gebirgszüge aus dem Wasser. Einige davon sind auf den vorangehenden Seiten skizzenhaft kartographiert.

Wie soll es weitergehen? Zunächst einmal sollten wir die neulateinische Literatur einfach besser kennenlernen. Ein Vergleich mit dem Forschungsstand in älteren, etablierten Philologien macht deutlich, an wie vielem es mangelt. Noch fehlt es an elementaren Hilfsmitteln wie Wörterbüchern und biographischen Lexika. Die Zahl der durch gute Editionen mit Einleitung, Übersetzung und Kommentar erschlossenen Werke ist verglichen mit der Masse des Überlieferten nach wie vor verschwindend gering. Die Geschichte der allermeisten Gattungen bleibt zu schreiben. Die neulateinische Tradition zahlreicher Länder liegt noch weitgehend im Dunkeln; das gilt insbesondere für Osteuropa, zumindest für den, der nicht flüssig Polnisch, Ungarisch oder Kroatisch liest. Eine umfassende Geschichte der neulateinischen Literatur im eigentlichen Sinne des Wortes stellt vollends ein vorläufig unerreichbares Fernziel dar.

Es bleibt also viel zu tun. Aber die Neolatinistik entwickelt sich rasch, die Fortschritte sind mit Händen zu greifen, und die Faszination einer jungen Wissenschaft ohne etablierte Kanons und feststehende Wahrheiten, der abenteuerliche Reiz des Vorstoßes in unbekanntes Gelände, begeistert mehr und mehr begabte Nachwuchsforscher für das Unternehmen Neulatein. Es gibt allen Grund, optimistisch zu sein.

Ebenso wichtig, wie mehr über die neulateinische Literatur zu lernen, und dabei vielleicht schwieriger, ist es jedoch, diese Erkenntnisse nach außen zu tragen – angefangen bei der schlichten Feststellung, dass es Neulatein überhaupt gibt.[1] Die *scientific community* (von der breiteren Öffentlichkeit ganz zu schweigen) kann heute größtenteils kein Latein mehr, und niemand wird ernsthaft darauf hoffen, dass sie sich in absehbarer Zeit in eine lateinkundige *res publica litteraria* zurückverwandelt. Die teils grotesken, aber meist unbemerkt bleibenden Missverständnisse und Verdrehungen, die beim Umgang mit lateinischen Quellen an der Tagesordnung sind, sprechen für sich.[2] Gleichzeitig ist Latein im allgemeinen Bewusstsein nach wie vor fast ausschließlich als Sprache der alten Römer präsent. Dass es auch die wichtigste *lingua franca* und Literatursprache des Mittelalters und der frühen Neuzeit war, ist den wenigsten klar, und nicht alle, denen man es erklärt, wollen es auch wissen. Fälle wie der eines Übersetzungswissenschaftlers, der Neulatein für einen lateinischen Dialekt hielt, oder der eines Spezialisten für deutsche Barockliteratur, der kaum glauben konnte, dass Paul Fleming auch lateinische Gedichte geschrieben haben sollte, sind keine Seltenheit. Wenn man dieser Entwicklung nichts entgegensetzt, wird sich auf die Dauer ein verkürztes und verzerrtes Verständnis der frühen Neuzeit und der europäischen Geschichte insgesamt etablieren, ein Verständnis, das mit der lateinischen Tradition des Kontinents einen konstitutiven Faktor seiner Vergangenheit einfach ausblendet.

Darüber zu schimpfen oder zu spotten, ist selbstgerecht und nutzlos. Aufklärung tut Not. Falls dieses Buch ein wenig dazu beitragen kann, hat es seinen Zweck erfüllt.

ANMERKUNGEN

Einleitung: Was ist neulateinische Literatur?

1 Wichtige Überblicksdarstellungen sind van Tieghem 1944 (seiner Zeit weit voraus); CNLS; BENLW; OHNL; V. Moul (Hg.), Neo-Latin Literature, Cambridge (im Erscheinen). – Gute Zusammenfassungen in Aufsatzform: W. Ludwig, Die neuzeitliche lateinische Literatur seit der Renaissance, in: F. Graf (Hg.), Einleitung in die lateinische Philologie, Stuttgart/Leipzig 1997, 323–56; Helander 2001. – Die wichtigsten Sammelbände sind die Akten der dreijährlich stattfindenden Tagungen der *International Association for Neo-Latin Studies*, die seit 1979 unter dem Titel *Acta Conventus Neo-Latini* samt Angabe des jeweiligen Tagungsortes erscheinen. Zu sonstigen Reihen siehe BENLW 1053–54. – Zeitschriften: HLov, NlatJb. – Lexikalische Hilfe bieten R. Hoven, Lexique de la prose latine de la Renaissance / Dictionary of Renaissance Latin from Prose Sources, Leiden/Boston 2006, die neulateinische Wortliste von J. Ramminger (*http://ramminger.userweb.mwn.de/*, 24.8.2015) und das *Instrumentum Lexicographicum* der einzelnen Bände der HLov. Oft konsultiert man besser gleich zeitgenössische Wörterbücher wie Du Canges *Glossarium ad scriptores mediae et infimae Latinitatis* oder Adam Friedrich Kirschs *Cornu Copiae* (1678 bzw. 1713, zahlreiche Neuauflagen und Nachdrucke). – Zwei bedeutende Quellensammlungen im Internet sind D. F. Suttons *Philological Museum* (*http://www.philological.bham.ac.uk/*, 24.8.2015) sowie (mit Schwerpunkt auf dem deutschen Sprachraum) CAMENA; siehe weiters BENLW 1116–17. – Gedruckte Anthologien: E. Springhetti, Selecta Latinitatis scripta auctorum recentium (saec. XV–XX), Rom 1951; P. Laurens/C. Balavorne, Musae Reduces: Anthologie de la poésie latine dans l'Europe de la Renaissance (2 Bde.), Leiden 1975; Nichols 1979; A. Perosa/J. Sparrow, Renaissance Latin Verse: An Anthology, London 1979; I. D. McFarlane, Renaissance Latin Poetry, Manchester 1980 (alle bis auf Springhetti zur Dichtung mit Schwerpunkt auf der Renaissance). – Bibliographie: das *Instrumentum Bibliographicum Neolatinum* der HLov. – Über die meisten der hier zu besprechenden Autoren informieren knapp und fundiert: P. Bietenholz (Hg.), Contemporaries of Erasmus (3 Bde.), Toronto u. a. 1985–87; CL; HGFN. – Zu den meisten Aspekten des geschichtlichen und geistesgeschichtlichen Hintergrundes erhält man zuverlässig Auskunft bei F. Jaeger u. a. (Hg.), Enzyklopädie der Neuzeit (16 Bde.), Stuttgart 2005–12.

2 Zu Neulatein als Sprache und zur lateinischen Sprachgeschichte allgemein Burke 1989; Waquet 1998 (beide aus soziologischem Blickwinkel); Ostler 2007, v. a. 231–319; Stroh 2007; Leonhardt 2009.

3 Zu den sprachlichen Eigenheiten der neuzeitlichen Latinität und ihrem Verhältnis zur mittelalterlichen siehe etwa T. O. Tunberg, Humanistic Latin, in:

F. A. C. Mantello/A. G. Rigg (Hg.), Medieval Latin. An Introduction and Bibliographical Guide, Washington, DC 1996, 130–36; CNLS, Bd. 2, 377–433; Helander 2001, 27–43; BENLW 5–37; OHNL 13–26.

4 P. Stotz, Handbuch zur lateinischen Sprache des Mittelalters (5 Bde.), München 1996–2004, Bd. 1, 3–5.

5 CNLS, Bd. 1, 27–28; BENLW 909; OHNL 1.

6 Gegen «Neulatein» sind etwa Stroh 2007, 145–47, 154 und St. Tilg, «Neulatein» und «Mittellatein»: epochale Gegensätze oder unglückliche Terminologie?, in: Ch. Walde/F. Grewing (Hg.), Stereotyped Thinking in Classics: Literary Genres and Ages Reconsidered (im Erscheinen). Für den Begriff spricht sich zum Beispiel CNLS, Bd. 1, 27–28 aus. Die Bedeutung des *usus* hebt schon Horaz an der viel zitierten Stelle *Ars Poetica* 70–72 hervor.

7 Zur Vorgeschichte von «Literatur» siehe Rosenberg 1990. Etwas spezifischere Vorläuferbegriffe als *litterae* sind *humanae litterae* und «belles-lettres». «Littérature» ungefähr im heutigen Sinne begegnet zuerst in Frankreich um 1750.

8 Zu den *historiae litterariae* siehe Grunert/Vollhardt 2007. Der wohl einflussreichste lateinische Vertreter des Genres ist der *Polyhistor* (1688, erweiterte Neuauflagen bis Mitte des 18. Jahrhunderts) des Kieler Geschichtsprofessors und Bibliothekars Daniel Georg Morhof.

9 Burke 1989, 41–46; Waquet 1998, 119–23; BENLW 77–84.

10 Leonhardt 2009, 18–45.

11 BENLW 161–70. Locher und Ringmann: VL, Bd. 2, 66–67.

12 Zur institutionellen Verankerung des Lateinischen Burke 1989, 32–41; Waquet 1998, v. a. 15–143. Zu Schule und Universität siehe auch Paulsen 1919–21 bzw. W. Rüegg, Geschichte der Universität in Europa (4 Bde.), München 1993–2010, v. a. Bd. 2 (dort 384–89 auch kurz zu den Akademien). In exemplarischer Klarheit zeigt die überragende Stellung des Lateinischen im höheren Schulunterricht die Studienordnung der Jesuitengymnasien (Lukács 1986, 424–42).

13 Vgl. zum Folgenden CNLS, Bd. 1, 28–35. Zu Humanisten bäuerlicher Herkunft in Deutschland siehe Kühlmann/Seidel/Wiegand u. a. 1997, 1097. Zu den lateinischsprachigen Adelsnationen Osteuropas, v. a. Polens, J. Axer, Latein als Sprache der Adelsnation in der polnisch-litauischen Konföderation (16. bis 18. Jahrhundert). Eine These, in: Guthmüller 1998, 131–35.

14 Zur Teilnahme von Frauen an der frühneuzeitlichen Lateinkultur siehe OHNL 363–77. Überblick über antike, mittel- und neulateinische Schriftstellerinnen und ihre Werke: Stevenson 2005; vgl. auch BENLW 1196–1204. Churchill u. a. 2002 stellen ein Dutzend wichtiger Autorinnen vor und bieten substanzielle Auszüge aus ihren Werken.

15 Zur Wort- und Begriffsgeschichte siehe F. Waquet, Qu'est-ce que la République des Lettres? Essai de sémantique historique, Bibliothèque de l'école des chartes 147 (1989) 473–502.

16 Eisenstein 1979, v. a. 136–59. Speziell zu Neulatein und dem Buchdruck BENLW 171–271, 1154–67.

17 Zu Latein und den Volkssprachen generell siehe Guthmüller 1998; Burke 2004; Leonhardt 2009, 186–221; BENLW 275–99; OHNL 27–40. Zur beides umgreifenden Sprachauffassung des Humanismus Apel 1980. Zu Luthers Tischreden vgl. die ausgezeichnete Analyse von B. Stolt, Die Sprachmischung in Luthers Tisch-

reden. Studien zum Problem der Zweisprachigkeit, Stockholm 1964. Zweisprachige Jesuitendramen in Spanien: C. Pérez González, Bilingualität auf der Jesuitenbühne, Münster 2014. Makkaronische Dichtung: DNP 13, 281–85. Rezeption volkssprachlicher Dichtung in neulateinischer von 1450 bis 1600: Thurn 2012.

18 Zu Tirol siehe TL, v. a. 15–16. Zu den Daten der deutschen Messkataloge Paulsen 1919–21, Bd. 1, 625–28; R. Jentzsch, Der deutsch-lateinische Büchermarkt nach den Leipziger Ostermeßkatalogen von 1740, 1770 und 1800 in seiner Gliederung und Wandlung, Leipzig 1912. Die Frankfurter und Leipziger Kataloge selbst wurden ins Netz gestellt (*http://www.olmsonline.de/*, 24.8.2015), sind aber kostenpflichtig. Daten aus ganz Europa bietet Waquet 1998, 102–06. Die CD-ROM von Saur trägt den Titel *Latin Bibliography 15th Century to 2004*.

19 Diesen Punkt betont stark Thurn 2012.

20 Vieles aus dieser Liste wird im Folgenden noch ausführlicher zur Sprache kommen. Einige Beispiele zum Rest: Glaziologie: Johann Heinrich Hottinger, *Montium glacialium Helveticorum descriptio* (1706). Mykologie: siehe H. Dörfelt/H. Heklau, Die Geschichte der Mykologie, Schwäbisch Gmünd 1998. Sportwissenschaft: Girolamo Mercuriale, *De arte gymnastica* (1569). Kanone: Bartholomaeus Latomus, *Bombarda* (1523/1536). Textkritik: Karl Lachmann, *In T. Lucretii Cari De rerum natura libros commentarius* (1850). Architektur- und Kunsttheorie: Leon Battista Alberti, *De re aedificatoria* (um 1450), *De statua*, *De pictura* (beide um 1435). Inflation: Juan de Mariana, *De monetae mutatione* (1609). Armenfürsorge: Juan Luis Vives, *De subventione pauperum* (1526). Menschen vor Adam: Isaac de La Peyrère, *Praeadamitae* (1655). Atheismus: Anonymus, *Theophrastus redivivus* (um 1650, Erstausgabe: G. Canziani/G. Paganini, Theophrastus redivivus, 2 Bde., Florenz 1981). Zum Landschaftsgefühl läuft derzeit ein Projekt am Innsbrucker Ludwig Boltzmann Institut für Neulateinische Studien.

21 Zur *argutia*-Bewegung (die eng mit anderen stilistischen Trends der Epoche wie Manierismus, Marinismus und *conceptismo* zusammenhängt) siehe HWRh 1, 991–98.

22 Siehe Blair 2010.

23 Siehe zum folgenden Abschnitt generell CNLS, Bd. 2, 502–07; BENLW 907–19, 1016–18.

24 C. Vossen, Mutter Latein und ihre Töchter. Europas Sprachen und ihre Herkunft, Düsseldorf 1999; T. Janson, Latein. Die Erfolgsgeschichte einer Sprache. Ins Deutsche übertragen von J. Kramer, Hamburg 2006; Ostler 2007; Stroh 2007; Leonhardt 2009. Auf die Zeit vom 16. bis zum 20. Jahrhundert konzentriert sich die Darstellung von Waquet 1998, die aber ganz literatursoziologisch ausgerichtet ist.

TEIL I: GESCHICHTE

1. Humanismus und Renaissance (1300–1520)

1 Die moderne Geschichte der historischen Begriffe Renaissance und Humanismus beginnt mit G. Voigt, Die Wiederbelebung des classischen Alterthums oder das erste Jahrhundert des Humanismus, Berlin 1859 und J. Burckhardt, Die Cultur der Renaissance in Italien, Basel 1860. (Daneben gibt es auch ein unhistorisches Verständnis von «Humanismus», das schon der Prägung des Ausdrucks selbst durch Friedrich Immanuel Niethammer im Jahr 1808 zugrunde liegt. Zu «Humanist» siehe hier S. 119.) Zu Renaissance und Humanismus im Allgemeinen vgl. etwa A. Buck, Zu Begriff und Problem der Renaissance, Darmstadt 1969 und Kristeller 1974–76, zu ihrer Vorgeschichte und Genese jetzt ausführlich und gedankenreich Witt 2012 bzw. ders., In the Footsteps of the Ancients: The Origins of Humanism from Lovato to Bruni, Leiden 2000, zum Verhältnis von Humanismus und Neulatein Stroh 2007, 152–69.

2 Rizzo 2002, 15–121, besonders 84.

3 Zum System der antiken Rhetorik und seiner historischen Entwicklung siehe Lausberg 1960 bzw. HWRh. Zur mittelalterlichen Rhetorik und Beredsamkeit Witt 2012 (vgl. sein Register unter *ars arengandi*, *ars dictaminis*, *ars predicandi*, eloquence, oratory, rhetoric; spezifischere Literatur bei Mack 2011, 314–15). Zur humanistischen Rhetorik L. D. Green/J. J. Murphy, Renaissance Rhetoric Short Title Catalogue 1460–1700, Aldershot [2]2006 (3842 Titel in 12 325 Auflagen!); Mack 2011. Zur neulateinischen Beredsamkeit CNLS, Bd. 2, 165–79.

4 *Classicus* («zu den oberen Steuerklassen gehörend») erscheint im Bezug auf Literatur antik nur bei Gellius, *Noctes Atticae* 19,8,15. In der frühen Neuzeit wurde dieser Sprachgebrauch gelegentlich aufgegriffen, wirklich populär wurde er aber erst um 1800 (E. R. Curtius, Europäische Literatur und lateinisches Mittelalter, Tübingen/Basel [11]1993, 255–56). – Zum Folgenden generell Pfeiffer 1982, 17–90.

5 Zur Entdeckungsgeschichte der Handschriften antiker Werke in der Renaissance siehe R. Sabbadini, Le scoperte dei codici latini e greci nei secoli XIV e XV. Edizione anastatica con nuove aggiunte e correzioni dell'autore a cura di E. Garin, Florenz 1967. Zur Entwicklung der Textkritik seit den humanistischen Anfängen etwa E. J. Kenney, The Classical Text. Aspects of Editing in the Age of the Printed Book, Berkeley u. a. 1974, 21–74 und zuletzt K. Vanek, Ars corrigendi in der frühen Neuzeit. Studien zur Geschichte der Textkritik, Berlin 2007 (Übersicht über die älteren Standardwerke: 6–8, Verzeichnis neulateinischer Quellen: 337–67).

6 Moss 2003, 15–63.

7 Zur humanistischen *imitatio*-Debatte siehe McLaughlin 1995; dort 5–7 auch kurz zum Konzept der *imitatio* in der Antike.

8 J. DellaNeva/B. M. Duvick, Ciceronian Controversies, Cambridge, Mass. 2007 (das Zitat von Poliziano dort 2). Zum Ciceronianismus generell HWRh 2, 225–47.

9 Mitunter wurden auch in sogenannten *supplementa* (vermeintlich) unvollständige antike Werke im Stil des Autors ergänzt. So entstand etwa zu den zwölf Büchern von Vergils *Aeneis* eine ganze Reihe dreizehnter.

10 Ausgabe der *Ecerinis*: L. Padrin u. a., Albertino Mussato: Ecerinis. Antonio Loschi: Achilles, München 1975. Zum neulateinischen Drama in Italien im Allgemeinen siehe J.-F. Chevalier, Neo-Latin Theatre in Italy, in: Bloemendal/Norland 2013, 25–101. *Poetae laureati*: Flood 2006.

11 Die maßgebliche Gesamtausgabe soll dereinst die seit 1926 erscheinende Edizione nazionale sein, daneben existieren zahllose Ausgaben einzelner Werke; sämtliche Werke bietet die elektronische *Biblioteca italiana* (*http://www.bibliotecaitaliana.it/*, 24.8.2015). Aus der uferlosen Sekundärliteratur seien hervorgehoben: K. Stierle, Francesco Petrarca. Ein Intellektueller im Europa des 14. Jahrhunderts, München/Wien 2003; Grote 2006; V. Kirkham/A. Maggi (Hg.), Petrarch: A Critical Guide to the Complete Works, Chicago 2009.

12 Ausgabe mit englischer Übersetzung: J. Solomon, Giovanni Boccaccio: Genealogy of the Pagan Gods (angelegt auf 3 Bde.), Cambridge, Mass./London 2011 ff.

13 Der Erstdruck erfolgte in italienischer Übersetzung als *Historia del popolo fiorentino* (1476). Moderne Ausgabe des lateinischen Textes mit englischer Übersetzung: J. Hankins, Leonardo Bruni: History of the Florentine People (3 Bde.), Cambridge, Mass./London 2001–07. – Eine reiche Auswahl aus der gesamten lateinischen Prosa des italienischen Quattrocento samt biobibliographischer Kurzcharakteristik der einzelnen Autoren bietet Garin 1952.

14 Ausgabe der *Facetiae*: St. Pittaluga, Poggio Bracciolini: Facezie, Mailand 1995 (das Beispiel dort als Nr. 44). «Küchenlatein»: Pfeiffer 1982, 54–55.

15 Deutsche Übersetzung: M. Theuer, Leon Battista Alberti: Zehn Bücher über die Baukunst, Wien/Leipzig 1912, Nachdruck Darmstadt 1975. Zur neulateinischen Architekturtheorie generell siehe BENLW 573–85.

16 In der lateinischen Literatur ist eine Elegie ein Gedicht im sogenannten elegischen Distichon, einem Versmaß, das sich aus einem daktylischen Hexameter (–⏔ –⏔ –⏔ –⏔ –‹⏔› –x) und einem Pentameter (–⏔ –⏔ – –⏔ –⏑⏑ x) zusammensetzt.

17 Gesamtausgabe (ohne die Übersetzungen): Nachdruck der 1576 in Basel erschienenen *Opera omnia*, Turin 1959–62. Überblick: BENLW 603–15.

18 Ausgabe von Pontanos Gedichten: B. Soldati, Iohannis Ioviani Pontani Carmina, Florenz 1902. Zum neulateinischen Lehrgedicht: G. Roellenbleck, Das epische Lehrgedicht Italiens im 15. und 16. Jahrhundert, München 1975; W. Ludwig, Neulateinische Lehrgedichte und Vergils Georgica, in: ders., Litterae Neolatinae. Schriften zur neulateinischen Literatur. Hg. von L. Braun, München 1989, 100–27; CNLS, Bd. 2, 38–45; BENLW 437–48. Zur hendekasyllabischen Dichtung im Stil Catulls Gaisser 1993, 193–254.

19 Ausgabe von Sannazaros poetischem lateinischem Œuvre mit englischer Übersetzung: M. C. J. Putnam, Jacopo Sannazaro: Latin Poetry, Cambridge, Mass. 2009; Ausgabe der *Christias* mit deutscher Übersetzung und Kommentar: E. von Contzen u. a., Marcus Hieronymus Vida: Christias (2 Bde.), Trier 2013.

20 Zu den lateinkundigen Frauen der italienischen Renaissance generell siehe Churchill u. a. 2002, 11–165; Stevenson 2005, 141–76. Ausgabe von Isotta Nogarolas Werken: E. Abel, Isotae Nogarolae Veronensis opera quae supersunt omnia (2 Bde.), Wien/Budapest 1886; englische Übersetzung mit detaillierter Einleitung: M. L. King/D. Robin, Isotta Nogarola: Complete Writings: Letterbook, Dialogue on Adam and Eve, Orations, Chicago/London 2004. *De pari aut*

impari Evae atque Adae peccato wird oft als Dialog bezeichnet, doch betonen beide Diskutanten wiederholt, dass sie einander *schreiben*. Die zitierte Bemerkung Augustins steht in seinem großen Genesiskommentar (*De Genesi ad litteram* 11,35,48).

21 Vgl. zu diesem Abschnitt generell Kristeller 1974–76, Bd. 2, 85–100. Zu den einzelnen Ländern CNLS, Bd. 1; BENLW 1058–1116; OHNL 393–523.

22 Siehe zum Beispiel Moss 2003.

23 Ausgabe: A. Bömer, Epistolae obscurorum virorum (2 Bde.), Heidelberg 1924.

24 P. Kulcsár, Der Humanismus in Ungarn, in: G. Stangler (Hg.), Matthias Corvinus und die Renaissance in Ungarn 1458–1541, Wien 1983, 55–65; speziell zu Vitéz F. Földesi/National Széchényi Library (Hg.), A Star in the Raven's Shadow. János Vitéz and the Beginnings of Humanism in Hungary, Budapest 2008.

25 Zur kroatischen Latinität generell siehe V. Gortan/V. Vratović, The Basic Characteristics of Croatian Latinity. With a Post-Scriptum by J. IJsewijn, HLov 20 (1971) 37–68. Anthologien: V. Gortan/V. Vratović, Hrvatski Latinisti / Croatici auctores qui Latine scripserunt (2 Bde.), Zagreb 1969; V. Vratović, The Croatian Muses in Latin. A Trilingual Anthology: Latin – English – Croatian, Zagreb 1998 (nur Dichtung). Marulićs *Opera omnia* erscheinen seit 1984 in Split. Anthologie: B. Lučin, The Marulić Reader, Split 2007. Neueste Ausgabe der *Davidias*: M. Marcovich, M. Maruli Delmatae Davidias, Leiden u. a. 2006.

26 P. Simoniti, Humanismus bei den Slovenen. Slovenische Humanisten bis zur Mitte des 16. Jahrhunderts. Herausgegeben und bearbeitet von M. Wakounig. Übersetzt von J. Wakounig, Wien 2008.

27 H. B. Segel, Renaissance Culture in Poland. The Rise of Humanism 1470–1543, Ithaca, NY 1989.

28 Zu den meisten der in diesem Absatz genannten Humanisten siehe die entsprechenden Einträge im VL, insbesondere zu Celtis Bd. 1, 375–427. Zu Agricola W. Kühlmann, Rudolf Agricola: 1444–1485, Protagonist des nordeuropäischen Humanismus, zum 550. Geburtstag, Bern u. a. 1994; Mack 2011, 56–75.

29 Erasmus' *Opera omnia* erscheinen seit 1969 in Amsterdam und Leiden. Auswahl mit deutscher Übersetzung: W. Welzig, Erasmus von Rotterdam: Ausgewählte Schriften. Ausgabe in acht Bänden, lateinisch und deutsch, Darmstadt 1967–80. Briefe: Allen u. a. 1906–58. Biographie: Ribhegge 2010. Zusammenfassung des Forschungsstandes: VL, Bd. 1, 658–804.

30 Vgl. D. R. Carlson, English Humanist Books: Writers and Patrons, Manuscript and Print, 1475–1525, Toronto 1993 (insbesondere zu Buchkultur und Patronage). Zur frühen englischen Dichtung Mann 1939, 1–78.

31 Zu Budé und d'Étaples siehe die Einträge in CL, Bd. 1, 221–31 bzw. 493–96.

2. Das Zeitalter der Konfessionalisierung (1520–1618)

1 Zu den Auswirkungen der Konfessionalisierung auf die Lateinkultur siehe Waquet 1998, 98–100; Moss 2003; Stroh 2007, 188–207; Leonhardt 2009, 236–38; OHNL 313–44.

2 Zur italienischen Scholastik bis ins 17. Jahrhundert siehe Kristeller 1974–76, Bd. 1, 87–111, v. a. 104–08, zur spanischen Spätscholastik F. Grunert/K. Seelmann (Hg.), Die Ordnung der Praxis: Neue Studien zur Spanischen Spätscholastik, Tübingen

2001, zu scholastischer Tradition und neulateinischer Literatur generell BENLW 589–602.

3 Weimarer Ausgabe, Tischreden, Bd. 1, 340.

4 Paulsen 1919–21, Bd. 1, 276–443; Duhr 1907–13, Bd. 1, 237–94, Bd. 2/1, 494–606.

5 Die literarische Produktivität der Jesuiten in Latein und den Volkssprachen dokumentiert C. Sommervogel, Bibliothèque de la Compagnie de Jésus (9 Bde.), Brüssel/Paris 1890–1900.

6 Siehe zum Folgenden wiederum CNLS, Bd. 1 sowie die Länderartikel in BENLW und OHNL.

7 Leonhardt 2009, 208–11.

8 Ribhegge 2010, 144–49.

9 Zur teils volkssprachlichen, teils neulateinischen Kultur des Humanismus in Portugal siehe M. L. Berbara/K. E. A. Enenkel (Hg.), Portuguese Humanism and the Republic of Letters, Leiden/Boston 2012.

10 Grundlegend ist der monumentale Überblick von J. W. Binns, Intellectual Culture in Elizabethan and Jacobean England. The Latin Writings of the Age, Leeds 1990. Zur Dichtung siehe auch Mann 1939, 79–204, L. Bradner, Musae Anglicanae. A History of Anglo-Latin Poetry 1500–1925, New York 1940, 10–67, 123–57 und die einschlägigen Beiträge bei Houghton/Manuwald 2012. Speziell zur schottischen Latinität: R. P. H. Green u. a., Scottish Latin Authors in Print up to 1700. A Short-Title List, Löwen 2012.

11 Zur irischen Neolatinität siehe die Beiträge im Abschnitt «Ireland» bei Houghton/Manuwald 2012, 230–67; J. Harris/K. Sidwell (Hg.), Making Ireland Roman. Irish Neo-Latin Writers and the Republic of Letters, Cork 2009 (zur Frühzeit v. a. 14–35).

12 Moderne Ausgabe: J. R. C. Martyn, John Owen: Epigrammatum libri (2 Bde.), Leiden 1976–78.

13 Pfeiffer 1982, 127–63, v. a. 131–36 (das Zitat 134), 158–59.

14 Siehe M.-F. Guipponi-Gineste u. a. (Hg.), Die neulateinische Dichtung in Frankreich zur Zeit der Pléiade / La poésie néo-latine en France au temps de la Pléiade, Tübingen 2015.

15 Vives' wichtigste Werke erscheinen seit 1987 als Selected Works of J. L. Vives in Leiden/Boston. Siehe auch Ch. Fantazzi (Hg.), A Companion to Juan Luis Vives, Leiden 2008. Zu Ramus knapp HGFN, Bd. 1, 541–43. Eine Anthologie französischer Prosa der Epoche bieten St. Bamforth u. a., Prosateurs latins en France au XVIe siècle, Paris 1987.

16 Zu Matthias Flacius Illyricus siehe LVL, Bd. 1, 383–99; zu Sambucus und zur humanistischen Kultur des östlichen Mitteleuropa im 16. Jahrhundert generell G. Almási, The Uses of Humanism. Johannes Sambucus (1531–1584), Andreas Dudith (1533–1589), and the Republic of Letters in East Central Europe, Leiden 2009.

17 Zu Autoren und Werken siehe jetzt das LVL.

18 Moderne Anthologien mit Übersetzung: H. C. Schnur, Lateinische Gedichte deutscher Humanisten. Lateinisch/Deutsch, Stuttgart 1967, [3]2015; Kühlmann/Seidel/Wiegand u. a. 1997.

19 G. Müller, Die «Germania generalis» des Conrad Celtis. Studien mit Edition,

Übersetzung und Kommentar, Tübingen 2001, 441–83; U. Muhlack, Das Projekt der Germania illustrata. Ein Paradigma der Diffusion des Humanismus?, in: J. Helmrath u. a. (Hg.), Diffusion des Humanismus. Studien zur nationalen Geschichtsschreibung europäischer Humanisten, Göttingen 2002, 142–58.

20 O. Merisalo/R. Sarasti-Wilenius (Hg.), Mare Balticum – Mare Nostrum. Latin in the Countries of the Baltic Sea (1500–1800), Jyväskylä 1994; Skafte Jensen 1995; I. Ekrem u. a. (Hg.), Reformation and Latin Literature in Northern Europe, Oslo 1996. Speziell zu Dänemark siehe M. Skafte Jensen, Friendship and Poetry. Studies in Danish Neo-Latin Literature. Edited by M. Pade u. a., Kopenhagen 2004. Zur Blüte der schwedischen Latinität im folgenden Jahrhundert H. Helander, Neo-Latin Literature in Sweden in the Period 1620–1720. Stylistics, Vocabulary and Characteristic Ideas, Uppsala 2004.

21 Deutsche Kurzfassung: E. Balzamo/R. Kaiser, Olaus Magnus: Die Wunder des Nordens, Frankfurt a. M. 2006.

22 Luthers Werke liegen seit kurzem vollständig in den 127 Bänden der Weimarer Ausgabe vor. Die Schriften Melanchthons, Zwinglis und Calvins sammelt seit 1834 das *Corpus Reformatorum*.

23 CNLS, Bd. 2, 24–37; H. Hofmann, Von Africa über Bethlehem nach America. Das Epos in der neulateinischen Literatur, in: J. Rüpke (Hg.), Von Göttern und Menschen erzählen. Formkonstanzen und Funktionswandel vormoderner Epik, Stuttgart 2001, 130–82; BENLW 449–60; OHNL 57–71.

24 W. L. Grant, Neo-Latin Literature and the Pastoral, Chapel Hill 1965.

25 Secundus' gesammelte Gedichte, die auch seine *Basia* enthalten, erschienen 1541.

26 H. Dörrie, Der heroische Brief: Bestandsaufnahme, Geschichte, Kritik einer humanistisch-barocken Literaturgattung, Berlin 1968; J. Eickmeyer, Der jesuitische Heroidenbrief: Zur Christianisierung und Kontextualisierung einer antiken Gattung in der frühen Neuzeit, Berlin/Boston 2012.

27 CNLS, Bd. 2, 76–78, 80–85, 100–03; BENLW 387–97.

28 Siehe BENLW 1044–46; OHNL 80–84. Die engen Beziehungen zwischen lateinischer und volkssprachlicher Dichtung zeigt, v. a. am Beispiel der gemeinsamen Rezeption von Petrarcas *Canzoniere*, Thurn 2012 auf.

29 S. de Beer u. a. (Hg.), The Neo-Latin Epigram: A Learned and Witty Genre, Löwen 2009.

30 CNLS, Bd. 2, 86–94; BENLW 399–411, 461–72. Zu Buchanans Paraphrasen der Psalmen und zu seiner Dichtung generell siehe Ph. Ford/R. Green (Hg.), George Buchanan: Poet and Dramatist, Swansea 2009.

31 BENLW 589–663.

32 Pfeiffer 1982, 93–178.

33 Vgl. generell CNLS, Bd. 2, 274–81.

34 Pfeiffer 1982, 120–21.

35 H. E. Troje, Humanistische Jurisprudenz: Studien zur europäischen Rechtswissenschaft unter dem Einfluß des Humanismus, Goldbach 1993.

36 Siehe P. Findlen, Natural History, in: Park/Daston 2006, 435–68.

37 K. A. Vogel/A. Rankin, Cosmography, in: Park/Daston 2006, 469–96; BENLW 807–19.

3. Das 17. Jahrhundert

1 Vgl. zu diesem Abschnitt generell Leonhardt 2009, 200–21.

2 Zum Zugang zu den Messkatalogen siehe S. 259 Anm. 18. Die Angaben zu Frankfurt und Leipzig stammen aus Waquet 1998, 103 bzw. Burke 1989, 37. Weitere statistische Daten, auch für Frankreich, Italien und England, bei Waquet 1998, 102–06.

3 Siehe generell CNLS, Bd. 1, 254–321; BENLW 807–61; OHNL 525–73. Zu Norwegen und Finnland I. Ekrem, Norway, in: Skafte Jensen 1995, 66–95; Kajanto 1995. Zu Nordamerika L. M. Kaiser, A Census of American Latin Verse, 1625–1825, Proceedings of the American Antiquarian Society 91 (1981) 197–299; ders., Contributions to a Census of American Latin Prose, 1634–1800, HLov 31 (1982) 164–89; ders., Early American Latin Verse, 1625–1825: An Anthology, Chicago 1984.

4 Daten nach *http://criticalthreads.wordpress.com/2013/07/06/4-the-english-market-of-books-title-statistics-and-a-comparison-with-german-data/* (24.8.2015).

5 D. Döring, Christian Thomasius und die Universität Leipzig am Ende des 17. Jahrhunderts, in: H. Lück (Hg.), Christian Thomasius (1655–1728). Gelehrter Bürger in Leipzig und Halle, Stuttgart u. a. 2008, 71–97, hier 72–73 betont allerdings, dass die einzige Quelle hierfür spätere Aufzeichnungen des streitlustigen Thomasius selbst sind. Zu den Anfängen des Deutschen als Vorlesungssprache generell siehe Hodermann 1891.

6 Zitiert nach W. Schmied-Kowarzik, G. W. Leibniz: Deutsche Schriften. Erster Band: Muttersprache und völkische Gesinnung, Leipzig 1916, XXII.

7 Siehe Stevenson 2005, 309–12, 494–95.

8 Zur neulateinischen Literatur der Jesuiten generell siehe BENLW 775–88. Anthologien jesuitischer Dichtung des 17. und 18. Jahrhunderts: J. J. Mertz u.a, Jesuit Latin Poets of the 17th and 18th Centuries, Wauconda, Illinois 1989; A. Thill u. a., La lyre jésuite. Anthologie de poèmes latins (1620–1730), Genf 1999.

9 Zu Sarbiewski siehe E. Schäfer (Hg.), Sarbiewski. Der polnische Horaz, Tübingen 2006. Einen Nachdruck von Baldes *Opera poetica omnia* (1729) samt Einleitung bieten W. Kühlmann/H. Wiegand, Jacob Balde: Opera poetica omnia (8 Bde.), Frankfurt a. M. 1990; die mittlerweile ausgesprochen umfangreiche Sekundärliteratur stellt Wilfried Stroh unter *http://stroh.userweb.mwn.de/balde-bib.html* (24.8.2015) zusammen.

10 Zur lateinischen Hymnendichtung generell siehe J. Szövérffy, Die Annalen der lateinischen Hymnendichtung (2 Bde.), Berlin 1964–65. Zur Entwicklung in der Neuzeit dort Bd. 2, 430–47; CNLS, Bd. 2, 104–08; A. Moss, Latin Liturgical Hymns of the Reformation Crisis (1520–1568), HLov 40 (1991) 73–111. Mittelalterlicher Formen bediente man sich weiterhin in der Provinz und zur privaten Andacht: TL, Bd. 2, 640–45.

11 Einen ersten Überblick bieten jetzt die Aufsätze in Tilg/Walser 2013; siehe auch BENLW 311–22; OHNL 183–97.

12 Grote 2006, 115–16.

13 Ausgabe mit englischer Übersetzung: M. Riley/D. P. Huber, John Barclay: Argenis, Tempe, Arizona 2004. Zur politischen Dimension des Werkes Siegl-Mocavini 1999.

14 Übersetzung mit Essay im Anhang: H. Bungarten/B. Langner, Johannes Kepler: Der Traum, oder: Mond-Astronomie, Berlin 2011.

15 Pfeiffer 1982, 144–70, 187–90.

16 Zu Masen siehe B. Bauer, Jesuitische «ars rhetorica» im Zeitalter der Glaubenskämpfe, Frankfurt a. M. 1986, 319–545. Weitere Beispiele für die Literaturdidaktik und -theorie der Zeit bietet der Thesaurus-Bereich von CAMENA unter *Poetica* und *Grammatica; Rhetorica*.

17 Wesel 2001, 368–75.

18 BENLW 649–63.

19 W. Molesworth, Thomae Hobbes Malmesburiensis opera philosophica quae Latine scripsit (5 Bde.), London 1839–45.

20 Leibniz' sämtliche Schriften erscheinen seit 1923 in der sogenannten Akademie-Ausgabe, die unter *http://www.leibnizedition.de/startseite.html* (24.8.2015) teilweise online zugänglich ist.

4. Die Aufklärung (18. Jahrhundert)

1 Zur Situation des Lateinischen im 18. Jahrhundert vgl. Stroh 2007, 228–48.

2 Zitiert nach BENLW 895 bzw. Krebs 2005, 368.

3 Zum Verhältnis zwischen Latein und Aufklärung BENLW 1016–19; die genannten Beispiele dort 1016–17.

4 Zum Unterrichtswesen der Aufklärung im deutschen Sprachraum siehe Paulsen 1919–21, Bd. 1, 465–Bd. 2, 188.

5 Hodermann 1891.

6 Burke 2004, 85–88.

7 Leonhardt 2009, 231–44; J. Leonhardt, Latein als Weltsprache und als Bildungssprache. Stationen eines Konflikts, in: Korenjak/Schaffenrath 2010, 247–58.

8 Die Prozentzahlen zum deutschen Buchmarkt verdanke ich einem mittlerweile leider gelöschten Internetdokument des Wiener Historikers Karl Vocelka: Stichworte zu «Geschichte des Lesens», 5–6.

9 BENLW 882–83.

10 G. Grimm, Die Schulreform Maria Theresias 1747–1775, Frankfurt a. M. 1987, 258–60.

11 Dies geht aus der Datenbank hervor, auf der die TL basiert.

12 G. Almási/L. Šubarić (Hg.), Latin at the Crossroads of Identity. The Evolution of Linguistic Nationalism in the Kingdom of Hungary, Leiden/Boston 2015.

13 Pétursson 1995, 121–22.

14 Siehe A. Laird, The Epic of America: an Introduction to Rafael Landívar and the Rusticatio Mexicana, London 2006, mit Überblick über die lateinische Literatur in Mexiko generell (9–30).

15 Siehe Campanelli/Ottaviani 2007; M. Campanelli, Settecento latino II, L'Ellisse 3 (2008) 85–110; ders., Settecento latino III, L'Ellisse 8 (2013) 159–96. Die Artikelserie wird noch fortgesetzt.

16 Einen Überblick über die neulateinische Literatur nach 1700 gibt unter dem ominösen Titel «The Twilight Years» BENLW 865–903 (Dichtung: 865–78, Prosa: 879–903).

17 Rosenberg 1990, v. a. 38–39.

18 H. Aili, Sweden, in: Skafte Jensen 1995, 129–58, hier 155.

19 Claus' Stücke wurden zum Ende des jesuitischen Schuljahres im September aufgeführt. Zur Situation in Innsbruck siehe TL 680–81.

20 Siehe zusätzlich zu den S. 261 Anm. 18 genannten Titeln Haskell 2003. Edition von Zamagnas *Navis aëria*: D. Bitzel, Bernardo Zamagna: Navis aëria: eine Metamorphose des Lehrgedichts im Zeichen des technischen Fortschritts, Frankfurt a. M. u. a. 1997.

21 Die Informationen zur Satire im Italien des 18. Jahrhunderts verdanke ich einem bisher unveröffentlichten Vortrag von Maurizio Campanelli (Innsbruck, 29.10.2013). Zur neulateinischen Verssatire generell BENLW 413–23.

22 Zum *Iter subterraneum* siehe zuletzt K. Skovgaard-Petersen, The Interplay with Roman Literature in Ludvig Holberg's Iter Subterraneum, und S. Galson, A Missive from the Mole: Holberg on How to Read the Iter Subterraneum, beide in: Tilg/Walser 2013, 185–92 bzw. 193–207. Die Kenntnis des *Leopoldus II.* verdanke ich einem unpublizierten Vortrag von Jonathan Meyer (Innsbruck, 24.3.2014). Auf dem Rákos-Feld (Rákos-mező) vor den Toren von Pest wurden traditionell die ungarischen Könige gewählt.

23 Die verbreitete Vorstellung, er habe das letztgenannte Werk gegen Ende seines Lebens ins Italienische übersetzt, stimmt so nicht: Die *Dissertazioni sopra le Antichità italiane* (5 Bde., 1751) sind vielmehr eine Kurzfassung (Campanelli/Ottaviani 2007, 100).

24 BENLW 1183–84.

25 D. N. Hasse, Georg Christoph Lichtenberg: Observationes. Die lateinischen Schriften, Göttingen 1997, 142–203.

26 Eine instruktive Sammlung akademischer Reden ist G. H. Saalfrank, Orationes Latinae e doctissimorum eorumque eloquentissimorum virorum saeculo XVI. XVII. XVIII. et XIX. florentium scriptis selectae et iuventuti studiosae propositae, Regensburg 1822. Einen Querschnitt auch durch andere Gattungen der Beredsamkeit bietet TL 701–25, 941–52.

5. Die Moderne (1800 bis heute)

1 Siehe Stroh 2007, 249–315. Der Schwerpunkt der sprachsoziologischen Darstellung von Waquet 1998 liegt ebenfalls auf dem 19. und 20. Jahrhundert.

2 Speziell zu Deutschland siehe etwa Ch. Berg (Hg.), Handbuch der deutschen Bildungsgeschichte. Band IV: 1870–1918. Von der Reichsgründung bis zum Ende des Ersten Weltkriegs, München 1991, 228–78; W. Rudowicz, Die Entwicklung der realen Bildung in Deutschland vom Beginn der Neuzeit bis zum Ende des II. Weltkrieges, Essen 1992, 71–102.

3 W. Ebel, Jacob Grimm: De desiderio patriae. Antrittsrede an der Göttinger Universität, gehalten am 13. November 1830. Faksimile-Ausgabe mit Übersetzung und einem Nachwort, Kassel 1967, 6–7.

4 Stroh 2007, 294–300; BENLW 84–86, 1014–16.

5 Für einen regionalen Querschnitt durch dieses Schrifttum ab dem späten 18. Jahrhundert siehe TL 998–1022, 1109–48.

6 BENLW 933–35. Das wichtigste einschlägige Handbuch ist W. Th. Stearn, Botanical Latin. History, Grammar, Syntax, Terminology and Vocabulary, London ^{4}1992. Zur Abschaffung des Lateinzwangs für Erstbeschreibungen siehe *http://www.sciencedaily.com/releases/2011/12/111221211332.htm* (24.8.2015).

7 Einen Überblick bietet BENLW 994–1007. Aus einer Reihe von Sammlungen zu

einzelnen Städten sei hervorgehoben K. Bartels, Roms sprechende Steine. Inschriften aus zwei Jahrtausenden, Zürich/Mainz 2000.

8 CNLS, Bd. 2, 374–76.

9 H. Krüssel, Napoleo Latinitate vestitus. Napoleon Bonaparte in lateinischen Dichtungen vom Ende des 18. Jahrhunderts bis zum Beginn des 20. Jahrhunderts, Hildesheim u. a. 2011 ff.

10 R. G. Czapla, Der Rhein als Bühne des technischen Fortschritts. August Wilhelm von Schlegels Elegie auf die Dampfschifffahrt des Preußenkönigs Friedrich Wilhelm III., in: U. Eigler/C. Cardelle de Hartmann (Hg.), Latein am Rhein, Berlin/Boston 2015 (im Erscheinen).

11 Moderne Ausgabe von Landors lateinischen Gedichten: D. F. Sutton, The Complete Latin Poetry of Walter Savage Landor, Lewiston u. a. 1999. Einen Überblick bietet A. Kelly, The Latin Poetry of Walter Savage Landor, in: J. W. Binns (Hg.), The Latin Poetry of the English Poets, London/Boston 1974, 150–93.

12 Vgl. C. Saminadayar-Perrin, Baudelaire poète latin, Romantisme 113 (2001) 87–113. Baudelaires lateinische Schultexte finden sich bei C. Pichois, Charles Baudelaire: Œuvres complètes, Bd. 1, Paris 1975. Zur Masse an lateinischer Dichtung, die im Frankreich des 19. Jahrhunderts produziert wurde, siehe R. Jalabart/D. Sacré, Bibliographie intermédiaire des poètes et versificateurs latins en France au XIXe siècle, HLov 59 (2010) 223–304.

13 Zur lateinischen Dichtung im Italien der Moderne siehe generell Giustiniani 1979 (Manzoni: 57–59; Leo XIII.: 55–57; Pascoli: 64–70, 90–91). Die lateinischen Aufsätze und Gedichte des acht- bis zwölfjährigen Leopardi finden sich bei M. Corti, Giacomo Leopardi: Tutti gli scritti. Inediti, rari e editi 1809–1810, Mailand 1972. Die lateinischen Gedichte Leos XIII. wurden von J. Bach, Leonis XIII P. M. carmina, inscriptiones, numismata, Köln 1903, diejenigen Pascolis zuletzt von A. Carbonetto, La poesia latina di Giovanni Pascoli, Mailand 1996 herausgegeben. Zu Pascolis Nachwirkung erfährt man viel bei V. Fera u. a. (Hg.), La poesia latina nell'area dello Stretto fra Ottocento e Novecento: Atti del convegno di Messina, 20–21 ottobre 2000, Messina 2006 (siehe das Register unter «Pascoli»).

14 BENLW 1091–96.

15 Zur lateinischen Dichtung des 20. Jahrhunderts vgl. D. Sacré u. a. (Hg.), Musae saeculi XX Latinae – Acta selecta Conventus ... in Urbe Romae in Academia Belgica anno MMI habiti, Brüssel/Rom 2006.

16 Giustiniani 1979, 6–7, 99–108 (Liste der Preisträger).

17 Vgl. Dubielzig 2003. Zum Textbeispiel: «Thybris» ist in Wirklichkeit eine geläufige poetische Variante des Flussnamens. ψιλός (*psilós*, «kahl», «bloß») spielt auf den Buchstabennamen «Ypsilon» an.

18 Anthologie: D. Sacré/M. Smets (Hg.), Tonight They All Dance. 92 Latin & English Haiku, Wauconda, Illinois 1999.

19 Vgl. TL 1107–08.

20 Sie finden sich gesammelt in D. Gibson u. a. (Hg.), Thomas Gray, Elegy in a Country Churchyard. Latin Translations, 1762–2001, Orptington 2008.

21 «Brusselen», ein vom Namen der in mancher Hinsicht als kompliziert empfundenen Hauptstadt Belgiens abgeleitetes Wort, bedeutet etwa «sich durchwursteln». Die deutsche Übersetzung stammt wie die lateinische aus dem Internet.

22 Neulateinische Dichtung «ist zwar nicht volkstümlich, dafür braucht sie aber auch nicht mit dem Beifall der Massen zu rechnen und sich von ihm leiten zu lassen. … Der lateinische Dichter der Gegenwart ist … frei und unabhängig» (zitiert nach Dubielzig 2001, 857).

TEIL II: BEDEUTUNG

1. Am Anfang war die Bildung: Pädagogik und Didaktik

1 Vgl. zum Folgenden generell Paulsen 1919–21; Garin 1966 und 1967; M. Fuhrmann, Latein und Europa. Geschichte des gelehrten Unterrichts in Deutschland von Karl dem Großen bis Wilhelm II., Köln 2001, v. a. 29–73; BENLW 55–61. Zur Schulferne der Frühhumanisten Rizzo 2002, 145–47.
2 Brunis Bericht hierüber ist abgedruckt bei Garin 1966, 161–63.
3 Siehe Garin 1966, 33–43.
4 Siehe dazu die klassische Studie von Ariès 1975, v. a. 221–466 zum Schulleben.
5 Ausgabe mit deutscher Übersetzung: G. von der Gönna, Pico della Mirandola: De hominis dignitate. Über die Würde des Menschen, Stuttgart 1997 (das Zitat dort 8).
6 *De pueris instituendis* (D'Ascia 2010, 72).
7 A. Buck, Die «studia humanitatis» im italienischen Humanismus, in: W. Reinhard (Hg.), Humanismus im Bildungswesen des 15. und 16. Jahrhunderts, Weinheim 1984, 11–24; weitere Literatur bei Rizzo 2002, 143.
8 Siehe etwa Apel 1980, v. a. 159–81; die Kerngedanken auch zum Beispiel bei Guillaume Budé, *De studio literarum recte instituendo* («Wie man sich richtig um Gelehrsamkeit bemüht», 1532), Bl. IX^{r-v} (zitiert bei Garin 1966, 263–64).
9 Vgl. etwa K. Jensen, The Humanist Reform of Latin and Latin Teaching, in: Kraye 1996, 63–81.
10 CNLS, Bd. 2, 301–02.
11 Vergerios Traktat und drei Schriften in seiner Nachfolge (von Leonardo Bruni, Enea Silvio Piccolomini und Battista Guarino) sind mit Einleitung, englischer Übersetzung und Anmerkungen von C. W. Kallendorf, Humanist Educational Treatises, Cambridge, Mass. 2002 herausgegeben.
12 Im Folgenden wird nach den Seitenzahlen der Ausgabe D'Ascia 2010 zitiert.
13 Zur Prügelstrafe in der Schule der frühen Neuzeit siehe Ariès 1975, 369–80.
14 Siehe R. Vormbaum, Die evangelischen Schulordnungen (3 Bde.), Gütersloh 1860; vgl. Paulsen 1919–21, Bd. 1, 276–325.
15 Ausgabe: Lukács 1986. Erläuterungen: B. Duhr, Die Studienordnung der Gesellschaft Jesu. Mit einer Einleitung, Freiburg i. B. 1896 (mit deutscher Übersetzung der *Ratio* samt den Änderungen der Neufassung von 1832); Duhr 1907–13, Bd. 1, 280–89; Paulsen 1919–21, Bd. 1, 387–443.
16 Zum lateinischen Schulbuch der frühen Neuzeit siehe generell Leonhardt 1997.
17 Siehe K. Jensen, Die lateinische Grammatik Melanchthons: Hintergrund und Nachleben, in: Leonhardt 1997, 59–99; Ax 2001 (wo auch einige andere Arten von Lehrbüchern einbezogen werden).

18 Tatsächlich setzte die Polemik gegen die Modisten schon im frühen 14. Jahrhundert ein. Andererseits wurde die Tradition der philosophischen Grammatik auch in der frühen Neuzeit weitergeführt und befruchtete letztlich die moderne Linguistik (G. A. Padley, Grammatical Theory in Western Europe 1500–1700: The Latin Tradition, Cambridge u. a. 1976; Ax 2001, 8–9 und die dort genannten Beiträge in diesem Sammelband), allerdings kaum mehr in didaktischer Absicht.

19 R. Black, Humanism and Education in Medieval and Renaissance Italy, Cambridge 2001; Rizzo 2002, 123–217.

20 *Lily's Grammar*, eine englisch-lateinische Kompilation, die in den 1540er-Jahren auf Geheiß Heinrichs VIII. zur Grundlage des Lateinunterrichts in England wurde und das bis weit ins 19. Jahrhundert hinein blieb, hat sich von dem berühmten Grammatiker nur den Namen geborgt. Siehe zu ihr und Lilys mehr oder weniger genuinen Werken H. Gwosdek, Lily's Grammar of Latin in English, Oxford 2013.

21 Vgl. Leonhardt 2009, 267–74.

22 Eine moderne Ausgabe der *Elegantiae* entsteht im Rahmen der italienischen Edizione nazionale Lorenzo Vallas. Bis zu ihrem Erscheinen muss man sich mit dem von E. Garin besorgten zweibändigen Nachdruck der 1540 in Basel erschienenen *Opera omnia* (Turin 1962) behelfen. Die programmatischen Einleitungen zu den einzelnen Büchern druckt Garin 1952, 594–631 ab. Einen guten Überblick bietet W. Ax, Lorenzo Valla (1407–1457), Elegantiarum linguae Latinae libri sex (1449), in: Ax 2001, 29–57.

23 A. Bömer, Die lateinischen Schülergespräche der Humanisten. Auszüge mit Einleitungen, Anmerkungen und Namen- und Sachregister (2 Bde.), Berlin 1897–99 (mit Regesten aller behandelten Gespräche; zu antiken und mittelalterlichen Vorläufern Bd. 1, 5–7); M. Kraus, Zwischen ars und usus. Schülergespräche im Lateinunterricht des Humanismus, in: Korenjak/Schaffenrath 2010, 105–18. Eine reiche Textauswahl, in der sich auch das bald zu zitierende Beispiel findet, haben Angehörige des UK Institute for Latin Studies unter *http://www.stoa.org/colloquia/anglice.shtml* (24.8.2015) zugänglich gemacht.

24 Vgl. zum Folgenden Garin 1967, 21–30; Waquet 1998, 157–82.

25 Siehe zu dieser Kritik im deutschen Sprachraum Kühlmann 1980.

26 Die Literatur zu Comenius als Erzieher ist uferlos, doch vieles davon beruht nicht mehr auf Kenntnis seiner vorwiegend lateinischen Werke. Ein Großteil dieser Werke, nicht aber der im Folgenden zu besprechende *Orbis sensualium pictus*, ist in den vierbändigen *Opera didactica omnia*, Amsterdam 1657 (Nachdruck Prag 1957) gesammelt. Moderne Auswahl in Nachdrucken: D. Tschižewskij/K. Schaller, Johann Amos Comenius: Ausgewählte Werke (3 Bde.), Hildesheim/New York 1997–2001. Gesamtausgabe der Tschechischen Akademie in geplanten 60 Bänden: *Opera omnia*, Prag 1969 ff. Eine gute Überblicksdarstellung bietet K. Schaller, Die Pädagogik des Jan Amos Comenius und die Anfänge des pädagogischen Realismus im 17. Jahrhundert, Heidelberg 1962 (speziell zum *Orbis pictus* siehe dort 322–36), einen Abriss neueren Datums ders., Jan Amos Comenius. Ein pädagogisches Porträt, Weinheim 2004.

27 Das heißt nicht, dass Latein nicht auch noch im 18. Jahrhundert eine wichtige Rolle in der pädagogischen und didaktischen Literatur gespielt hätte (von der Unterrichtspraxis ganz zu schweigen). So publizierte etwa Stanisław Konarski

(1700–73), die dominierende Gestalt des polnischen Erziehungswesens zur Zeit der Aufklärung, noch zu einem guten Teil auf Latein. Vom *Elementarwerk* des Philanthropen Johann Bernhard Basedow (1724–90) erschien nahezu zeitgleich mit der deutschen Originalausgabe eine lateinische Übersetzung (*Operis elementaris pars prima*, 1774).

28 Zitiert nach O. G. Schmidt, Luther's Bekanntschaft mit den alten Classikern, Leipzig 1883, 3.

29 Der *Orbis pictus* gehört zu den nicht allzu zahlreichen Büchern, zu deren Ausgaben eine eigene Bibliographie existiert: K. Pilz, Die Ausgaben des Orbis Sensualium Pictus. Eine Bibliographie, Nürnberg 1967 beschreibt alle 245 Editionen, die bis zu diesem Zeitpunkt erschienen sind.

30 «Man hatte zu dieser Zeit noch keine Bibliotheken für Kinder veranstaltet. Die Alten hatten selbst noch kindliche Gesinnungen, und fanden es bequem, ihre eigene Bildung der Nachkommenschaft mitzuteilen. Außer dem *Orbis pictus* des Amos Comenius kam uns kein Buch dieser Art in die Hände ...» (*Dichtung und Wahrheit*, Buch 1).

31 Siehe K. Schröder (Hg.), Fremdsprachenunterricht 1500–1800, Wiesbaden 1992.

2. Brücken schlagen: Übersetzung und Brief

1 Zur neulateinischen Übersetzungsliteratur siehe generell CNLS, Bd. 2, 488–501; DNP 15/3, 726–39, hier 726–30; BENLW 127–39. Zu Theorie und Praxis des lateinischen Übersetzens in der Antike mit Ausblicken bis in die Neuzeit Seele 1995; Bettini 2012. Von den genannten Termini sind die ersten drei antik, *traducere* (und in der Folge *tradurre*, *traduire* usw.) verdankt sich einem Missverständnis von Gellius, *Noctes Atticae* 1,8,1 durch Leonardo Bruni (Bettini 2012, VII–IX).

2 LMA 8, 1148–63, hier 1148–52. Alle lateinischen Übersetzungen griechischer Autoren bis 1600 soll dereinst der *Catalogus Translationum et Commentariorum*, Washington, DC 1960 ff. verzeichnen.

3 BENLW 1197.

4 Zu den antiken Wurzeln des übersetzerischen Wetteiferns (*aemulatio*) siehe Seele 1995, 10–11, 78–79.

5 Einen Überblick über wichtige frühneuzeitliche Übersetzungen aus dem Griechischen, sofern sie gedruckt wurden, bietet DNP, Supplementband 2. Eine aufschlussreiche Studie mit Schwerpunkt auf dem 14.–16. Jahrhundert, der viele der Informationen in diesem Abschnitt entnommen sind, ist Botley 2004.

6 Moderne Ausgabe mit italienischer Übersetzung: P. Viti, Opere letterarie e politiche di Leonardo Bruni, Turin 1996, 150–93.

7 Die Kenntnis von Humphreys *Interpretatio* verdanke ich einem Vortrag von Sheldon Brammall (Innsbruck, 10.3.2014). Das Zitat findet sich auf Bl. a3^{r} der *praefatio*. Der einzige andere frühneuzeitliche Übersetzungstraktat, der sich mit diesem Werk in Umfang und Reichweite einigermaßen vergleichen lässt, sind die *De interpretatione libri duo* («Zwei Bücher über das Übersetzen», 1661, ^{2}1680) des französischen Gelehrten Pierre-Daniel Huet, von besonderem Interesse aufgrund der ausführlichen Diskussion älterer und zeitgenössischer Bibelübersetzungen im zweiten Buch.

8 Burke 2007. Das Folgende basiert großteils auf seinen Angaben sowie auf der

älteren, aber noch materialreicheren Übersicht von W. L. Grant, European Vernacular Works in Latin Translation, Studies in the Renaissance 1 (1954) 120–56.

9 Einige Zahlen bietet BENLW 137–38 unter Verweis auf den *Renaissance Cultural Crossroads Online Catalogue of Translations in Britain 1473–1640* (*http://www.hrionline.ac.uk/rcc*, 24.8.2015).

10 N. Hartl, Die «Stultifera navis», Jakob Lochers Übertragung von Sebastian Brants «Narrenschiff» (2 Bde.), Münster 2001; siehe v. a. Bd. 1, 28–34.

11 Pétursson 1995, 123–26.

12 Siehe BENLW 282.

13 Diese Liste stützt sich neben Burke 2007 auf CNLS, Bd. 2, 493–94, Helander 2001, 8 und Thurn 2012, 339–42.

14 Einige Fallbeispiele, darunter auch die gleich zu besprechenden, diskutiert R. F. Glei, Neo-Latin as a Meta-Language, HLov 63 (2014) 3–25.

15 Die Schriften des Konfuzius sind streng genommen keine heiligen Texte, da der Konfuzianismus keine Religion ist. Ihr Stellenwert in der chinesischen Kultur ist aber durchaus mit der Bedeutung der heiligen Texte für die großen Buchreligionen vergleichbar.

16 Vgl. zu den folgenden Absätzen A. Hamilton, Humanists and the Bible, in: Kraye 1996, 100–17; Botley 2004, 82–163 (das Zitat zu Erasmus' *Novum Testamentum* dort 115); E. Rummel (Hg.), Biblical Humanism and Scholasticism in the Age of Erasmus, Leiden 2008.

17 Zu den mittellateinischen Übersetzungen des Koran vgl. Th. E. Burman, Reading the Qur'an in Latin Christendom, 1140–1560, Philadelphia 2009 und R. F. Glei (Hg.), Frühe Koranübersetzungen. Europäische und außereuropäische Fallstudien, Trier 2012 (wo auch solche in andere Sprachen diskutiert werden), zu Marracci M. Borrmans, Ludovico Marracci et sa traduction latine du Coran, Islamochristiana 28 (2002) 73–86.

18 Albrecht 1985, X–XXII. Einen allgemeiner gehaltenen Überblick über die Beziehungen zwischen China und dem Westen in der frühen Neuzeit gibt D. E. Mungello, The Great Encounter of China and the West, 1500–1800, Lanham u. a. [3]2013.

19 Ein Nachdruck des Werkes mit Einleitung von Henrik Jäger ist 2011 in Hildesheim erschienen.

20 Ausgabe: Albrecht 1985 (das Zitat dort 26–28). Albrechts Einleitung rekonstruiert minutiös Entstehungs- und Rezeptionsgeschichte der Rede und geht nicht zuletzt auf die Rolle der *Libri classici sex* und des *Confucius* ein (XX–XXVIII, LIII–LXII).

21 Einen konzisen Überblick über die Geschichte des Briefs und der Brieftheorie bis zum Beginn der Neuzeit bietet Smolak 2006, IX–XXXIII.

22 Detaillierte Informationen (unter Einschluss der Volkssprachen) bieten etwa LMA 2, 648–82, DNP 13, 545–51 und HWRh 1, 1040–46.

23 Siehe zum humanistischen und zum neulateinischen Brief generell CNLS, Bd. 2, 218–28; H. Nellen, La correspondence savante au XVIIe siècle, XVIIe siècle 45 (1993) 87–98; T. van Houdt u. a. (Hg.), Self-Presentation and Social Identification. The Rhetoric and Pragmatics of Letter Writing in Early Modern Times, Löwen 2002; BENLW 335–49; OHNL 167–82. Hilfreich auch der Überblick über verschiedene Gelehrtenbriefwechsel bei Stuber u. a. 2005, 31–48. Anthologie: F. F. Blok, Seventy-Seven Neo-Latin Letters, Groningen 1985.

24 Bedenkenswerte Argumente dafür, dass Petrarca auch Ciceros *Epistolae ad familiares* schon 1345 gefunden haben könnte, bietet B. Kytzler, Petrarca, Cicero und Caesar, in: H. Meller/H.-J. Zimmermann (Hg.), Lebende Antike. Symposion für Rudolf Sühnel, Berlin 1967, 111–19.

25 Standardausgabe: V. Rossi, Edizione nazionale delle Opere di Francesco Petrarca: I Familiari (4 Bde.), Florenz 1933–42. Deutsche Übersetzung mit Anmerkungen: B. Widmer, Francesco Petrarca: Familiaria. Bücher der Vertraulichkeiten (2 Bde.), Berlin/New York 2005–09.

26 Gekürzte Ausgabe mit Einleitung: Smolak 2006. Zu den humanistischen Lehrbüchern des Briefschreibens im Allgemeinen Mack 2011, 228–56.

27 Ausgabe der Briefe des Erasmus: Allen u. a. 1906–58. Melanchthon: H. Scheible u. a., Melanchthons Briefwechsel, Stuttgart/Bad Cannstatt 1977 ff. Bullinger: Heinrich Bullinger: Werke. Zweite Abteilung: Briefwechsel, Zürich 1974 ff. Lipsius: Iusti Lipsi Epistolae, Brüssel 1978 ff. Zu frühneuzeitlichen Briefsammlungen BENLW 1028–34.

28 Krebs 2005, 365.

29 Siehe zuletzt D. van Miert (Hg.), Communicating Observations in Early Modern Letters (1500–1675). Epistolography and Epistemology in the Age of the Scientific Revolution, London/Turin 2013.

30 Oldenburgs Briefwechsel ist veröffentlicht und übersetzt bei A. R. Hall/M. B. Boas Hall, The Correspondence of Henry Oldenburg (13 Bde.), Madison, Wisconsin u. a. 1965–86. Die Briefe von Leibniz, die seit 1923 als Reihen I–III der Akademie-Ausgabe (I: Allgemeiner, politischer und historischer Briefwechsel, II: Philosophischer Briefwechsel, III: Mathematischer, naturwissenschaftlicher und technischer Briefwechsel) erscheinen, sind teilweise im Internet zugänglich (*http://www.leibnizedition.de/startseite.html*, 24.8.2015); vgl. dazu G. Utermöhlen, Der Briefwechsel des Gottfried Wilhelm Leibniz – die umfangreichste Korrespondenz des 17. Jh. und der ‹république des lettres›, in: W. Frühwald u. a. (Hg.), Probleme der Briefedition, Bonn u. a. 1977, 87–105. Linnés Korrespondenz wird seit 1995 im Rahmen des Projekts *The Linnaean Correspondence* online publiziert (*http://linnaeus.c18.net/Letters/*, 24.8.2015).

31 U. Boschung u. a. (Hg.), Repertorium zu Albrecht von Hallers Korrespondenz 1724–1777, Basel 2002; Stuber u. a. 2005 (siehe in diesem Band v. a. Krebs 2005).

32 Das Verhältnis ist für Briefwechsel dieser Zeit nicht ungewöhnlich. Wie viele Korrespondenten bewahrte Haller zwar eingehende Schreiben seiner Briefpartner auf, sodass sie in seinem Nachlass vereinigt blieben, fertigte aber keine Kopien seiner eigenen Briefe an, die deshalb weit verstreut und zum größten Teil verloren sind.

33 Der Briefwechsel mit Johann Georg Gmelin ist ediert bei D. Krebs, Die lateinische Korrespondenz zwischen Albrecht von Haller und Johann Georg Gmelin 1743–1755, Diss. Bern 2008 (das zitierte Beispiel dort als Nr. 20, S. 70–71; Übersetzung nach Krebs, stellenweise leicht geändert).

34 Siegesbeck: der in St. Petersburg tätige Arzt und Botaniker Johann Georg Siegesbeck (1686–1755). Schreiber: der Anatom, Arzt und Chirurg Johann Friedrich Schreiber (1705–60), der Überbringer des Briefes.

3. Verborum dulcedo: *schöne Literatur*

1 Zitiert nach CNLS, Bd. 1, 47.

2 Zur Geschichte des Realismus siehe E. Auerbach, Mimesis. Dargestellte Wirklichkeit in der abendländischen Literatur, Bern [9]1994.

3 Zur frühneuzeitlichen Poetik im Allgemeinen siehe H. F. Plett (Hg.), Renaissance-Poetik/Renaissance Poetics, Berlin/New York 1994, zur *imitatio* in Antike und Renaissance oben S. 36–44. Die *aemulatio* war den Humanisten in erster Linie aus Quintilian geläufig (siehe etwa McLaughlin 1995, 243 und sein Register unter «*aemulatio*»).

4 Sachlich wurden die Positionen der *Querelle* schon in der italienischen Renaissance vorweggenommen: siehe Garin 1966, 21–22, 73 Anm. 12, 137–41 (Brief von Coluccio Salutati an Poggio Bracciolini, in dem er sich dafür rechtfertigt, Petrarca über die antiken Schriftsteller erhoben zu haben).

5 Nichols 1979, 14–26; G. W. Pigman III., Neo-Latin Imitation of the Latin Classics, in: P. Godman/O. Murray (Hg.), Latin Poetry and the Classical Tradition: Essays in Medieval and Renaissance Literature, Oxford u. a. 1990, 199–210; CNLS, Bd. 2, 1–9.

6 Dichterkrönungen und Benennungen nach antiken Vorbildern generell: Flood 2006; CNLS, Bd. 1, 32–33. Balde als wiedererstandener Quintilian: Westermayer 1868, 57.

7 Während man die *Aeneis* in der frühen Neuzeit als epische Augustus-Panegyrik ansah, geht man heute davon aus, dass sie den Prinzeps durchaus differenziert betrachtet und dass ihre Interessen weit über seine Person hinausgehen.

8 Gaisser 1993, 193–254.

9 St. Tilg, Neo-Latin Anacreontic Poetry: Its Shape(s) and Its Significance, in: M. Baumbach/N. Dümmler (Hg.), Imitate Anacreon! Mimesis, Poiesis and the Poetic Inspiration in the Carmina Anacreontea, Berlin 2014, 163–97.

10 Zu den verschiedenen Stilrichtungen der neulateinischen Prosa generell siehe CNLS, Bd. 2, 412–19. Apuleianismus: J. D'Amico, The Progress of Renaissance Latin Prose: The Case of Apuleianism, Renaissance Quarterly 37 (1984) 351–92; Vallas Urteil über die Apuleianer steht in seinen kritischen Anmerkungen zu einer Enzyklopädie des Humanisten Antonio da Rho, die häufig im Anschluss an die *Elegantiae* gedruckt wurden, so zum Beispiel in der Ausgabe Straßburg 1512; siehe dort Bl. XIV^{v}. Senecanismus: HWRh 8, 826–41, v. a. 831–37.

11 Die beste Zusammenfassung der antiken Einsichten zur *imitatio* bietet Quintilian, *Institutio* 10,2. Farb- und Verdauungsmetaphorik verwenden etwa der griechische Stiltheoretiker Hermogenes (2. Jahrhundert n. Chr.) und seine Kommentatoren (U. Lempp, Hermogenes: Stil-Lehre. Eingeleitet, übersetzt und erläutert, Stuttgart 2012, XX).

12 Ausgabe des Gedichtbuchs mit Übersetzung und Kommentar: Kühlmann/Seidel/Wiegand u. a. 1997, 395–455, 1182–1214. – Micyllus: Lotichius' ehemaliger Lehrer, der Humanist Jakob Micyllus (1503–58). «Mänalisch» heißt «arkadisch»; in der antiken Mythologie gilt der Große Bär als die arkadische Königstochter Kallisto, die nach einer Affäre mit Jupiter in eine Bärin verwandelt und später an den Himmel versetzt wurde. Mit den antiken Vandalen, die 455 Rom plünderten, identifiziert Lotichius hier die Wenden (Elbslawen).

13 Nachdruck von Alciatos *Emblematum liber*: Hildesheim 1977 u. ö. Zum neulateinischen Emblem generell: K. E. A. Enenkel/A. S. Q. Visser (Hg.), Mundus emblematicus. Studies in Neo-Latin Emblem Books, Turnhout 2003. Knapper Überblick mit neuerer Literatur: CNLS, Bd. 2, 119–22; BENLW 968–70. Über die Sprachgrenzen hinweg hat sich die Emblemforschung in den letzten Jahrzehnten zu einer eigenen Disziplin mit wissenschaftlichen Gesellschaften, Kongressen usw. gemausert; siehe zum Beispiel P. M. Daly (Hg.), Companion to Emblem Studies, New York 2008.

14 Monographisches Standardwerk: J.-M. Valentin, Le théâtre des Jésuites dans les pays de langue allemande (1554–1680). Salut des âmes et ordre des cités (3 Bde.), Bern u. a. 1978. Repertorium der Stücke: J.-M. Valentin, Le théâtre des Jésuites dans les pays de langue allemande. Répertoire chronologique des pièces représentées et des documents conservés (1555–1773) (2 Bde.), Stuttgart 1983–84. Periochen-Ausgabe: E. M. Szarota, Das Jesuitendrama im deutschen Sprachgebiet. Eine Periochen-Edition (4 Bde.), München 1979–87. Zusammenfassende Information und neuere Literatur: F. Rädle, Jesuit Theatre in Germany, Austria and Switzerland, in: Bloemendal/Norland 2013, 185–292. Alle genannten Titel konzentrieren sich auf den deutschen Sprachraum, immerhin das in diesem Zusammenhang wohl wichtigste Gebiet. Einen Überblick über die vielfältigen Formen des neulateinischen Dramas generell bieten Bloemendal/Norland 2013, Ph. Ford/A. Taylor (Hg.), The Early Modern Cultures of Neo-Latin Drama, Löwen 2013 sowie, knapp zusammenfassend, OHNL 87–117.

15 Zur Geschichte der Utopie generell siehe etwa Th. Schölderle, Geschichte der Utopie. Eine Einführung, Köln u. a. 2012, zur frühneuzeitlichen Utopie R. Saage, Utopische Profile. Bd. 1: Renaissance und Reformation, Münster 2001 (beide mit Analysen von Morus, Campanella, Andreae, Bacon). Einen Überblick über das runde Dutzend derzeit bekannter neulateinischer Werke geben B. Kytzler, Neulateinische Utopien, in: J. C. Margolin (Hg.), Acta Conventus Neo-Latini Turonensis, Paris 1980, 729–40 und W. Berschin, Neulateinische Utopien im Alten Reich (1551–1741), in: ders., Mittellateinische Studien, Heidelberg 2005, 377–87. Zur komplizierten Entstehungs- und Druckgeschichte der *Nova Atlantis* – englische und lateinische Version von Bacon um 1623 verfasst, englischer bzw. lateinischer Erstdruck 1626/27 und 1638 – siehe T. Licht, Zu Entstehung und Überlieferung der Nova Atlantis des Francis Bacon anläßlich ihrer Neuausgabe (Mailand 1996), in: H. Wiegand (Hg.), Strenae nataliciae. Neulateinische Studien, Wilhelm Kühlmann zum 60. Geburtstag, Heidelberg 2006, 113–26.

16 Text, Übersetzung und Kommentar: N. Thurn, Drei neapolitanische Humanisten über die Liebe. Lateinisch und deutsch und mit Anmerkungen versehen, St. Katharinen 2002, 72–181, 317–62. Zur von Pontano eingeführten Ehethematik in der neulateinischen Liebeselegie generell CNLS, Bd. 2, 81–82.

17 Ch. Taylor, Quellen des Selbst. Die Entstehung der neuzeitlichen Identität. Übersetzt von J. Schulte, Frankfurt a. M. 1994, 513–21; M. Kessel, Individuum/Familie/Gesellschaft: Neuzeit, in: Dinzelbacher 2008, 44–59, v. a. 50–54.

18 Eine schöne Interpretation bietet L. Spitzer, The Problem of Latin Renaissance Poetry, Studies in the Renaissance 2 (1955) 118–38, hier 131–35.

4. Geschichte, Geschichtsschreibung, Geschichtsbild

1 Zu Geschichte und Geschichtsschreibung in der frühen Neuzeit im Allgemeinen siehe etwa E. Fueter, Geschichte der neueren Historiographie, München/Berlin ³1936; Hay 1977; M. Gross, Von der Antike bis zur Postmoderne. Die zeitgenössische Geschichtsschreibung und ihre Wurzeln, Wien u. a. 1998, 58–84 (angenehm zu lesen, aber manches verkürzend); Rabasa u. a. 2012. Speziell zur italienischen Renaissance E. W. Cochrane, Historians and Historiography in the Italian Renaissance, Chicago u. a. 1981. Zahlreiche Quellen bietet CAMENA unter *Historica et Politica.*

2 *De studiis et litteris liber* («Buch über die Studien und die Bildung»), zitiert nach Garin 1966, 180.

3 Die Vorreiterrolle der lateinischen Historiographie in der frühen Neuzeit betont etwa Hay 1977. Einen Überblick über die wichtigsten Texte vermitteln CNLS, Bd. 2, 180–99, BENLW 363–75, OHNL 151–66 und v. a. die Kapitel zu den einzelnen europäischen Ländern und Regionen in Rabasa u. a. 2012.

4 I. Backus, Historical Method and Confessional Identity in the Era of the Reformation (1378–1615), Leiden/Boston 2003; K. van Liere u. a. (Hg.), Sacred History. Uses of the Christian Past in the Renaissance World, Oxford 2012.

5 Zur Hofhistoriographie am Beispiel des katholischen Reichsteils ausführlich St. Benz, Zwischen Tradition und Kritik. Katholische Geschichtsschreibung im barocken Heiligen Römischen Reich, Husum 2003, 280–524; speziell zu Balde Westermayer 1868, 148–73.

6 Das Zitat stammt aus der *praefatio* zum ersten Buch von *De remediis utriusque fortunae* («Heilmittel für Glück und Unglück», um 1360).

7 Zur Entwicklung von Geschichtsbegriff und Geschichtsverständnis im Allgemeinen siehe GG 2, 593–717; R. Koselleck, Vergangene Zukunft. Zur Semantik geschichtlicher Zeiten, Frankfurt a. M. 1992; P. Dinzelbacher, Zeit/Geschichte: Neuzeit, in: Dinzelbacher 2008, 748–63, v. a. 755–62.

8 Zur theologischen Gliederung der Geschichte und ihrer Ersetzung durch die drei Epochen Antike, Mittelalter und Neuzeit siehe etwa J. Voss, Das Mittelalter im historischen Denken Frankreichs, München 1972, v. a. 22–100, und besonders U. Neddermeyer, Das Mittelalter in der deutschen Historiographie vom 15. bis zum 18. Jahrhundert: Geschichtsgliederung und Epochenverständnis in der frühen Neuzeit, Köln u. a. 1988.

9 Überblicke über die Themen der beiden folgenden Abschnitte bieten A. Momigliano, Wege in die Alte Welt. Mit einer Einführung von K. Christ. Übersetzt von H. Günther, Berlin 1991, 79–107 sowie P. N. Miller, Major Trends in European Antiquarianism, Petrarch to Peiresc, und P. Burke, History, Myth, and Fiction: Doubts and Debates, beide in: Rabasa u. a. 2012, 244–60 bzw. 261–81.

10 *Italia illustrata*, 325D–326G (C. J. Castner, Biondo Flavio's Italia illustrata, 2 Bde., Binghamton, NY 2005, Bd. 2, 124–28); das nachfolgende Zitat 326E (126). Die beiden Schiffe konnten 1929/30 geborgen werden, wurden aber 1944 größtenteils durch Feuer zerstört. Reste und Modelle befinden sich heute im Museo delle Navi Romane bei Nemi.

11 Nachdruck des *Thesaurus*: Osnabrück 1968. Monographische Behandlung: A. Grafton, Joseph Scaliger. A Study in the History of Classical Scholarship (2 Bde.), Oxford 1983–93, Bd. 2.

12 Siehe DNP 14, 588–614, v. a. 600, sowie 15/1, 47–64, v. a. 58–59; I. di Stefano Manzella, Scipione Maffei e l'Ars critica lapidaria. Storia e struttura dell'opera, in: Nuovi studi Maffeiani. Atti del Convegno Scipione Maffei e il Museo Maffeiano, Verona 18–19 Novembre 1983, Verona 1985, 165–86.
13 Einen knappen Überblick über die Geschichte der Numismatik bietet M. Radnóti-Alföldi, Antike Numismatik. Teil I: Theorie und Praxis, Mainz 1978, 4–13 (das Zitat 13).
14 D. R. Kelley, Historia integra: François Baudouin and His Conception of History, Journal of the History of Ideas 25 (1964) 35–57.
15 Siehe Th. Lehr, Was nach der Sintflut wirklich geschah. Die Antiquitates des Annius von Viterbo und ihre Rezeption in Deutschland im 16. Jahrhundert, Frankfurt a. M. u. a. 2012, mit Annius' Berossostext im Anhang (368–83).
16 Zum engen Zusammenhang zwischen Fälscherunwesen und Quellenkritik siehe A. Grafton, Forgers and Critics: Creativity and Duplicity in Western Scholarship, London 1990.
17 Englische Übersetzung der *Methodus*: B. Reynolds, Jean Bodin: Method for the Easy Comprehension of History, New York 1945. Die Kriterien der Glaubwürdigkeit werden im vierten Kapitel des Werkes diskutiert.
18 Siehe Kap. 3 (S. xxxii–xli) mit dem Titel «Die Glaubwürdigkeit des in diesem Werk Berichteten»; die angeführten Beispiele dort in den §§ i und ii (S. xxxii–xxxvi). Zum Großunternehmen der *Acta Sanctorum* generell J. M. Sawilla, Antiquarianismus, Hagiographie und Historie im 17. Jahrhundert. Zum Werk der Bollandisten. Ein wissenschaftshistorischer Versuch, Tübingen 2009.
19 Zur Blüte der *artes historicae* um 1600 siehe F. von Bezold, Zur Entstehungsgeschichte der historischen Methodik, in: ders., Aus Mittelalter und Renaissance. Kulturgeschichtliche Studien, München/Berlin 1918, 362–83; A. Grafton, What Was History? The Art of History in the Early Modern Period, Cambridge 2007.
20 Monographie zum Werk mit Text im Anhang: Setz 1975. Text mit knappem Kommentar, nach dem im Folgenden zitiert wird: W. Setz, Laurentius Valla: De falso credita et ementita Constantini donatione, Weimar 1976.
21 Zitiert nach Setz 1975, 46.
22 Zur Geschichte der Diplomatik und Mabillons Platz darin siehe H. Bresslau, Handbuch der Urkundenlehre für Deutschland und Italien (2 Bde.), Leipzig/Berlin ^{2}1912–31, Bd. 1, 11–45, v. a. 25–28. – Aus *De re diplomatica* wird im Folgenden nach der zweiten Ausgabe von 1709 zitiert.
23 Vgl. zu diesem Abschnitt U. Muhlack, Geschichtswissenschaft im Humanismus und in der Aufklärung: die Vorgeschichte des Historismus, München 1991.

5. *Vom Glaubensstreit zur Toleranz: Religion*

1 Vgl. zu diesem Absatz S. 37, 53–54.
2 Zugang zu den Frankfurter Messkatalogen: S. 259 Anm. 18. Die Daten für Tirol entstammen der Datenbank des Projekts *Tyrolis Latina*, dessen Resultate im gleichnamigen Buch (TL) vorliegen.
3 A. Weckwerth, Lingua universalis, immutabilis, non vulgaris – Latein als theologische Wissenschaftssprache im 19. und 20. Jahrhundert, NlatJb 7 (2005) 257–81.

4 Eine knappe Übersicht über das religiöse Schrifttum der frühen Neuzeit bietet CNLS, Bd. 2, 288–97, eine etwas ausführlichere BENLW 721–88 (siehe v. a. 747–73).

5 Siehe CNLS, Bd. 2, 178–79; HWRh 3, 1496–1510, v. a. 1502–04, sowie 1510–21, v. a. 1517–19; Mack 2011, 257–78.

6 Zur spätantiken und mittelalterlichen Hagiographie siehe D. von der Nahmer, Die lateinische Heiligenvita. Eine Einführung in die lateinische Hagiographie, Darmstadt 1994. Ein Überblick über die neulateinische fehlt bisher; vgl. die knappen Bemerkungen in CNLS, Bd. 2, 210–11 und zu den zahlreichen, auch poetischen, Formen, die das Genre annehmen konnte, die Beispiele in TL 67–79, 123–24, 231–34, 412–17, 505–12, 552–54, 710, 750, 772–73, 826–28, 1081–88.

7 Faksimile der Erstausgabe samt ausführlicher Paraphrase und Kontextualisierung: A. Schnyder, Malleus maleficarum, von Heinrich Institoris (alias Kramer) unter Mithilfe Jakob Sprengers aufgrund der dämonologischen Tradition zusammengestellt (2 Bde.), Göppingen 1991–93. Deutsche Übersetzung mit Einleitung und Anmerkungen: G. Behringer u. a., Heinrich Kramer (Institoris): Der Hexenhammer. Malleus maleficarum, München [3]2003. Der Gerechtigkeit halber muss gesagt werden, dass im Hexenstreit der frühen Neuzeit auch Werke wie die *Cautio criminalis* («Strafrechtlicher Vorbehalt», 1631) des deutschen Jesuiten Friedrich Spee erschienen, der mit der Praxis der Hexenprozesse hart ins Gericht ging und zum Thema Folter denkwürdige Worte fand: «Mit Menschenblut spielt man nicht, und unsere Köpfe sind keine Bälle, mit denen man nach Belieben, leichthin und blindlings herumwerfen dürfte» (Dubium XXIX: … *in humano sanguine ludi non posse, nec capita nostra esse pilas, quas pro libitu leviter temereque iactare liceat* …). Zur Geschichte der Hexenprozesse im Allgemeinen W. Behringer, Hexen. Glaube – Verfolgung – Vermarktung, München 1998, 32–91.

8 H. Wolf, Index. Der Vatikan und die verbotenen Bücher, München [2]2006.

9 Wesel 2001, 315–19.

10 J. A. Schumpeter, History of Economic Analysis, New York 1955, 94–107 (das Zitat 97).

11 H.-G. Gadamer, Wahrheit und Methode. Grundzüge einer philosophischen Hermeneutik, Tübingen [3]1975, 162–65. Das Zitat stammt aus Luthers *Assertio*, seiner Rechtfertigung angesichts der päpstlichen Bannandrohungsbulle des Jahres 1520 (Weimarer Ausgabe, Schriften, Bd. 7, 97).

12 Zur Geschichte der Toleranzidee siehe GG 6, 445–605; J.Ch. Laursen/C. J. Nederman (Hg.), Beyond the Persecuting Society: Religious Toleration Before the Enlightenment, Philadelphia 1998. Quellensammlungen: H. R. Guggisberg, Religiöse Toleranz. Dokumente zur Geschichte einer Forderung, Stuttgart/Bad Cannstatt 1984; H. Schmidinger, Wege zur Toleranz. Geschichte einer europäischen Idee in Quellen, Darmstadt 2002.

13 Vgl. zum Folgenden R. F. Glei, Religious Dialogues and Trialogues in the Middle Ages. A Preliminary Essay, Medievalia et Humanistica 38 (2013) 21–36.

14 Ausgabe: R. Klibanski/H. Bascour, Nicolai de Cusa de pace fidei cum epistola ad Ioannem de Segobia, London 1956 (die Zitate dort Kap. 3,3, 7,10–11, 31,12–13, 51,5–6). Interpretation: K. Flasch, Nikolaus von Kues. Geschichte einer Entwicklung, Frankfurt a. M. 1998, 330–82.

15 Eine englische Übersetzung mit Anmerkungen bietet E. Kearns, On Mending the

Peace of the Church / De sarcienda ecclesiae concordia, in: D. Baker-Smith (Hg.), Erasmus: Enarratio Psalmi 38. De sarcienda ecclesiae concordia. Enarratio psalmi 14 qui est de puritate tabernaculi sive ecclesiae Christianae, Toronto 2010, 125–216; die beiden im Folgenden gegebenen Zitate dort 135 und 206.

16 Erstausgabe: L. Noack, Colloquium heptaplomeres, Schwerin 1857. Englische Übersetzung: M. L. D. Kuntz, Colloquium of the Seven About Secrets of the Sublime, Princeton 1975. Über die Kontroverse um Bodins Autorschaft informiert die *Stanford Encyclopedia of Philosophy* unter «Jean Bodin» (*http://plato.stanford.edu/entries/bodin/*, 24.8.2015), Kap. 6.2.

17 Zu Person und Werk Castellios siehe H. R. Guggisberg, Sebastian Castellio, 1515–1563. Humanist und Verteidiger der religiösen Toleranz im konfessionellen Zeitalter, Göttingen 1997; LVL, Bd. 1, 497–511. Faksimile der Originalausgabe von *De haereticis* mit Einleitung: S. van der Woude, Sébastien Castellion: De haereticis an sint persequendi, Genf 1954 (die im Folgenden gegebenen Zitate dort 19 und 28). Englische Übersetzung: R. H. Bainton, Concerning Heretics, Whether They Are to Be Persecuted and How They Are to Be Treated … An Anonymous Work Attributed to Sebastian Castellio …, New York 1935. Französische Übersetzung von *Contra libellum*: É. Barilier, Sébastien Castellion: Contre le libelle de Calvin après la mort de Michel Servet, Genf 1998 (Zitat in § 77).

18 Ausgabe mit Einleitung, englischer Übersetzung, Anmerkungen: R. Klibanski/J. W. Gough, John Locke: Epistola de Tolerantia. A Letter on Toleration, Oxford 1968; die zitierten und paraphrasierten Passagen dort 58, 64, 70–72, 78, 98–100, 102, 104, 112–14, 120, 134.

6. Zwischen Staatsräson und Utopie: Politik

1 Eine bündige Zusammenfassung und Analyse der Entwicklung bietet W. Reinhard, Geschichte des modernen Staates: von den Anfängen bis zur Gegenwart, München 2007, 32–109.

2 G. Oestreich, Strukturprobleme des Absolutismus, Vierteljahrschrift für Sozial- und Wirtschaftsgeschichte 55 (1968) 329–47.

3 Der Begriff «Nationalismus» wurde in den letzten Jahrzehnten meist für die Moderne reserviert, doch C. Hirschi, Wettkampf der Nationen. Konstruktionen einer deutschen Ehrgemeinschaft an der Wende vom Mittelalter zur Neuzeit, Göttingen 2005 argumentiert überzeugend dafür, ihn auch auf die frühe Neuzeit anzuwenden. Vgl. daneben etwa R. von Friedeburg, «Patria» und «Patrioten» vor dem Patriotismus. Pflichte, Rechte, Glauben und die Rekonstruktion europäischer Gemeinwesen im 17. Jahrhundert, Wiesbaden 2005. Speziell zu Osteuropa siehe B. Trencsényi/M. Zászkalicky (Hg.), Whose Love of Which Country? Composite States, National Histories and Patriotic Discourses in Early Modern East Central Europe, Leiden/Boston 2010, zu Skandinavien (mit besonderer Berücksichtigung der neulateinischen Literatur) Skafte Jensen 1995 und in diesem Band v. a. Pétursson 1995 (Island) und Kajanto 1995 (Finnland).

4 H. Baron, The Crisis of the Early Italian Renaissance: Civic Humanism and Republican Liberty in an Age of Classicism and Tyranny. Revised 1-Vol.-Edition with an Epilogue, Princeton, NJ 1966; J. Hankins (Hg.), Renaissance Civic Humanism: Reappraisals and Reflections, Cambridge 2000.

5 Skinner 1978 verbindet einen Überblick über die konzeptionelle Entwicklung des Staatsdenkens vom Spätmittelalter bis ins frühe 17. Jahrhundert mit der Präsentation der zentralen Texte. Die Zeit zwischen der Bartholomäusnacht 1572 und dem Erscheinen von Hobbes' *Leviathan* 1651 stellt ausführlich R. Tuck, Philosophy and Government 1572–1651, Cambridge 1993 dar. Einige der im Folgenden zu besprechenden Texte (Morus, *Utopia*; Bodin, *De re publica*; Althusius, *Politica*; Grotius, *De iure belli ac pacis;* Pufendorf, *De iure naturae* bzw. *De officio hominis et civis*) werden bei Brocker 2007 vorgestellt.

6 Siehe Stegmann 1980, 1019–20, 1037 Anm. 43. Speziell für Deutschland um 1600 vgl. etwa Kühlmann 1980, 57 («sturzflutartige» Überschwemmung des Buchmarktes mit politischem Schrifttum).

7 Einen Überblick über die lateinische politische Literatur bieten neben den in Anm. 5 genannten Titeln Stegmann 1980, BENLW 631–48 und OHNL 135–49. Eine Fülle an einschlägigen Texten enthält die Abteilung *Historica et Politica* von CAMENA.

8 Siehe DNP 14, 76–86. Mit rund 500 Titeln vom 15. bis zum 18. Jahrhundert erlebte das Genre in der frühen Neuzeit einen wahren Boom.

9 Deutsche Übersetzung von Bodins Werk: B. Wimmer/P. C. Mayer-Tasch, Jean Bodin: Sechs Bücher über den Staat (2 Bde.), München 1981–86. Zu Bodin generell: P. C. Mayer-Tasch, Jean Bodin. Eine Einführung in sein Leben, sein Werk und seine Wirkung, Düsseldorf 2000. Die Formel *princeps legibus absolutus* findet sich bereits im *Corpus iuris civilis, Digesten* 1,3,31.

10 Einen Überblick über zahlreiche Monarchomachen (samt ihren mittelalterlichen Vorläufern seit Johannes von Salisbury) bietet Siegl-Mocavini 1999, 43–176.

11 Zu Buchanan als politischem Denker siehe C. Erskine/R. A. Mason (Hg.), George Buchanan. Political Thought in Early Modern Britain and Europe, Farnham/Burlington, VT 2012.

12 Nachdruck: Aalen 1969. Englische Übersetzung: G. A. Moore, Mariana, Juan de, S. J.: The King and the Education of the King, Washington, DC 1948.

13 Ausgabe und deutsche Übersetzung: U. Horst u. a., Francisco de Vitoria: Vorlesungen (Relectiones). Völkerrecht, Politik, Kirche (2 Bde.), Stuttgart 1995–97, Bd. 2, 370–605 (vgl. dazu Bd. 1, 84–98). Zur größtenteils auf Latein geführten Kontroverse über den Umgang mit den amerikanischen Ureinwohnern generell BENLW 954–55.

14 Text bei H. Scheible, Das Widerstandsrecht als Problem der deutschen Protestanten, 1523–1546, Gütersloh 1969, 63–66.

15 Englische Übersetzung von Grotius' Traktat: J. Barbeyrac/R. Tuck, Hugo Grotius: The Rights of War and Peace (3 Bde.), Indianapolis 2005. Pufendorfs Werk entfaltete besonders in seiner Kurzfassung *De officio hominis et civis* («Die Pflicht eines Menschen und Bürgers», 1673) gewaltige Wirkung (Brocker 2007, 242–57). Zum frühneuzeitlichen Völkerrecht generell vgl. Wesel 2001, 368–71.

16 Zum Tacitismus der frühen Neuzeit siehe A. Stegmann, Le Tacitisme: programme pour un nouvel essai de définition, Il pensiero politico 3 (1970) 445–58; speziell zu Pasquales *Observationes* Waszink 2004, 45–46. Zur Staatsräson ist immer noch lesenswert F. Meinecke, Die Idee der Staatsräson in der neueren Geschichte, München/Berlin 1924.

17 Skinner 1978, Bd. 2, 349–58.

18 Souveränitäts- wie Staatsbegriff finden sich allerdings *in nuce* bereits in Kap. 6 von Bodins 1566 erschienener *Methodus* (S. 190).

19 Text und Übersetzung mit ausführlicher Einleitung: Waszink 2004; das Folgende beruht zu großen Teilen auf seinen Ausführungen. Immer noch lesenswert, wenn auch in ihrer Konzentration auf stoische Elemente problematisch, ist die Analyse bei G. Oestreich, Antiker Geist und moderner Staat bei Justus Lipsius (1547–1606). Der Neustoizismus als politische Bewegung, Göttingen 1989, 106–212.

20 A. Moss, Printed Commonplace-Books and the Structuring of Renaissance Thought, Oxford u. a. 1996.

21 Zitiert nach Waszink 2004, 49.

22 Die derzeit beste Ausgabe ist E. Surtz/J. H. Hexter, Thomas More: The Complete Works, Bd. 4: Utopia, New Haven/London 1979, mit ausführlicher Einleitung, englischer Übersetzung und Kommentar (der im Folgenden zitierte Passus dort 150–52). Die Übersetzungen sind Legion, ebenso die Sekundärliteratur. Zwei anregende Diskussionen: Skinner 1978, Bd. 1, 255–62 (zu Morus' politischen Aussagen); R. F. Glei, Philologen in Utopia, NlatJb 2 (2000) 39–55 (zum Werk als literarischem Spiel). Zur *Utopia* in der gegenwärtigen Utopiedebatte siehe U. Arnswald/H.-P. Schütt (Hg.), Thomas Morus' Utopia und das Genre der Utopie in der Politischen Philosophie, Karlsruhe 2001.

7. Die naturwissenschaftliche Revolution

1 Einen Überblick über die neulateinische Literatur in den verschiedenen Naturwissenschaften bieten CNLS, Bd. 2, 324–61, BENLW 667–717 und OHNL 261–77.

2 Vgl. zum Folgenden Park/Daston 2006.

3 Auf die Rolle des Buchdrucks weist nachdrücklich Eisenstein 1979, 453–708 hin.

4 P. Michel, Physikotheologie. Ursprünge, Leistung und Niedergang einer Denkform, Zürich 2008.

5 Das großartige Überblickswerk von Park/Daston 2006 enthält zwar ein Kapitel zum Verhältnis zwischen Naturwissenschaft und Literatur im herkömmlichen Sinne (M. B. Campbell, Literature, 756–72), hat zu den literarischen Aspekten der neuen Naturwissenschaft selbst aber kaum etwas zu sagen. Vgl. zur Problematik CNLS, Bd. 2, 259.

6 Olschki 1918–27. Immerhin berührt Olschki gelegentlich lateinische Texte; sein zweiter Band enthält sogar ein eigenes Kapitel (Kap. II, 64–111) über «Das Latein als wissenschaftliche Sprache im Zeitalter der Renaissance».

7 Zum Übergang zu den Volkssprachen in den europäischen und insbesondere in den deutschen Naturwissenschaften siehe U. Pörksen, Der Übergang vom Gelehrtenlatein zur deutschen Wissenschaftssprache. Zur frühen deutschen Fachliteratur und Fachsprache in den naturwissenschaftlichen und mathematischen Fächern (1500–1800), LiLi. Zeitschrift für Literaturwissenschaft und Linguistik 13 (1983) 227–58. Das Kepler-Zitat dort 245 nach Olschki 1918–27, Bd. 2, 71; eine Primärquelle für den Ausspruch war allerdings nicht ausfindig zu machen. Zum Spezialfall der Botanik hier S. 106.

8 Die folgenden Beispiele sind DNP, Supplementband 2 entnommen.

9 Vgl. etwa R. Bröer, Grenzüberschreitender wissenschaftlicher Diskurs im Europa

der Frühen Neuzeit. Der gelehrte Brief im 17. Jahrhundert, in: W. Eckart/R. Jütte (Hg.), Das europäische Gesundheitssystem. Gemeinsamkeiten und Unterschiede in historischer Perspektive, Stuttgart 1994, 107–21 (besonders zum Zusammenhang zwischen Korrespondenzen und Zeitschriften); Johns 2000 (besonders zu den Anfangsschwierigkeiten des neuen Mediums); BENLW 900–01. Eine zeitgenössische Monographie zum Thema ist Christian Junckers *Schediasma historicum de ephemeridibus* («Historische Skizze zu den Zeitschriften», 1692). Über 600 gelehrte und weniger gelehrte Zeitschriften sowie andere Periodika der Epoche finden sich zu Beginn der vierten Auflage von Daniel Georg Morhofs *Polyhistor* (1747, Nachdruck Basel 1970) aufgelistet.

10 Johns 2000, 171–72.

11 Zur Geschichte der *Academia Naturae Curiosorum* siehe L. Stern, Zur Geschichte und wissenschaftlichen Leistung der Deutschen Akademie der Naturforscher, Halle 1952 und B. Parthier, Die Leopoldina. Bestand und Wandel der ältesten deutschen Akademie, Halle 1994; zu den *Miscellanea Curiosa* dort knapp 8, 26, 28–30, 32–36, 38 bzw. 16–18.

12 Einen Überblick über die Entwicklung des ‹Informationsmanagements› in der frühen Neuzeit bietet Blair 2010. Speziell zu den *historiae litterariae* Grunert/Vollhardt 2007.

13 Englische Ausgabe mit Einleitung: K. J. Franklin/A. Wear, William Harvey: The Circulation of the Blood and Other Writings, London u. a. 1993.

14 Lateinischer Text: V. Maar, Nicolai Stenonis Opera philosophica (2 Bde.), Kopenhagen 1910, Bd. 2, 181–226. Englische Übersetzung: T. Kardel/P. Maquet, Nicolaus Steno: Biography and Original Papers of a 17th Century Scientist, Berlin/Heidelberg 2013, 621–60.

15 Dieses Phänomen des neulateinischen ‹Gründungswerkes› war nicht auf die Naturwissenschaften beschränkt. Wichtige Beispiele aus dem Bereich der späteren Geisteswissenschaften sind etwa Mabillons *De re diplomatica* (S. 194–98) und Alexander Gottlieb Baumgartens *Aesthetica* (1750–58, moderne Ausgabe: D. Mirbach, Alexander G. Baumgarten: Ästhetik. Lateinisch – Deutsch, 2 Bde., Hamburg 2007).

16 Englische Übersetzung: D. L. Garrison/M. H. Hast, Andreas Vesalius, De Humani Corporis Fabrica Libri Septem. The Fabric of the Human Body. An Annotated Translation of the 1543 and 1555 Editions, Basel u. a. 2014 (ein *opus magnum* der Wissenschaftsgeschichte).

17 Moderne Ausgabe: H. M. Nobis/B. Sticker, Nicolaus Copernicus: De revolutionibus libri sex, Hildesheim 1984. Deutsche Übersetzung in Hawking 2004, 19–326. Thomas S. Kuhn machte die durch *De revolutionibus* ausgelöste Kopernikanische Wende zum Musterbeispiel für sein Modell des wissenschaftlichen Fortschritts, der sich im Wechsel von ‹Normalwissenschaft› und revolutionären Paradigmenwechseln vollziehe (The Structure of Scientific Revolutions, Chicago 1962). Die nächsten Schritte auf dem von Kopernikus eingeschlagenen Weg tat Johannes Kepler mit der Veröffentlichung der drei nach ihm benannten Planetengesetze in der *Astronomia nova* («Neue Astronomie», 1609) und der *Harmonice mundi* («Weltharmonik», 1619).

18 Zu Agricola im Allgemeinen siehe F. Naumann, Georgius Agricola – Berggelehrter, Naturforscher, Humanist, Erfurt 2007; LVL, Bd. 1, 47–55. Englische Übersetzung von *De natura fossilium*: M.Ch. Bandy/J. A. Bandy, De natura fossilium

(Textbook of Mineralogy) by Georgius Agricola, New York 1955. Deutsche Übersetzung von *De re metallica*: C. Schiffner, Georg Agricola: Zwölf Bücher vom Berg- und Hüttenwesen, Berlin 1928.

19 Lateinischer Text der beiden Werke: F. Hammer, Johannes Kepler: Astronomiae pars optica. Ad Vitellionem Paralipomena, München 1939; M. Caspar, Johannes Kepler: Kleinere Schriften. Dioptrice, München 1941. Deutsche Übersetzung der *Dioptrice*: F. Plehn, Johannes Keplers, Mathematikers Sr. Kaiserlichen Majestät, Dioptrik, Leipzig 1904.

20 Eine zweite, überarbeitete Auflage erschien 1713, eine dritte 1726. Unter den vielen Nachdrucken, Neuausgaben und Übersetzungen seien genannt: A. Koyré u. a., Isaac Newton's Philosophiae naturalis principia mathematica: the 3. ed., with Variant Readings, Cambridge, Mass. 1972 (lateinischer Text); V. Schüller, Isaac Newton: Die mathematischen Prinzipien der Physik, Berlin u. a. 1999 (deutsche Übersetzung); Hawking 2004, 629–958 (englische Teilübersetzung mit Einleitung; das Zitat dort 630).

21 Nachdruck mit Einleitung: N. Schappacher/J. Brüning, Carl Friedrich Gauß: Disquisitiones Arithmeticae, Hildesheim u. a. 2006. Englische Übersetzung: A. A. Clarke, Disquisitiones arithmeticae by Carl Friedrich Gauß, New Haven/London 1966. – Noch wesentlich später, 1828, begründete Gauß mit den *Disquisitiones generales circa superficies curvas* («Allgemeine Untersuchungen zu gekrümmten Flächen») die Differentialgeometrie.

22 Zur rhetorischen Lehre von den drei Stilebenen, unter denen das *genus grande* den höchsten Rang einnimmt, siehe Lausberg 1960, §§ 1078–82, zur bald zu erwähnenden plastischen Beschreibung §§ 810–19.

23 Vgl. hier S. 96–97; Haskell 2003, v. a. 178–244.

24 In Astronomie und Mathematik haben sich Ausdrücke arabischen Ursprungs wie Azimut und Nadir, Algebra und Ziffer bis heute erhalten. Zu neulateinischen Neologismen generell siehe BENLW 37–54.

25 Zu Vesalius als lateinischem Stilisten siehe Olschki 1918–27, Bd. 2, 95 (das Zitat) und 98–101, zu seiner Terminologie 81–84. Zur Geschichte der anatomischen Nomenklatur und zu Vesalius' Rolle darin J. Hyrtl, Onomatologia anatomica. Geschichte und Kritik der anatomischen Sprache der Gegenwart, Wien 1880. Zur Entwicklung der medizinischen Terminologie im Allgemeinen BENLW 683–87.

26 Siehe S. 34, 119; Apel 1980. Apel bespricht unter anderem die hier nicht im Einzelnen zu diskutierenden Strömungen des Empirismus und des Rationalismus sowie die rationalistische Idee der *mathesis universalis*, die mithalfen, die humanistische Engführung von Denken und Sprache aufzubrechen. Als ihre gemeinsame Wurzel macht er den Nominalismus und seine Tendenz aus, einen direkten, sprachunabhängigen Zugriff auf die Wirklichkeit anzunehmen, der nachträglich nach Belieben in Worte gefasst werden kann. In diesen Zusammenhang gehören auch die im 17. Jahrhundert aufkommenden Versuche, Latein als *lingua franca* durch eine präzise, eindeutige, der Wirklichkeit adäquate Kunstsprache zu ersetzen, deren bekanntester John Wilkins' *Essay Towards a Real Character and a Philosophical Language* (1668) ist.

27 Siehe zum Beispiel F. Meroi/C. Pogliano (Hg.), Immagini per conoscere. Dal Rinascimento alla Rivoluzione scientifica. Atti della giornata di studio (Firenze Palazzo Strozzi, 29 ottobre 1999), Florenz 2001; H. Bredekamp u. a. (Hg.), Das

technische Bild. Kompendium zu einer Stilgeschichte wissenschaftlicher Bilder, Berlin 2008 (nicht auf die frühe Neuzeit beschränkt, vermittelt einen guten Eindruck von der Komplexität der Thematik insgesamt). Zwei instruktive Fallstudien sind D. Freedberg, The Eye of the Lynx: Galileo, His Friends, and the Beginnings of Modern Natural History, Chicago 2002 und A. Fischel, Natur im Bild. Zeichnung und Naturerkenntnis bei Conrad Gessner und Ulisse Aldrovandi, Berlin 2009. – Das Kepler-Zitat stammt aus dem Widmungsschreiben der *Dioptrice* (1611): *schemata, quae sunt geometrarum genuinae litterae.*

28 Deutsche Übersetzung der *Isagoge* mit Erläuterungen: K. Reich/H. Gericke, François Viète: Einführung in die Neue Algebra, München 1973, 21–61. Vgl. weiters etwa H. Gericke, Mathematik im Abendland: von den römischen Feldmessern bis zu Descartes, Berlin u. a. 1990, 255–69, v. a. 256–60; K. Andersen/H. J. M. Bos, Pure Mathematics, in: Park/Daston 2006, 696–723, hier 714–16.

29 Vieta verwendete noch durchgehend Großbuchstaben, und zwar Konsonanten für als bekannt angenommene, Vokale für unbekannte Größen. Die heute gebräuchlichen Kleinbuchstaben sowie der Gebrauch von Buchstaben vom Beginn des Alphabets für bekannte, solchen vom Ende für unbekannte Größen gehen auf Descartes zurück.

Ausblick

1 Siehe zu dieser häufig erhobenen Forderung zum Beispiel J. Leonhardt, Sieben Thesen zum Verhältnis von Latein und Geisteswissenschaften, NlatJb 1 (1999) 283–88.

2 Instruktive Fallbeispiele bietet W. Ludwig, Über die Folgen der Lateinarmut in den Geisteswissenschaften, Gymnasium 98 (1991) 139–58.

BIBLIOGRAPHIE

Titel, die nur ein einziges Mal zur Sprache kommen, werden jeweils an Ort und Stelle angeführt.

1. *Abkürzungen*

BENLW: Ph. Ford u. a. (Hg.), Brill's Encyclopedia of the Neo-Latin World (2 Bde., durchgehend paginiert), Leiden/Boston 2014

CAMENA: Corpus Automatum Multiplex Electorum Neolatinitatis Auctorum (*http://www.uni-mannheim.de/mateo/camenahtdocs/camena.html*, 24.8.2015)

CL: C. Nativel (Hg.), Centuriae Latinae (2 Bde.), Genf 1997–2006

CNLS: J. IJsewijn/D. Sacré, Companion to Neo-Latin Studies. Second Entirely Rewritten Edition (2 Bde.), Löwen 1990–98

DNP: Der Neue Pauly. Enzyklopädie der Antike, Stuttgart 1996 ff.

GG: O. Brunner u. a. (Hg.), Geschichtliche Grundbegriffe. Historisches Lexikon zur politisch-sozialen Sprache in Deutschland (8 Bde.), Stuttgart 1972–97

HGFN: H. Jaumann, Handbuch Gelehrtenkultur der Frühen Neuzeit, Bd. 1: Bio-bibliographisches Repertorium (Autorenlexikon), Berlin/New York 2004

HLov: Humanistica Lovaniensia 17 (1968) ff.

HWRh: G. Ueding (Hg.), Historisches Wörterbuch der Rhetorik (11 Bde.), Tübingen 1992–2013

LMA: Lexikon des Mittelalters (10 Bde.), München/Zürich 1980–99

LVL: W. Kühlmann u. a. (Hg.), Frühe Neuzeit in Deutschland 1520–1620. Literaturwissenschaftliches Verfasserlexikon, Berlin/Boston 2011 ff.

NlatJb: Neulateinisches Jahrbuch 1 (1999) ff.

OHNL: S. Knight/St. Tilg (Hg.), The Oxford Handbook of Neo-Latin, Oxford u. a. 2015

TL: M. Korenjak/F. Schaffenrath/L. Šubarić/K. Töchterle (Hg.), Tyrolis Latina. Geschichte der lateinischen Literatur in Tirol (2 Bde., durchgehend paginiert), Wien u. a. 2012

VL: F. J. Worstbrock (Hg.), Deutscher Humanismus 1480–1520. Verfasserlexikon, Berlin/New York 2005 ff.

2. Mit Autor bzw. Herausgeber und Jahreszahl zitierte Literatur

M. Albrecht, Christian Wolff: Oratio de Sinarum philosophia practica. Lateinisch – deutsch, Hamburg 1985

P. S. Allen u. a., Opus epistolarum Des. Erasmi Roterodami (12 Bde.), Oxford 1906–58

K.-O. Apel, Die Idee der Sprache in der Tradition des Humanismus von Dante bis Vico, Bonn [3]1980

Ph. Ariès, Geschichte der Kindheit. Mit einem Vorwort von Hartmut von Hentig. Aus dem Französischen von C. Neubaur und K. Kersten, München 1975

W. Ax (Hg.), Von Eleganz und Barbarei. Lateinische Grammatik und Stilistik in Renaissance und Barock, Wiesbaden 2001

M. Bettini, Vertere. Un' antropologia della traduzione nella cultura antica, Turin 2012

A. M. Blair, Too Much to Know: Managing Scholarly Information Before the Modern Age, Yale 2010

J. Bloemendal/H. B. Norland (Hg.), Neo-Latin Drama and Theatre in Early Modern Europe, Leiden/Boston 2013

P. Botley, Latin Translation in the Renaissance, Cambridge 2004

M. Brocker, Geschichte des politischen Denkens: ein Handbuch, Frankfurt a. M. 2007

P. Burke, Küchenlatein. Sprache und Umgangssprache in der frühen Neuzeit. Aus dem Englischen von R. Cackett, Berlin 1989

P. Burke, Languages and Communities in Early Modern Europe, Cambridge 2004

P. Burke, Translations into Latin in Early Modern Europe, in: ders./R. Po-chia Hsia (Hg.), Cultural Translation in Early Modern Europe, Cambridge 2007, 65–80

M. Campanelli/A. Ottaviani, Settecento latino I, L'Ellisse 2 (2007) 99–133

L. J. Churchill u. a. (Hg.), Early Modern Women Writing Latin, New York/London 2002

L. D'Ascia, Erasmo da Rotterdam: Per una libera educazione, Mailand [2]2010

P. Dinzelbacher (Hg.), Europäische Mentalitätsgeschichte. Hauptthemen in Einzeldarstellungen, Stuttgart 2008

U. Dubielzig, Die neue Königin der Elegien: Hermann Wellers Gedicht «Y», in: E. Keßler/H. C. Kuhn (Hg.), Germania latina, Latinitas teutonica. Politik, Wissenschaft, humanistische Kultur vom späten Mittelalter bis in unsere Zeit, München 2003, 855–78

B. Duhr, Geschichte der Jesuiten in den Ländern deutscher Zunge (2 Bde.), Freiburg i. B. 1907–13

E. Eisenstein, The Printing Press as an Agent of Change, Cambridge 1979

J. Flood, Poets Laureate in the Holy Roman Empire. A Bio-Bibliographical Handbook (4 Bde.), Berlin 2006

J. H. Gaisser, Catullus and His Renaissance Readers, Oxford 1993

E. Garin, Prosatori latini del Quattrocento, Mailand/Neapel 1952

E. Garin, Anspruch und Wirklichkeit. Geschichte und Dokumente abendländischer Pädagogik, Bd. 2: Humanismus. Quellenauswahl für die deutsche Ausgabe: E. Keßler, Reinbek 1966

E. Garin, Anspruch und Wirklichkeit. Geschichte und Dokumente abendländischer Pädagogik, Bd. 3: Von der Reformation bis John Locke. Quellenauswahl für die deutsche Ausgabe: E. Keßler, Reinbek 1967

V. R. Giustiniani, Neulateinische Dichtung in Italien 1850–1950, Tübingen 1979
H. Grote, Petrarca lesen, Stuttgart/Bad Cannstatt 2006
F. Grunert/F. Vollhardt, Historia literaria. Neuordnungen des Wissens im 17. und 18. Jahrhundert, Berlin 2007
B. Guthmüller (Hg.), Latein und Nationalsprachen in der Renaissance, Wiesbaden 1998
Y. Haskell, Loyola's Bees. Ideology and Industry in Jesuit Latin Didactic Poetry, Oxford u. a. 2003
St. Hawking, Die Klassiker der Physik. Ins Deutsche übertragen von C. L. Menzzer u. a., Hamburg 2004
D. Hay, Annalists and Historians. Western Historiography from the Eighth to the Eighteenth Centuries, London 1977
H. Helander, Neo-Latin Studies: Significance and Prospects, Symbolae Osloenses 76 (2001) 5–102
R. Hodermann, Universitätsvorlesungen in deutscher Sprache um die Wende des 17. Jahrhunderts. Eine sprachgeschichtliche Abhandlung, Gotha 1891
L. Houghton/G. Manuwald (Hg.), Neo-Latin Poetry in the British Isles, Bloomsbury 2012
A. Johns, Miscellaneous Methods: Authors, Societies and Journals in Early Modern England, British Journal for the History of Science 33 (2000) 159–86
I. Kajanto, Finland, in: Skafte Jensen 1995, 159–200
M. Korenjak/F. Schaffenrath (Hg.), Pontes VI: Der Altsprachliche Unterricht in der Frühen Neuzeit, Innsbruck u. a. 2010
J. Kraye (Hg.), The Cambridge Companion to Renaissance Humanism, Cambridge 1996
D. Krebs, Latein als Medium wissenschaftlicher Kommunikation bei Albrecht von Haller, in: Stuber u. a. 2005, 351–70
P. O. Kristeller, Humanismus und Renaissance (2 Bde.), München 1974–76
W. Kühlmann, Apologie und Kritik des Lateins im Schrifttum des deutschen Späthumanismus, Daphnis 9 (1980) 33–63
W. Kühlmann/R. Seidel/H. Wiegand u. a., Humanistische Lyrik des 16. Jahrhunderts, Frankfurt a. M. 1997
H. Lausberg, Handbuch der literarischen Rhetorik: eine Grundlegung der Literaturwissenschaft, München 1960
J. Leonhardt (Hg.), Melanchthon und das Lehrbuch des 16. Jahrhunderts, Rostock 1997
J. Leonhardt, Latein. Geschichte einer Weltsprache, München 2009
L. Lukács, Ratio atque institutio studiorum Societatis Jesu 1586, 1591, 1599, Rom 1986
P. Mack, A History of Renaissance Rhetoric 1380–1620, Oxford 2011
W. Mann, Lateinische Dichtung in England vom Ausgang des Frühhumanismus bis zum Regierungsantritt Elisabeths, Halle 1939
M. L. McLaughlin, Literary Imitation in the Italian Renaissance: The Theory and Practice of Literary Imitation from Dante to Bembo, Oxford 1995
A. Moss, Renaissance Truth and the Latin Language Turn, Oxford 2003
F. J. Nichols, An Anthology of Neo-Latin Poetry, New Haven/London 1979
L. Olschki, Geschichte der neusprachlichen wissenschaftlichen Literatur (3 Bde.), Heidelberg u. a. 1918–27
N. Ostler, Ad infinitum. A Biography of Latin, London 2007

K. Park/L. Daston (Hg.), The Cambridge History of Science, Volume 3: Early Modern Science, Cambridge 2006

F. Paulsen, Geschichte des gelehrten Unterrichts auf den deutschen Schulen und Universitäten ... Herausgegeben und in einem Anhang fortgesetzt von R. Lehmann (2 Bde.), Leipzig/Berlin 1919–21

S. Pétursson, Iceland, in: Skafte Jensen 1995, 98–128

R. Pfeiffer, Die Klassische Philologie von Petrarca bis Mommsen, München 1982

J. Rabasa u. a. (Hg.), The Oxford History of Historical Writing, Volume 3: 1400–1800, Oxford u. a. 2012

W. Ribhegge, Erasmus von Rotterdam, Darmstadt 2010

S. Rizzo, Ricerche sul latino umanistico, Rom 2002

R. Rosenberg, Eine verworrene Geschichte. Vorüberlegungen zu einer Biographie des Literaturbegriffs, LiLi. Zeitschrift für Literaturwissenschaft und Linguistik 77 (1990) 36–65

A. Seele, Römische Übersetzer – Nöte, Freiheiten, Absichten. Verfahren des literarischen Übersetzens in der griechisch-römischen Antike, Darmstadt 1995

W. Setz, Lorenzo Vallas Schrift gegen die Konstantinische Schenkung, Tübingen 1975

S. Siegl-Mocavini, John Barclays «Argenis» und ihr staatstheoretischer Kontext. Untersuchungen zum politischen Denken der Frühen Neuzeit, Tübingen 1999

M. Skafte Jensen (Hg.), A History of Nordic Neo-Latin Literature, Odense 1995

Qu. Skinner, The Foundations of Modern Political Thought (2 Bde.), Cambridge 1978

K. Smolak, Erasmus von Rotterdam: De conscribendis epistolis. Anleitung zum Briefschreiben (Auswahl), Darmstadt 2006

A. Stegmann, La littérature politique européenne en latin (1580–1640), in: J.-Cl. Margolin (Hg.), Acta Conventus Neo-Latini Turonensis, Paris 1980, 1019–38

J. Stevenson, Women Latin Poets. Language, Gender, and Authority, from Antiquity to the Eighteenth Century, Oxford 2005

W. Stroh, Latein ist tot, es lebe Latein! Kleine Geschichte einer großen Sprache, Berlin 2007

M. Stuber u. a. (Hg.), Hallers Netz. Ein europäischer Gelehrtenbriefwechsel zur Zeit der Aufklärung, Basel 2005

N. Thurn, Neulatein und Volkssprachen. Beispiele für die Rezeption neusprachlicher Literatur durch die lateinische Dichtung Europas im 15.–16. Jahrhundert, München 2012

St. Tilg/I. Walser (Hg.), Der neulateinische Roman als Medium seiner Zeit / The Neo-Latin Novel in Its Time, Tübingen 2013

P. van Tieghem, La littérature latine de la Renaissance, Paris 1944

F. Waquet, Le latin ou l'empire d'un signe, XVIe–XXe siècle, Paris 1998

J. Waszink, Justus Lipsius: Politica. Six Books of Politics or Political Instruction, Den Haag 2004

U. Wesel, Geschichte des Rechts von den Frühformen bis zur Gegenwart, München 2001

G. Westermayer, Jacobus Balde, sein Leben und seine Werke. Eine literärhistorische Skizze, zu Balde's zweihundertjährigem Todesgedächtniß, München 1868

R. G. Witt, The Two Latin Cultures and the Foundation of Renaissance Humanism in Medieval Italy, Cambridge 2000

ZEITTAFEL

Jahr	Historische Ereignisse	Persönlichkeiten	Werke
um 1300	Anfänge des italienischen Humanismus		
1309–1423	Päpste in Avignon		
1304–74		Francesco Petrarca	
1314			*Ecerinis* (Albertino Mussato)
1367			*Genealogia deorum gentilium* (Giovanni Boccaccio)
1378–1417	Abendländisches Schisma		
um 1400			*De ingenuis moribus et liberalibus adolescentiae studiis* (Pier Paolo Vergerio)
1401–64		Nicolaus Cusanus	
1405–64		Enea Silvio Piccolomini / Papst Pius II.	
1405/7–57		Lorenzo Valla	
1414–18	Konzil von Konstanz		
1429–1503		Giovanni Pontano	
1431–49	Konzil von Basel		
1434–72		Janus Pannonius	
um 1440			*Ab inclinatione Romanorum imperii* (Flavio Biondo)
um 1450	Gutenberg erfindet den Buchdruck		
um 1450			*De re aedificatoria* (Leon Battista Alberti)

1453	Fall Konstantinopels		
1459–1508		Conrad Celtis	
1467–1536		Erasmus	
1468–1540		Guillaume Budé	
1470–1547		Pietro Bembo	
1473			*Rudimenta grammatices* (Niccolò Perotti)
1483–1546		Martin Luther	
1484–1531		Ulrich Zwingli	
1486			*Malleus maleficarum* (Heinrich Kramer)
1486/87			*De hominis dignitate* (Pico della Mirandola)
1492	Entdeckung Amerikas		
1492–1540		Juan Luis Vives	
1493			*Weltchronik* (Hartmann Schedel)
1497–1560		Philipp Melanchthon	
1503			*Mundus Novus* (Giuliano del Giocondo/Amerigo Vespucci)
1509–64		Jean Calvin	
1511–36		Janus Secundus	
1515–17			*Epistolae obscurorum virorum*
1515–72		Petrus Ramus	
1516			*Utopia* (Thomas Morus)
1516			Neuübersetzung des Neuen Testaments (Erasmus)
1517	Beginn der Reformation		
1517	Gründung des *Collegium trilingue* in Löwen		
1529/30–1596		Jean Bodin	
1530	Augsburger Bekenntnis		

1531			*Emblemata* (Andrea Alciato)
1540	Gründung der Gesellschaft Jesu		
1540–1609		Joseph Justus Scaliger	
1543			*De revolutionibus orbium coelestium* (Nikolaus Kopernikus)
1543			*Humani corporis fabrica* (Andreas Vesalius)
1545–63	Konzil von Trient		
1547–1606		Justus Lipsius	
1548–1600		Giordano Bruno	
1555	Augsburger Religionsfrieden		
1559			*Index librorum prohibitorum*
1559			*Interpretatio linguarum* (Lawrence Humphrey)
1561			*Poetices libri septem* (Julius Caesar Scaliger)
1561–1626		Francis Bacon	
1562–98	Hugenottenkriege in Frankreich		
1568–1648	Spanisch-Niederländischer Krieg		
1582			*Corpus iuris canonici* (auf Initiative Gregors XIII.)
1583–1645		Hugo Grotius	
1595–1640		Mathias Casimir Sarbiewski	
1596–1650		René Descartes	
1597–1639		Martin Opitz	
1599			*Ratio studiorum* der Jesuiten
1602–80		Athanasius Kircher	
1604–68		Jacob Balde	

1618–48	Dreißigjähriger Krieg		
1621			*Argenis* (John Barclay)
1629			Übertragung der Hymnen des Breviers in klassische Metren unter Urban VIII.
1643–1925			*Acta Sanctorum* der Bollandisten
1646–1716		Gottfried Wilhelm Leibniz	
ca. 1650–1800	Aufklärung		
1658			*Orbis pictus* (Johann Amos Comenius)
1660	Gründung der Royal Society		
seit 1665			*Journal des Sçavans* und *Philosophical Transactions* der Royal Society
seit 1670			*Miscellanea curiosa* der Schweinfurter *Academia Naturae Curiosorum*
1672–1750		Lodovico Antonio Muratori	
1679–1754		Christian Wolff	
1687			*Principia mathematica* (Isaac Newton)
1701–14	Spanischer Erbfolgekrieg		
1702–04			*Historia universalis* (Christoph Cellarius)
1711			*Sinensis imperii libri classici sex* (François Noël)
1735			*Systema naturae* (Carl von Linné)
1740			Erste Enzyklika: *Ubi primum* (Benedikt XIV.)

1741			*Iter subterraneum* (Ludvig Holberg)
seit 1750	Industrielle Revolution		
seit 1750	Neuhumanismus		
1773	Aufhebung der Gesellschaft Jesu		
1781			*Rusticatio Mexicana* (Rafael Landívar)
1789–99	Französische Revolution		
ca. 1795–1850	Romantik		
1806	Ende des Heiligen Römischen Reiches		
1815	Wiener Kongress		
1845–1978	*Certamen Hoeufftianum* für lateinische Dichtung in Amsterdam		
1855–1912		Giovanni Pascoli	
1890	Ende des lateinischen Aufsatzes beim preußischen Abitur		
Ende 19. Jh.	Beginn der *Latinitas viva*-Bewegung		
1914–18	Erster Weltkrieg		
1917			*Codex iuris canonici* (auf Initiative Benedikts XV.)
1922–43/45	Faschistisches Regime in Italien		
1939–45	Zweiter Weltkrieg		
1962–65	Zweites Vatikanisches Konzil		
seit ca. 1965	Reduktion oder Abschaffung des schulischen Lateinunterrichts		
seit 1966	Begründung der modernen Neolatinistik durch Jozef IJsewijn		

REGISTER

Personen

Stellen, wo Leben oder Werk eines Autors etwas genauer behandelt werden, sind kursiv gedruckt.

Orte

Sachen

Hauptstellen und Stellen, wo Fachausdrücke erklärt werden, sind kursiv gedruckt.

Sachen

Hauptstellen und Stellen, wo Fachausdrücke erklärt werden, sind kursiv gedruckt.